新时代新理念职业教育教材·机车车辆类
"互联网+"立体化教学资源特色教材
"课程思政"建设探索特色教材

电力机车电机一体化教材

（修订本）

主编　杨　艳　李艳霞　田纪云
主审　赵凤林

（扫描二维码，获取 PPT、电子教案、
学习手册及习题答案）

北京交通大学出版社
·北京·

内 容 简 介

本书为高等职业教育铁道机车运用与检修专业教材。教学团队成员根据铁道机车操作标准、乘务员作业标准、段修规程，并与企业技术人员进行沟通交流，分析整合了课程的内容和目标，确定了直流电机在韶山系列电力机车中的应用、直流牵引电机的维护与检修、变压器在电力机车中的应用与检修、三相交流异步电动机在和谐系列电力机车中的应用、三相交流牵引电机的维护与检修5个项目作为本书的主要内容，直接将电力机车乘务员作业标准及机务段电机检修工艺引用为课程的教学内容。

本书除作为高等职业院校相关专业教材外，还可作为成人教育、职工培训教材，以及司机提职考试培训用书、有关工程技术人员的参考用书。

图书在版编目（CIP）数据

电力机车电机一体化教材 / 杨艳，李艳霞，田纪云主编. —北京：北京交通大学出版社，2022.8（2024.7 修订）

ISBN 978-7-5121-4771-3

Ⅰ. ① 电… Ⅱ. ① 杨… ② 李… ③ 田… Ⅲ. ① 电力机车－电机－高等职业教育－教材 Ⅳ. ① U264.04

中国版本图书馆 CIP 数据核字（2022）第 130621 号

电力机车电机一体化教材
DIANLI JICHE DIANJI YITIHUA JIAOCAI

责任编辑：陈跃琴
出版发行：北京交通大学出版社　　　　　电话：010-51686414　　　http://www.bjtup.com.cn
地　　址：北京市海淀区高梁桥斜街 44 号　　邮编：100044
印 刷 者：北京鑫海金澳胶印有限公司
经　　销：全国新华书店
开　　本：185 mm×260 mm　　印张：12.75　　字数：316 千字
版 印 次：2024 年 7 月第 1 版第 1 次修订　　2024 年 7 月第 2 次印刷
定　　价：48.00 元

本书如有质量问题，请向北京交通大学出版社质监组反映。对您的意见和批评，我们表示欢迎和感谢。
投诉电话：010-51686043，51686008；传真：010-62225406；E-mail：press@bjtu.edu.cn。

前　言

"电力机车电机"课程是铁道机车运用与检修专业的一门核心专业课程。牵引电机是驱动机车车辆动轮轴的主电动机，是电力机车的关键部件。牵引电机的性能直接关系到机车的运行性能。我们根据《国家职业教育改革实施方案》，并结合我国目前铁路牵引动力的实际情况编写本书。

本书最大的特点在于突出电力机车电机的"应用"，如电力机车仿真驾驶系统可以实现电力机车电机的操纵，无需专门的电力机车电机实践基地，借此重新定位该课程，明确学习方向，在完善课程学习体系的同时，积极推进"教、学、做"一体化教学改革，让学生学以致用，不断提高职业技能，激发学习兴趣和对机车乘务员与检修岗位的热爱，从而达到更好的学习效果。

1. 认识电力机车电机

电机是指依据电磁感应定律实现电能与机械能转换或电能传递的一种电磁装置。电力机车上使用的电机既有为机车提供动力的主电动机，也有用于驱动辅助机械的辅助电机，还有为机车上各种电机、电器提供合适电压的变压器。由于电力机车电机安装在电力机车上，而电力机车内部空间又极为有限，因此，电力机车电机的工作条件与一般工业企业用电机有很大不同。对电力机车电机的总体要求是：单位功率重量轻、运行维修方便、制造成本低、结构最为简单、工作最为可靠。

电力机车电机通常按电力机车传动方式和电机在电力机车中的用途分类，具体如下：

1）按电力机车传动方式分类

① 直流（脉流）牵引电机。主要用在直—直型、交—直型电力传动的电力机车上，通常采用直流串励方式的牵动电机提供动力，如 SS_4 改型电力机车上用到的 ZD105A 型脉流牵引电机。

② 三相交流牵引电机。主要用在直—交型、交—直—交型电力传动的电力机车上，通常采用三相交流异步牵引电机提供动力，如 HXD$_3$ 型电力机车上用到的 YJ85A 型交流牵引电机。

2）按电机在电力机车中的用途分类

① 牵引电机。用来将电力机车从接触网上取得的电能转换成驱动机车向前行驶的机械能，如 ZD105A 和 YJ85A 型牵引电机。

② 主变压器。用来将电力机车从接触网上取得的单相工频交流 25 kV 高压电降为机车各电路所需的电压，如 TBQ 系列和 JQFP 系列主变压器。

③ 辅助电机。为了保证电力机车正常运行，在电力机车中装有许多辅助机械。辅助机械多采用结构简单、价格低廉的三相异步电动机驱动，这些电动机统称为辅助电机，如牵引通风电动机、空气压缩机电动机等。

2. 了解本书的内容及使用方式

本书从我国电力机车应用实际出发，内容涉及机车乘务员、机车检修工等职业岗位需要掌握的电力机车电机的相关专业知识和专业技能，为高等职业院校铁道机车相关专业学生和铁道机车运用与检修岗位工作人员提供参考用书及技术支持。

本书共设计 5 个项目，主要介绍电力机车上使用的直流牵引电机、主变压器、交流牵引电机的应用方法和简单的维护、检修方法。

项目 1 是直流电机在韶山系列电力机车中的应用，编写思路为：直流电机—直流电动机—典型直流牵引电机。

项目 2 是直流牵引电机的维护与检修，编写思路为：直流牵引电机运行分析—脉流牵引电机运行分析—脉流牵引电机的维护与检修。

项目 3 是变压器在电力机车中的应用与检修，编写思路为：普通变压器—典型主变压器—主变压器的维护与检修。

项目 4 是三相交流异步电动机在和谐系列电力机车中的应用，编写思路为：三相交流电机—三相交流异步电动机—典型三相交流异步牵引电机。

项目 5 是三相交流牵引电机的维护与检修，编写思路为：三相交流牵引电机的技术条件分析—三相交流牵引电机的维护与检修。

在学习本书前，学习者应具有电工基础、电子技术基础、电力机车总体等知识储备。

通过本书的学习，学习者将掌握电机的基础知识，具有电力机车电机的应用能力，即具有实现电机起动、反转、调速、制动，以及维护、检修等方面的专业能力。同时，学习者还将养成独立解决问题的职业能力和沟通表达、团队协作等社会能力，为后续"电力机车控制""电力机车检修"等专业课程的学习打好基础。

3. 本书的特色

① 目标性强。本书主要针对高职院校铁路行业技能型人才培养目标——乘务员岗位、检修岗位中电机的运用与维护，内容既有直流传动电力机车的牵引电机的操纵、控制与维护，也有交流传动电力机车牵引电机的操纵、控制与维护，与"电力机车控制""乘务员一次标准作业""电力机车检修"等核心专业课程相结合，将使学习者更加明确学习目标和岗位工作内容。

② 实用性强。在内容布局上，本书遵循高职院校教学的"必需、够用、实用"原则，按照项目、任务和学习活动的体系编写，配套有学习手册、教案、题库等资源，力求体现以学生为中心、以教师为主导、以学生职业能力的培养为主线的教学思想。在编写体系设置上，突出可操作性，使知识与技能较好融合。

③ 融入课程思政内容。在编写教材时，每个项目都有育人目标，并附有育人案例，育人案例基本都是来自铁路机务人员的先进事迹。在介绍专业知识的同时，逐步将价值塑造、知识传授和能力培养融为一体，实现全面育人。

4. 作者介绍

本书由包头铁道职业技术学院杨艳、李艳霞、田纪云主编。其中，杨艳编写项目1、项目2、项目5，李艳霞编写项目3，田纪云编写项目4。本书在编写过程中得到包头西机务段职教科李宝钧工程师、机务一线工作人员王嘉攀和薛宇航的大力支持，在此表示衷心感谢。全书由杨艳负责统稿。

本书由中国铁路呼和浩特局集团有限公司包头西机务段高级工程师赵凤林主审。主审老师在审阅过程中提出了许多宝贵意见和建议，在此表示衷心感谢。

由于我们水平有限，加之时间有些仓促，书中难免有疏漏和不足之处，殷切希望使用本书的师生及其他读者给予批评指正。

杨　艳

2024 年 5 月于包头

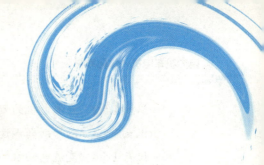

目　　录

直流电机在韶山系列电力机车中的应用

>>> 项目简介

直流电机是电能和机械能相互转换的旋转电机之一。在本项目中，按照直流电机的结构、原理、特性及应用的顺序，让学生全面认识直流电机，明确直流电机的特点，能够在韶山系列电力机车仿真驾驶系统中实现牵引电机的应用，即起动、反转、调速和制动。同时，学会通过直流电机的铭牌认识直流电机的性能，并会简单计算直流电机的主要参数。

>>> 项目教学目标

1. 育人目标

① 围绕铁道机车运用与检修岗位工作技能需求，通过对直流电机在韶山系列电力机车中的应用研究，激发学生学习兴趣和对铁道机车运用与检修岗位的热爱。

② 通过"教、学、做"一体化教学方式，让学生自己去感知研究对象、任务和学习方法，使学生具有融会贯通、理论联系实际的能力，培养学生自主学习的习惯与能力，增强学生勇于探索的精神、善于解决问题的实践能力。

③ 学习中融入"最美铁路人"的先进事迹，培养规范操作、安全意识强、服从统一指挥的职业素质和爱岗敬业、无私奉献、勇于担当的职业精神。

2. 知识目标

① 掌握直流电机的定义、分类、基本结构及额定值。

② 理解直流电机的工作原理及运行方式。

③ 掌握直流电机的关键参数及基本方程。

④ 学会直流电动机的起动、反转、调速和制动的方法。

3. 技能目标

① 能够识别直流电机的运行方式。

② 能够绘制并分析直流电机绕组展开图。

③ 能够对直流电机进行简单拆装。

④ 能够利用直流电机的关键参数和方程进行简单计算。

⑤ 掌握 SS_4 改型电力机车牵引电机的应用方法。

⑥ 在 SS_4 改型电力机车仿真驾驶系统中实现牵引电机的起动、反转、调速和制动。

➤ 课时建议：20课时。

任务 1.1 直流电机
的拆装微课视频

任务 1.1　直流电机的拆装

任务描述

直流电机是旋转电机中非常重要的一类，广泛应用于韶山系列机车。学习直流电机的基本结构，可以为学习电机的原理、特性和应用奠定良好基础。本任务通过理论学习和实践操作相结合的方式，让学生更好地熟悉电机结构，并具备一定的电机拆装能力。

任务目标

1. 知识目标

① 掌握直流电机的定义、分类、基本结构。
② 掌握直流电机的额定值。

2. 技能目标

① 提高理论联系实际的能力。
② 能够识别电机的铭牌并进行简单计算。
③ 能够对直流电机进行拆装并且认识各零部件。

任务实施

知识点 1.1.1　直流电机的基本结构

1. 直流电机的定义及分类

直流电机是电能和机械能相互转换的旋转电机之一。将机械能转换为直流电能的电机称为直流发电机；将直流电能转换为机械能的电机称为直流电动机。

2. 直流电机的基本结构

普通直流电机由定子（静止部分）和转子（转动部分）两大部分组成，定子和转子之间有一定大小的间隙（称气隙），如图 1.1 和图 1.2 所示。

1）定子

定子的作用是产生磁场和作为电机的机械支撑。它主要包括主磁极、换向极、机座和电刷装置等。

（1）主磁极。

主磁极如图 1.3 所示。主磁极包括主磁极铁心和套在铁心上的励磁绕组两部分。主磁极铁心用 1～

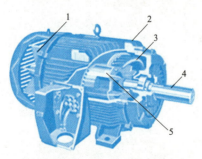

1—风扇；2—机壳；3—定子线圈；
4—转轴；5—转子铁心。

图 1.1　直流电机的立体结构

1.5 mm 厚的低碳钢板冲片叠压后再用铆钉铆紧成一个整体。小型电机的主磁极励磁绕组用绝缘铜线（或铝线）绕制而成，大中型电机的主磁极励磁绕组用扁铜线绕制，并进行绝缘处理，然后套装在主磁极铁心外面。最后整个主磁极用螺钉固定在机座内壁上。

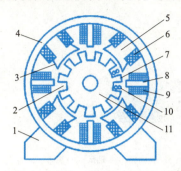

1—底座；2—电枢槽；3—极靴；4—机座（磁轭）；
5—主磁极；6—励磁绕组；7—电枢齿；8—换向极；
9—换向极绕组；10—电枢绕组；11—电枢铁心。

图 1.2　直流电机的平面结构

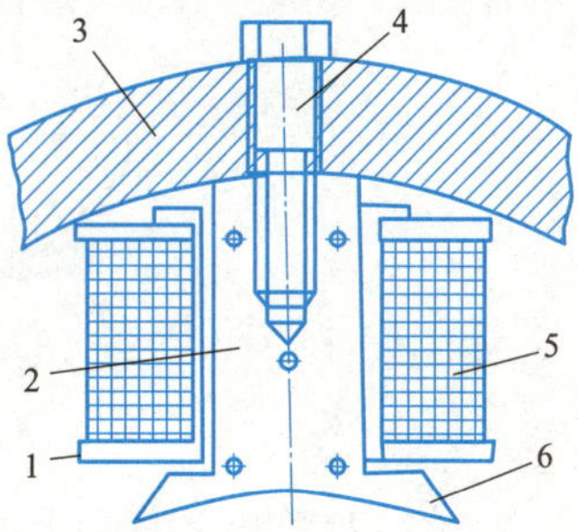

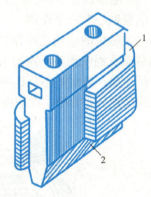

1—绝缘板；2—主磁极铁心；3—机座；
4—螺钉；5—励磁绕组；6—极靴。

图 1.3　主磁极

（2）换向极。

换向极又称附加极或间极，如图 1.4 所示，其作用是改善换向。

换向极装在相邻两主磁极之间，它也主要由铁心和绕组构成。换向极铁心一般用整块钢或钢板加工而成。但在整流电源供电的功率较大的电机中，为了更好地改善电机换向性能，换向极铁心也采用叠片结构。换向极绕组和主磁极励磁绕组一样，也是用圆铜线或扁铜线绕制而成，经绝缘处理后套装在换向极铁心上，最后用螺钉将换向极固定在机座内壁上。

换向极绕组与电枢绕组串联，由于需要通过较大电流，所以用截面大、匝数少的矩形截面导线绕制。

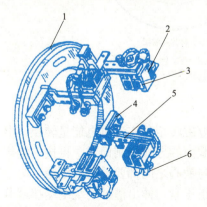

1—换向极绕组；2—换向极铁心。

图 1.4　换向极

（3）机座。

机座有两个作用：一是作为电机磁路系统中的一部分，这部分称磁轭；二是用来固定主磁极、换向极及端盖等，起机械支撑的作用。因此，要求机座有好的导磁性能及足够的机械强度与刚度。机座通常用铸钢或厚钢板焊成。对于换向要求较高的电机，还可采用叠片结构的机座。

（4）电刷装置。

电刷装置的作用是通过电刷与换向器表面的滑动接触，把转动的电枢绕组与外电路相连。电刷装置一般由电刷、刷握、刷杆、刷杆座、弹簧等组成，如图 1.5 所示，电刷一般由石墨粉压制而成。电刷在刷握内，用弹

1—刷杆座；2—刷握；3—电刷；
4—绝缘件；5—刷杆；6—弹簧。

图 1.5　电刷装置

簧压紧在换向器上，刷握固定在刷杆上，刷杆装在刷杆座上，构成一个整体部件。

2）转子

直流电机的转子称为电枢，主要由转轴、电枢铁心、电枢绕组、换向器等组成，如图 1.6 所示。

1—转轴；2—端盖；3—电枢铁心；4—电枢绕组；5—换向器；6—轴承；7—绑带。

图 1.6　转子

（1）转轴。

转轴的作用是传递转矩，一般用合金钢锻压而成。

（2）电枢铁心。

电枢铁心有两个作用：一是作为电机磁路的主要部分；二是用来嵌放电枢绕组。电枢铁心与主磁极的磁场之间存在相对运动，为了减少电枢旋转时电枢铁心中因磁通变化而引起的磁滞及涡流损耗（铁损），电枢铁心通常用 0.5 mm 厚的两面涂有绝缘漆的电工钢片冲制叠压而成，电枢铁心及其冲片如图 1.7 所示。电枢铁心固定在转子支架或转轴上，沿铁心外圈均匀地分布有槽，在槽内嵌放电枢绕组。

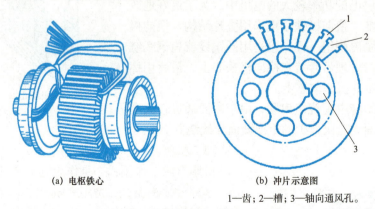

(a) 电枢铁心　　　　　　　　　(b) 冲片示意图

1—齿；2—槽；3—轴向通风孔。

图 1.7　电枢铁心及其冲片示意图

（3）电枢绕组。

电枢绕组的作用是产生感应电动势和通过电流产生电磁转矩，实现机电能量转换。电枢绕组是直流电机的主要电路部分，通常用圆形或矩形截面的导线绕制而成，再按一定规律嵌放在电枢槽内，上下层电枢绕组之间以及电枢绕组与铁心之间都要妥善地绝缘。为了防止离心力将电枢绕组甩出槽外，槽口处需用槽楔将绕组压紧，伸出槽外的绕组端接部分用无纬玻璃丝带绑紧。绕组端头按一定规则嵌放在换向器的升高片槽内，并用锡焊或弧焊焊牢。

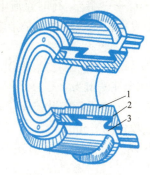

（4）换向器。

换向器的作用是机械变流，即在直流电动机中，它将外加的直流电流转变为绕组内的交流电流；在直流发电机中，它将绕组内的交流电动势转变为电刷端的直流电动势。换向器的结构如图 1.8 所示。换向器由许多换向片组成，换向片间用云母片绝缘。换向片凸起的一端称作升高片，用以与电枢绕组端头相连，换向片下部做成燕尾形，利用换向器套筒、V 形压圈及螺旋压圈将换向片、云母片紧固成一个整体，在换向片与套筒、压圈之间用 V 形云母环绝缘，最后将换向器压装在转轴上。

1—套筒；2—云母环；3—换向片。

图 1.8　换向器的结构

知识点 1.1.2　直流电机的额定值

每一台电机都有一块铭牌，上面标注着电机的各种额定数据，从中可以看出电机的型号、规格、性能，为用户合理选择和正确使用电机提供依据。电机上的铭牌如图 1.9 所示。

铭牌

图 1.9　电机上的铭牌

根据国家标准要求设计和试验所得的一组反映电机性能的主要数据，称为电机的额定值。若电机运行时，各数据符合额定值，则称这样的运行情况为额定工况。

1. 电机常见额定值

1）额定电压 U_N

额定电压指电机安全工作时，电枢绕组允许输出的最高电压或外加电压，单位为 V。

2）额定电流 I_N

额定电流指电机运行在 $U=U_N$、$P=P_N$ 时电枢的电流（即电枢绕组最大允许安全电流），单位为 A。

3）额定功率 P_N

额定功率指电机在铭牌规定的额定状态下运行时，电机的输出功率，单位为 kW。

对电动机，额定功率是指轴上输出的机械功率，计算公式如下：

$$P_N = U_N I_N \eta_N \tag{1.1}$$

5

式中：η_N——额定运行时直流电机的效率。

对发电机，额定功率是指电枢两出线端输出的电功率，计算公式如下：

$$P_N = U_N I_N \qquad (1.2)$$

4）额定转速 n_N

额定转速指额定状态下，电机工作在额定电压、额定电流和额定输出功率时，转子的转速，单位为 r/min。

此外，电机的额定值还有工作方式、励磁方式、额定励磁电压、额定温升、额定效率等。

2. 电机的 3 种运行工况

额定值是选用或使用电机的主要依据，一般希望电机按额定值运行。但实际上，电机运行时的各种数据可能与额定值不同，它们由负载的大小来确定。根据电机的电流与额定电流的关系，将电机运行分为以下 3 种工况：

① 若电机的电流正好等于额定值，则称为满载运行。

② 若电机的电流超过额定值，则称为过载运行。

③ 若电机的电流比额定值小得多，则称为轻载运行。

长期过载运行，将使电机过热，影响电机使用寿命，甚至损坏电机。长期轻载运行，将使电机的容量不能充分利用。两种情况都会降低电机的效率，都是不经济的。故在选择电机时，应根据负载的要求，尽可能使电机运行在额定值附近。

知识点 1.1.3　直流电机的拆装流程

1. 解体

直流电机解体步骤如下：

① 拆除电机的接线。

② 拆除换向器的端盖螺钉、轴承盖螺钉，并取下轴承外盖。

③ 打开端盖的通风窗，从刷握中取出电刷，再拆下接到刷杆上的连接线。

④ 拆卸换向器的端盖时，在端盖边缘处垫上木楔，用铁锤沿端盖的边缘均匀敲击，逐步使端盖止口脱离机座及轴承外圈，取出刷架。

⑤ 将换向器包好，避免弄脏、碰伤。

⑥ 拆除轴伸出端的端盖螺钉，将连同端盖的电枢从定子内小心地抽出，以免擦伤绕组。

⑦ 将连同端盖的电枢放在木架上并包好，拆除轴承端的轴承盖螺钉，取下轴承外盖及端盖。

注意：如果轴承未损坏，可不拆卸。

2. 组装

直流电机的组装可按解体的相反顺序操作。

3. 安全注意事项

① 在拆卸直流电机前，先用仪表进行整机检查，确定绕组对地绝缘是否良好以及绕组间有无短路、断线或其他故障，并在线头、端盖、刷架等处做好复位标记，做到边拆、边

检查、边记录。

② 拆卸过程中应轻拿轻放，不得碰坏各部件。

③ 拆卸过程中应遵守有关安全操作规程。

巩固练习

1. 直流电机由静止的_____和旋转的_____两大部分组成。

2. 直流电机定子的作用是_____和_____。

3. 直流电机主磁极主要由_____和_____两部分组成，整个主磁极用_____固定在机座内壁上。换向极装在_____之间，用来改善_____。

4. 电刷装置的作用是通过电刷与_____的滑动接触，把转动的电枢绕组与_____相连。

5. 直流电机的转子的作用是_____。

6. 为了减小涡流和磁滞损耗的影响，电枢铁心通常用_____叠压而成。

7. 作为发电机，额定功率是指输出的_____；作为电动机，额定功率是指输出的_____。

8. 直流电机有哪些主要部件？各有什么作用？

9. 为什么电枢铁心采用电工钢片叠压而成？

任务 1.2 直流电动机的起动

任务 1.2 直流电动机的起动微课视频

任务描述

铁道机车运用与检修专业学生毕业后大多就业于机车乘务员岗位，牵引电机作为机车的牵引动力来源，是非常重要的部件。作为机车乘务员，不仅要熟悉各部件的功能，更要学会操作。所以，在本任务中先学习直流电机工作原理及其电动势平衡方程，在此基础上实现直流电动机的起动，让学生了解直流电机的运行方式——电动机运行方式和发电机运行方式，同时为后续直流电机的应用奠定基础。

任务目标

1. 知识目标

① 掌握直流电机的工作原理。

② 掌握直流电机的电动势平衡方程。

③ 掌握直流电动机的起动方法。

2. 技能目标

① 能够辨别直流电机的运行方式。

② 学会 SS_4 改型电力机车牵引电机的起动。

任务实施

知识点 1.2.1 直流电机的工作原理

1. 直流发电机的工作原理

直流发电机的工作原理如图 1.10 所示。

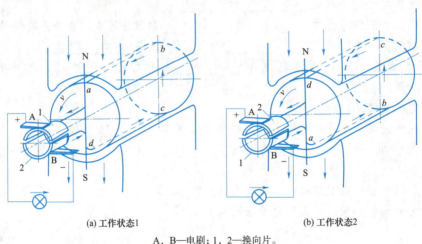

(a) 工作状态1　　　　　　　　　　　(b) 工作状态2

A，B—电刷；1，2—换向片。

图 1.10　直流发电机的工作原理

1）感应电动势的产生

当直流发电机的电枢被原动机拖动，并以恒速 v 逆时针方向旋转时，如图 1.10（a）所示，线圈两个有效边 ab 和 cd 将切割磁力线，产生感应电动势 e。其方向用右手定则判定，当 ab 位于 N 极下，cd 位于 S 极下，感应电动势的方向分别为 $b \rightarrow a$，$d \rightarrow c$。若接通外电路，电流方向为换向片 $1 \rightarrow A \rightarrow$ 负载 $\rightarrow B \rightarrow$ 换向片 2，即电流从电刷 A 流出，具有正极性，用"+"表示；从电刷 B 流入，具有负极性，用"-"表示。

当电枢转到 90° 时，线圈有效边 ab 和 cd 转到 N、S 极之间的几何中心线上，此处磁密为零，故这一瞬时感应电动势为零。

当电枢转到 180° 时，线圈有效边 ab 和 cd 及换向片 1、2 位置与电枢在 0° 时的位置互换，如图 1.10（b）所示。ab 位于 S 极下，cd 位于 N 极下，线圈两个有效边产生的感应电动势方向分别为 $a \rightarrow b$，$c \rightarrow d$，电动势方向恰与开始瞬时相反。外电路中流过的电流方向则为换向片 $2 \rightarrow A \rightarrow$ 负载 $\rightarrow B \rightarrow$ 换向片 1。由此可见，电刷 A（B）始终与转到 N（S）极下的有效边所连接的换向片接触，故电刷极性始终不变，A 为"+"，B 为"-"。

由以上分析可知，线圈内部电动势为一交变电动势，但电刷引出的电动势方向始终不变，为一单方向的直流电动势。

根据电磁感应定律，每根导体产生的感应电动势 e 为

$$e = B_x L v \tag{1.3}$$

式中：B_x——导体所在位置的磁通密度，T；

$\quad\quad$ L——导体切割磁力线的有效长度，m；

$\quad\quad$ v——导体切割磁力线的线速度，m/s。

2）直流发电机产生的电磁转矩

当直流发电机电刷两端获得直流电动势后，若接上负载，便有电流流过线圈，电流 i 与电动势 e 的方向相同。同时，载流导体在磁场中必然产生一电磁力 f，其方向用左手定则判定。电磁力对转轴形成电磁转矩 T，T 与电枢旋转的方向相反，起到了阻碍作用，故称为阻转矩。直流电机要维持发电状态，原动机就必须输入机械能来克服阻转矩 T，正是这种不断地克服，实现了将机械能转换为电能。

2. 直流电动机的工作原理

图 1.11 为两极直流电动机的工作原理。直流电动机的结构与直流发电机相同，不同的是电刷 A、B 外接一直流电源。图示瞬时电流的方向为 $+\to A\to$换向片 $1\to a\to b\to c\to d\to$换向片 $2\to B\to-$。根据电磁力定律，载流导体 ab、cd 都将受到电磁力 f 的作用，其大小为：

$$f=B_x Li \qquad (1.4)$$

式中：i——导体中流过的电流，A。

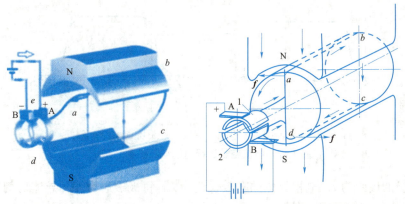

图 1.11　两极直流电动机的工作原理

1）电磁转矩的产生

导体所受电磁力的方向用左手定则判定，在如图 1.11 所示的瞬时，ab 位于 N 极下，所受电磁力 f 方向从右向左，cd 位于 S 极下，所受电磁力 f 方向从左向右，电磁力对转轴便形成一电磁转矩 T。在 T 的作用下，电枢逆时针旋转起来。

当电枢转到 90° 时，电刷不与换向片接触，而与换向片间的绝缘片接触，此时线圈中没有电流流过，$i=0$，故电磁转矩 $T=0$。但由于机械惯性的作用，电枢仍能转过一个角度，电刷 A、B 又将分别与换向片 2、1 接触。线圈中又有电流 i 流过，此时，导体 ab、cd 中电流改变了方向，即为 $b\to a$，$d\to c$，且导体 ab 转到 S 极下，ab 所受的电磁力 f 方向从左向右，cd 转到 N 极下，cd 所受的电磁力 f 方向从右向左。因此，线圈仍然受到逆时针方向电磁转矩的作用，电枢始终保持同一旋转方向。

2）直流电动机产生的感应电动势

在直流电动机中，电刷两端虽然加的是直流电，但在电刷和换向器的作用下，在线圈内部却变成了交流电，从而产生了单方向的电磁转矩，驱动电机持续旋转。同时，旋转的线圈中也将感应出电动势 e，其方向与线圈中电流方向相反，故称为反电动势。直流电动机若要维持继续旋转，外加电压就必须高于反电动势，才能不断地克服反电动势而流入电流，正是这种不断地克服，实现了将电能转换成机械能。

知识点 1.2.2　直流电机的电动势平衡方程及运行方式

1. 直流电机的感应电动势

电枢感应电动势是指直流电机正负电刷之间的感应电动势，即电枢绕组每一条支路的感应电动势。

计算电枢感应电动势时，首先计算每根导体的感应电动势，再将一条支路中各串联导体的电动势求代数和，即得电枢电动势。

电机空载运行时，气隙磁密的分布如图 1.12 所示。由图可见，电枢表面各点的磁密并不相等，因而各导体中感应电动势的数值也不相等，使计算变得复杂，为此引入磁密和导体感应电动势的平均值 B_{av} 和 e_{av} 进行分析，图中 B_{max} 为磁密的最大值。

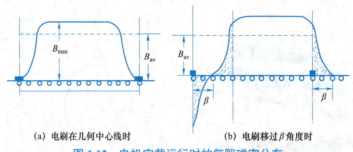

(a) 电刷在几何中心线时　　　(b) 电刷移过 β 角度时

图 1.12　电机空载运行时的气隙磁密分布

设主磁极的极距为 τ，电枢导体的有效长度为 L，每极磁通为 Φ，导体切割气隙磁场的线速度为 v，则平均的气隙磁密为：

$$B_{av} = \frac{\Phi}{L\tau} \tag{1.5}$$

其中，

$$\tau = \frac{\pi D_a}{2p} \tag{1.6}$$

式（1.6）中：p 为主磁极对数，D_a 为电枢外径。

导体的平均感应电动势为：

$$e_{av} = B_{av}Lv \tag{1.7}$$

设电枢导体总数为 N，支路对数为 a，则每条支路感应电动势为：

$$E_a = C_e \Phi n \qquad\qquad (1.8)$$

式中：Φ——每极磁通，Wb；

　　n——电机转速，r/min；

　　C_e——电动势常数，对于给定电机，$C_e = pN/60a$ 是一个常数。

由以上分析可知：

① 直流电机的感应电动势，是指电枢表面圆周上固定位置（电刷间）的电枢线圈中感应电动势之和，仅与电刷间磁通的大小、电枢转速及电机的结构有关。对于给定的电机，C_e 为常数，则感应电动势 E_a 的大小随着磁通和转速的变化而变化。

② 感应电动势的大小，仅与磁通的大小有关，而与磁密的分布无关。磁通分布形状改变，使每一导体的感应电动势的大小均发生变化，只要保持总磁通量不变，电刷间的电动势就不变。

③ 式（1.7）是在整距绕组时导出的，若为短距绕组，在线圈的两边都处在同一磁极下的瞬间，两线圈边的感应电动势方向相反，互相抵消，使感应电动势减小。

④ 当电刷偏离几何中心线时，电刷间所包含的总磁通量有所减少，使电动势相应减少。

2. 直流电机的电动势平衡方程

无论是发电机还是电动机，当电枢旋转时，电枢绕组切割磁力线都产生感应电动势，其大小 $E_a = C_e \Phi n$，方向可用右手定则判定。其差别在于：在发电机里，电枢绕组接负载后，感应电动势驱动电流流动，所以电枢电流与感应电动势方向相同，如图 1.13 所示；在电动机里，电枢绕组经电刷接外电源，外加电源是驱动电流流动的原因，所以电枢电流与电源电压方向相同，此时感应电动势与电枢电流方向相反，称为反电动势，如图 1.14 所示。

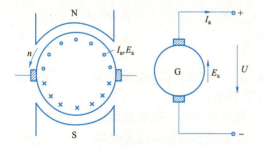

图 1.13　直流发电机的电动势平衡关系

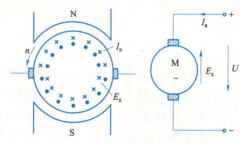

图 1.14 直流电动机的电动势平衡关系

设 U 为直流电机的端电压，取 U、E_a、I_a 的实际方向作为正方向，可得电枢回路的电动势平衡方程式为：

发电机：

$$U = E_a - I_a R_a \qquad\qquad (1.9)$$

电动机：

$$U = E_a + I_a R_a \qquad\qquad (1.10)$$

式中：R_a 为电枢回路总电阻，包括电枢回路中各串联的电阻和电刷与换向器之间的接触电阻。

式（1.9）、式（1.10）适用于各种励磁方式的直流电机，在计算时要注意，各种励磁方式中 R_a 所包含的内容不完全相同。

> 提示：直流发电机和直流电动机在运行中都存在电枢电动势 E_a 和端电压 U，在发电机中，$E_a > U$，电枢电流 I_a 的方向与电枢电动势 E_a 的方向一致；在电动机中，$E_a < U$，电枢电流 I_a 的方向与 U 的方向一致；电枢电动势 E_a 表现为反电动势。

3. 直流电机的运行方式

由直流电机的工作原理及电动势平衡方程可知，直流电机具有可逆性，即直流电机既可作为发电机运行，也可作为电动机运行。当输入机械转矩将机械能转换成电能时，电机作为发电机运行；当输入直流电流产生电磁转矩，将电能转换成机械能时，电机作为电动机运行。例如，电力机车工作在牵引工况时，牵引电机作为电动机运行，产生牵引力；在制动工况时，牵引电机作为发电机运行，将机车和列车的动能转换成电能，产生制动力，对机车进行电气制动。

知识点 1.2.3　直流电动机的起动方法

电动机由静止状态达到正常运转状态的过程称为起动过程。直流电动机在起动过程中不仅转速发生变化，而且转矩、电流等也发生变化。

当忽略电枢绕组电感时，电枢电流 I_a 为：

$$I_a = \frac{U - E_a}{R_a} \tag{1.11}$$

在起动开始瞬间，由于转速 $n = 0$，故电枢感应电动势 $E_a = 0$，此时的电流称为起动电流，用 I_{st} 表示：

$$I_{st} = \frac{U}{R_a} \tag{1.12}$$

由于电枢绕组电阻 R_a 很小，如果直接加额定电压起动，起动电流 I_a 很大，可达到额定电流的十几倍，这样大的起动电流将带来以下不良影响：

① 使电动机换向恶化，产生严重的火花，导致电刷和换向器表面烧损；
② 产生很大的电磁转矩，使传动机构和生产机械受到强烈冲击而损坏；
③ 使电网电压波动，影响供电的稳定性。

因此，在电动机起动时，必须设法限制起动电流 I_{st}。由式（1.12）可知，限制起动电流有两个途径，一是降低电动机外加电源电压，二是增大电枢回路的电阻，这也是通常采用的两种电动机起动方法。

1. 降压起动

在起动瞬间，给电动机加较低的直流电压，随着电动机转速的升高，电枢感应电动势 E_a 逐渐增大，同时端电压 U 也人为地不断增加，U 与 E_a 的差值使起动过程中电枢电流保持在允许范围内，直到电动机端电压上升到额定值，电动机起动完毕。采用降压起动方式时必须注意：起动电动机时必须加上额定励磁电压，使磁通一开始就有额定值，否则电动机起动电流虽然比较大，但起动转矩却较小，电动机仍无法起动。

降压起动的优点是在起动过程中无电阻损耗，并可达到平稳升速，但需要专用电源设备，因此该方法多用于要求经常起动的大中型直流电动机。

> **提示：** 在采用直流电动机作为牵引动力的机车上，电源由专门的发电机或变压器供给，通过调节发电机的励磁和变压器的抽头很容易改变其输出电压。因此，降压起动广泛应用于电力机车和内燃机车中。

2. 变阻起动

直流电动机在电枢回路串入适当的起动电阻 R_{st}，按照把起动电流 I_{st} 限制在（1.5～2.5）I_N 的范围内来选择起动电阻的大小。在起动过程中，随着转速 n 的增大，电枢感应电动势 E_a 也随之增大，电枢电流相应地减小。为了保持一定的转矩，应逐渐将起动电阻切除，直到起动电阻全部切除。此时，电动机起动完毕，以额定转速稳定运行。

变阻起动能有效地限制起动电流，所需起动设备简单，广泛应用于各种中小型直流牵引电机，如工矿机车、城市电车上的牵引电机多采用变阻起动。但变阻起动过程中能量消耗大，不适用于经常起动的大中型直流牵引电机。

知识点 1.2.4   SS₄ 改型电力机车牵引电机的起动

1. 在 SS₄ 改型电力机车牵引传动示教系统上起动牵引电机

SS₄ 改型电力机车牵引传动示教系统如图 1.15 所示。起动牵引电机的步骤如下：

① 接通 SS₄ 改型电力机车的牵引传动示教系统的电源。

② 按下启动按钮，可观察到 SS₄ 改型电力机车的牵引电机的起动电路。

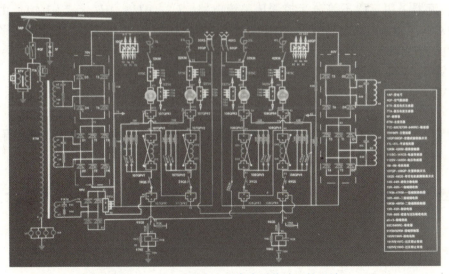

图 1.15   SS₄ 改型电力机车牵引传动示教系统

2. SS₄ 改型电力机车牵引电机的起动方法分析

为实现转向架独立控制方式，每节车采用两套独立的整流调压电路，分别向相应的转向架供电：牵引绕组 a1b1x1 和 a2x2 供电给主整流器 70V，组成前转向架供电单元，如

图 1.16 所示。牵引绕组 a3b3x3 和 a4x4 供电给主整流器 80V，组成后转向架供电单元。

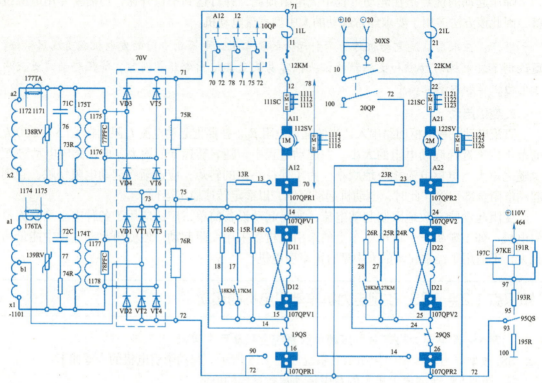

图 1.16 SS₄ 改型电力机车的牵引电机电路

主整流器采用三段不等分半控调压整流电路，$U_{a2x2}:U_{a1b1}:U_{b1x1}=2:1:1$，由电子柜 AE 实现对调压整流电路中晶闸管的控制。下面的介绍中，U_d 为整流输出电压的平均值，简称整流电压平均值。

① VT5、VT6 触发，a2x2 投入供电，触发角 $\pi \to 0$，输出电压 $0 \to U_d/2$；

② VT5、VT6 满开，VT1、VT2 触发，a1b1 也投入供电，触发角 $\pi \to 0$，电压 $U_d/2 \to 3U_d/4$；

③ VT5、VT6、VT1、VT2 满开，VT3、VT4 触发，b1x1 也投入供电，触发角 $\pi \to 0$，电压 $3U_d/4 \to U_d$。

巩固练习

1. 感应电动势的大小，仅与_____的大小有关，而与_____的分布无关。

2. 对于给定的电机，_____、_____、_____均为定值，所以，C_e 是一个_____。

3. 直流电机的感应电动势计算公式为_____。

4. 电动机由静止状态达到正常运转状态的过程称为_____。

5. 为限制起动电流，通常采用的两种起动方法为_____和_____。

6. SS₄ 改型电力机车牵引电机采用的是哪种起动方法？

7. 直流电机作为发电机或电动机运行时，电动势平衡方程有何不同？在两种不同的运行方式下，感应电动势起着怎样不同的作用？

8. 电力机车工作在牵引工况时，牵引电机作为_____运行，产生牵引力。

任务 1.3　绘制直流电机电枢绕组展开图

任务 1.3　绘制直流电机电枢绕组展开图微课视频

任务描述

电枢绕组是实现电能和机械能相互转换的枢纽，为直流电机重要部件之一。电枢绕组的形式与电机的性能、寿命和效率有很大关系，在本任务中要通过绘制电机电枢绕组展开图，找出绕组元件相互之间和绕组元件与换向器之间的连接规律。

任务目标

1. 知识目标
① 掌握电枢绕组的定义及要求。
② 掌握电枢绕组的关键参数。

2. 技能目标
① 学会电枢绕组展开图的绘制方法。
② 能够区别单叠绕组和单波绕组。

任务实施

知识点 1.3.1　电枢绕组概述

1. 对电枢绕组的要求
电枢绕组由一定数目形状相同的电枢线圈按一定规律连接而成，是产生感应电动势、电磁转矩，进行能量转换的电机部件。因此，对于电枢绕组的要求如下：
① 有一定的导体数，能产生需要的电动势。
② 通过一定大小的电流，能产生需要的电磁转矩。
③ 应尽量节省有色金属和绝缘材料。
④ 结构简单，运行安全可靠。

2. 绕组元件
绕组元件是用绝缘铜导线绕制成的线圈，是组成电枢绕组的基本单元，故称之为绕组元件。一个绕组元件有两个有效边，其中一个有效边嵌放在某个铁心槽的上层（称为上元件边），另一个有效边嵌放在另一个铁心槽的下层（称为下元件边），绕组元件的首末端分别接于两个换向片上。绕组元件在铁心槽内的部分称为有效部分，在铁心槽外的部分仅起连接作用，称为端节部分，如图 1.17 所示。

3. 元件数（S）、换向片数（K）、虚槽数（Z_u）之间的关系

每个绕组元件均有首末两端，而每个换向片总是焊接着一个绕组元件的末端和另一个绕组元件的首端，因此，元件数与换向片数相等，即

$$S = K \tag{1.13}$$

若一个铁心槽（称作实槽）内嵌放上下两个有效边，则称之为一个单元槽或一个虚槽。但有些电机，一个铁心槽内上下层常并列嵌放多个绕组元件有效边（如图 1.18 所示），这时电枢总的虚槽数为：

$$Z_u = uZ \tag{1.14}$$

式中：u——一个实槽内所包含的虚槽数；

$\quad\quad\ Z$——电枢铁心槽数，即实槽数。

于是，可得 S、K、Z_u 的关系为：

$$S = K = Z_u = uZ \tag{1.15}$$

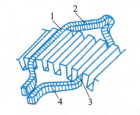

1，3—有效部分；2，4—端节部分。

图 1.17　绕组元件

(a) $u=1$　　　(b) $u=2$　　　(c) $u=3$

图 1.18　实槽与虚槽

4. 极距 τ

电枢表面圆周上相邻两主磁极之间的距离 τ，有两种表示方式。

以长度表示为：

$$\tau = \frac{\pi D_a}{2p} \tag{1.16}$$

以虚槽数表示为：

$$\tau = \frac{Z_u}{2p} \tag{1.17}$$

式中：D_a——电枢外径；

$\quad\quad\ p$——主磁极对数。

5. 绕组的基本形式和节距

1）绕组的基本形式

直流电机的电枢绕组最基本的形式有单叠绕组和单波绕组两大类，图 1.19（a）为单叠绕组的连接规律示意图。由图 1.19（a）可见，单叠绕组的相邻绕组元件在电枢表面仅差一个槽，单个绕组元件的始端和末端相隔一个换向片，例如图中第 1 个绕组元件从 N 极出发，绕到相邻的 S 极，通过换向器与 N 极下的第 2 个绕组元件串联，直到所有的绕组元件都串联起来为止。

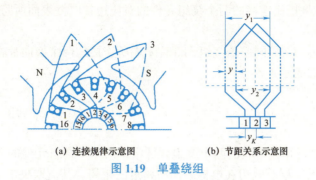

(a) 连接规律示意图　　　　　(b) 节距关系示意图

图 1.19　单叠绕组

图 1.20（a）为单波绕组的连接规律示意图。由图 1.20（a）可见，单波绕组的相邻绕组元件相隔近似为两个极距，第 2 个绕组元件与第 1 个绕组元件处在相同极性的两个磁极下，单个绕组元件的始端与末端约相隔两个极距。若电机有 p 对磁极，则连接 p 个元件后才回到出发绕组元件附近，并相隔一个槽，以便第二周继续绕下去，直到所有的绕组元件都串联起来为止。

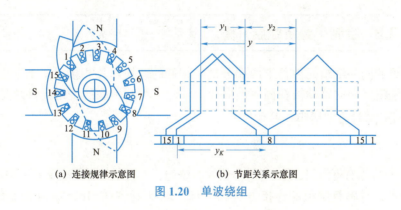

(a) 连接规律示意图　　　　　(b) 节距关系示意图

图 1.20　单波绕组

2）绕组的节距

各种绕组在电枢和换向器上的连接规律，由绕组的节距来确定。直流电机的节距有线圈节距（又称第一节距）、合成节距、换向器节距和后节距（又称第二节距）。

（1）线圈节距。

线圈节距（y_1）是指同一个绕组元件的两有效边在电枢表面所跨过的距离，一般以虚槽数表示。

$$y_1 = \frac{Z_u}{2p} \pm \varepsilon = \tau \pm \varepsilon, \ \text{为整数} \qquad （1.18）$$

式中：ε 是用来把 y_1 凑成整数的一个小数。当 $\varepsilon=0$ 时，$y_1=\tau$，为整距绕组；当 ε 取 "–" 号时，$y_1<\tau$，为短距绕组；当 ε 取 "+" 号时，$y_1>\tau$，为长距绕组。整距绕组可获得最大感应电动势，短距绕组和长距绕组感应电动势略小。由于短距绕组比长距绕组能节省端部材料，同时短距绕组对换向有利，所以电力机车直流电机一般采用短距绕组。

（2）合成节距。

合成节距（y）是指相连接的两个绕组元件的对应边在电枢表面所跨过的距离。

（3）换向器节距。

换向器节距（y_K）是指同一个绕组元件首末端所连接的两个换向片在换向器表面所跨过的距离，以换向片数表示：

$$y_K = y \tag{1.19}$$

（4）后节距。

后节距（y_2）是指相互串联的两个绕组元件中，第 1 个绕组元件的下层有效边与所连接的第 2 个绕组元件的上层有效边在电枢表面所跨过的距离。其值取决于 y_1 和 y，并与绕组的类型有关。

单叠绕组：

$$y_2 = y_1 - y \tag{1.20}$$

单波绕组：

$$y_2 = y - y_1 \tag{1.21}$$

单叠绕组和单波绕组的节距关系示意图如图 1.19（b）、图 1.20（b）所示。

知识点 1.3.2　绘制单叠绕组展开图

单叠绕组的同一绕组元件首末两端分别与相邻的两换向片相接，第 1 个绕组元件的末端与第 2 个绕组元件的首端接在同一换向片上。两个相互串联的绕组元件总是后一个紧叠在前一个上面，故称为叠绕组。其特征为：

$$y = y_K = \pm 1 \tag{1.22}$$

式中：取"+"号为右行绕组；取"-"号为左行绕组，左行绕组端部交叉，一般不采用。

为进一步分析单叠绕组的连接方法和特点，现以 $Z_u = S = K = 16$，$2p = 4$ 的整距绕组为例，绕制一单叠右行绕组。

1. 计算节距

整距绕组，$\varepsilon = 0$，故：

$$y_1 = \frac{Z_u}{2p} \pm \varepsilon = \frac{16}{4} \pm 0 = 4$$

对于单叠右行绕组：

$$y = y_K = 1$$

$$y_2 = y_1 - y = 4 - 1 = 3$$

2. 单叠右行绕组展开图

根据求得的各种节距，可画出绕组的展开图。先将电枢表面展开成平面，并将电枢槽、绕组元件及换向片编号，其中绕组元件及换向片号与其上层边所在槽号相同，电枢槽号和换向片号之间的相对位置，采用如下方法确定：为了使绕组元件的端接对称，应使每一绕组元件所接的两个换向片的分界线与其轴线重合。

图 1.21 为单叠右行绕组展开图。图中绕组元件上层边画成实线，下层边画成虚线。第 1 个绕组元件的首端接在换向片 1 上，它的一边放在 1 号槽的上层，另一边放在 5 号槽的下层（$y_1=4$），末端接在换向片 2 上（$y_K=1$）；第 2 个绕组元件的首端接到换向片 2 上，它的一边放在 2 号槽的上层，另一边放在 6 号槽的下层，末端接到换向片 3 上；依次连接到第 16 个绕组元件，第 16 个绕组元件的末端又接到换向片 1 上，组成一个闭合回路。

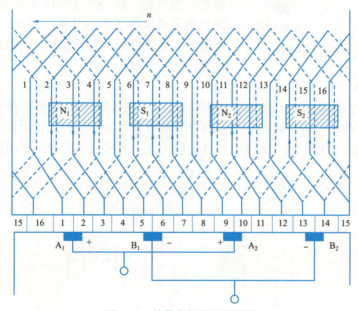

图 1.21　单叠右行绕组展开图

3. 主磁极的位置

为了确定电枢绕组中感应电动势的方向，需假定电枢的转向，同时画出主磁极的位置和极性。电机主磁极在圆周上是对称均匀分布的，极靴宽度一般为（$0.6\sim0.7$）τ，在展开图上对称均匀地划分极距，在每极距内画上磁极并假设极性，N 极表示磁力线方向进入纸面，S 极表示磁力线方向离开纸面。根据右手定则可以确定各导体中感应电动势的方向，用绕组单元边上的箭头表示，在 N 极下的绕组单元边中电动势方向均向下，在 S 极下绕组单元边中的电动势方向均向上。由于几何中心线处的磁密为零，故此处绕组单元边中电动势为零，即 1、5、9、13 号绕组元件中电动势为零。因此，电枢电动势的分界线是磁场的分界线。

4. 电刷的位置和极性

1）电刷的位置

电刷在换向器上的位置是根据"空载时在正负电刷之间能获得最大电动势"这一原则来确定的。为了获得最大电动势，电刷应与电动势为零的绕组元件所连接的换向片相接触。电动势为零的绕组元件所处的位置，用下述方法判断：如果是整距绕组（$y_1=\tau$），如图 1.22（a）所示，当两绕组单元边位于几何中心线时绕组元件电动势为零，此时绕组元件轴线与主磁极轴线重合。如果是短距绕组（$y_1<\tau$），如图 1.22（b）所示，当绕组元件轴线与主磁极轴线重合时，两绕组单元边不在几何中心线上，而是在同一极性下左右对称，此

19

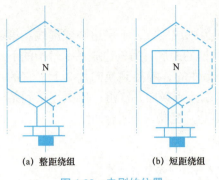

(a) 整距绕组　　(b) 短距绕组

图 1.22　电刷的位置

时两绕组单元边电动势大小和方向都相同，互相抵消，绕组元件电动势也为零。长距绕组具有同样的情况。由此可见，只要绕组元件的轴线与主磁极轴线重合，感应电动势即为零。此时，绕组元件所接的两个换向片的分界线与主磁极轴线重合，所以电刷必须放在主磁极轴线下的换向片上。对应一个主磁极，便可放置一组电刷。本例中 $2p=4$，则应有四组电刷。电刷的宽度通常等于换向片宽度的 $1.5 \sim 3$ 倍。在分析电机的电枢绕组时，为了方便，电刷只画成一个换向片宽。

2）电刷的极性

电刷的极性由线圈内电动势的方向来确定，当电枢转向和主磁极极性一定时，通过换向片跨接在任何两相邻电刷间的绕组元件中电动势方向是一定的，因此电刷的极性固定不变。如图 1.23 所示，图中 A 电刷为正，B 电刷为负。电机中将同极性电刷相连后引出正负两线端。

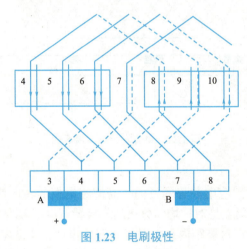

图 1.23　电刷极性

5. 并联支路数

绕组元件依次连接，可得单叠绕组的瞬间电路图，如图 1.24 所示。从图 1.24 中可以看出，有 4 条支路并联于正负电刷之间。每一条支路都是由上层边处在同一主磁极下的绕组元件串联而成，一个主磁极对应一条支路，则单叠绕组的并联支路数恒等于电机的主磁极数。因为主磁极数和支路数总是成对的，所以支路对数 a 等于主磁极对数 p，即

$$a=p \qquad (1.23)$$

电枢旋转时，各绕组元件的位置随之移动，构成各支路的绕组元件在交替更换，由于电刷位置是固定的，所以组成一条支路的绕组元件数不变，感应电动势大小不变，从电刷外面看绕组时，永远是一个具有 $2a$ 条并联支路的电路。电刷两端接通负载或电源时，产生电枢电流，由于电刷两侧的感应电动势方向相反，所以电刷两侧的电流方向相反，所以电枢电流的分界线是电刷。

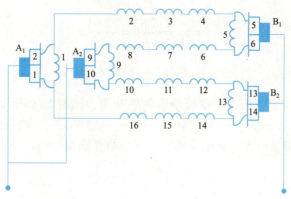

图 1.24　单叠绕组的瞬间电路图

单叠绕组的电枢电势 E_a 等于一条支路的电势，电枢电流 I_a 等于各支路电流 i_a 之和，即

$$I_a = 2ai_a \tag{1.24}$$

知识点 1.3.3　区别单叠绕组和单波绕组

1. 单波绕组

单波绕组每一绕组元件两条边之间的节距（y_1）的计算公式与单叠绕组一样，即

$$y_1 = \frac{Z_u}{2p} \pm \varepsilon，为整数 \tag{1.25}$$

单波绕组每一个绕组元件的首末端要接到相距约为两个极距的换向片上，每安放一个绕组元件，其相应绕组单元边在电枢表面上移动约两个极距的槽，所以 $y=y_K \approx 2\tau$。第 2 个绕组元件与第 1 个绕组元件处在相同极性的两个磁极下，感应电动势方向相同，可以相加。当依次串联 p 个绕组元件，在电枢表面环绕一周后，第 p 个绕组元件的末端要接到与第 1 个绕组元件的首端所接的换向片 1 相邻的换向片上，以便第 2 周继续绕下去，所以：

$$py = K \pm 1 \tag{1.26}$$

单波绕组的换向器节距为：

$$y_K = \frac{K \pm 1}{p}，为整数 \tag{1.27}$$

当式（1.26）中采用"+"时，p 个绕组元件串联后，接到换向片 2 上，称右行绕组，此时端接交叉，很少采用。一般在式（1.26）中采用"−"，称为左行绕组。现以 $Z_u=S=K=15$，$2p=4$ 为例，绕制一单波左行绕组。

1）计算节距、画绕组展开图

$$y_1 = \frac{Z_u}{2p} - \varepsilon = \frac{15}{4} - \frac{3}{4} = 3$$

$$y = y_K = \frac{K-1}{p} = \frac{15-1}{2} = 7$$

$$y_2 = y - y_1 = 7 - 3 = 4$$

根据求得的各种节距，可画出单波绕组的展开图，如图1.25所示。从图中可以看出绕组元件连接的顺序为：1—8—15—7—14—6—13—5—12—4—11—3—10—2—9—1，也构成一闭合绕组。确定主磁极位置、电刷位置的原则与单叠绕组相同。

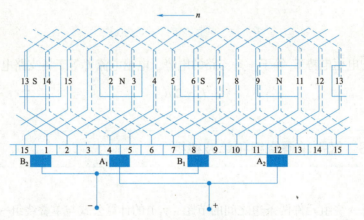

图1.25　单波绕组展开图

2）单波绕组的支路对数

根据图1.25可画出单波绕组的瞬间电路图，如图1.26所示。从图中可以看出，单波绕组是将所有上层边在N极下的绕组元件串联成一条支路（4、11、3、10、2），将上层边在S极下的绕组元件串联成另一条支路（15、7、14、6、13），其余元件被电刷短路。显然，单波绕组的支路数$2a$和主磁极数目无关，即

$$a = 1 \tag{1.28}$$

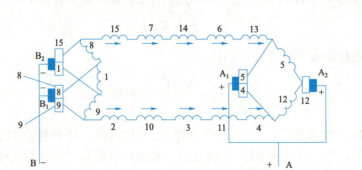

图1.26　单波绕组的瞬间电路图

由于单波绕组只有两条并联支路，只需要一正一负两组电刷即可工作。但在极数较多时，由于电刷的载流量很大，使换向器尺寸加大，因此一般仍采用与极数相等的电刷组数（全额电刷）。此时，还能够保证两条支路的对称。

单波绕组的电枢电动势仍为一条支路的电动势，电枢电流为两条支路的电流之和。

2. 单叠绕组与单波绕组的区别

单叠绕组与单波绕组都是直流电机最基本的绕组形式，其主要区别是并联支路数不同。单叠绕组 $a=p$，可以通过增加磁极对数来增加并联支路数，适用于低电压、大电流的电机。单波绕组 $a=1$，在元件数相同的情况下，每条支路串联的元件数较多，适用于高电压、小电流的电机。

巩固练习

1. 直流电机的电枢绕组最基本的形式分＿＿＿＿＿和＿＿＿＿＿两大类。
2. 直流电机实现直流电能和机械能相互转换的电机部件是（　　）。
   A. 定子绕组　　　　　　　　B. 换向器　　　　　　　　C. 电枢绕组
3. 直流电机单叠绕组的并联支路对数等于（　　）。
   A. $2p$　　　　　　　　　　B. p　　　　　　　　　　C. 1
4. 直流电机的电枢绕组若为单波绕组，则绕组的并联支路数等于（　　）。
   A. 主磁极对数　　　　　　　B. 主磁极数　　　　　　　C. 两条
5. 单波绕组和单叠绕组是直流电机基本的绕组形式，其主要区别是（　　）。
   A. 并联支路数　　　　　　　B. 主磁极对数　　　　　　C. 主磁极数
6. 绘制一单叠右行绕组，安放主磁极和电刷，$Z_u = S = K = 8, 2p = 2$，并求并联支路数。
7. 一台 4 极直流电机，虚槽数为 40，极距是＿＿＿＿＿。

任务 1.4　直流电动机的反转

任务 1.4 直流电动机的反转微课视频

任务描述

作为机车乘务员，不仅要学会实现机车的牵引，还需要学会实现机车的前进和后退。本任务的学习目的是分析改变直流电动机转向的方法，并能在试验台上实现直流电动机的反转。

任务目标

1. 知识目标
① 掌握直流电机的电磁转矩平衡方程。
② 学会实现直流电动机反转的方法。

2. 技能目标
① 能够实现直流电动机的反转。
② 学会 SS_4 改型电力机车牵引电机的反转。
③ 学会利用能量守恒定律分析问题。

任务实施

知识点 1.4.1　直流电机的电磁转矩平衡方程

直流电机的转矩特性可由转矩平衡方程推导出来。当忽略空载转矩后，直流电动机输出的转矩等于电磁转矩，故转矩特性可直接由电磁转矩公式求出，即：

$$T = C_T \Phi I_a \qquad (1.29)$$

式中：I_a——电枢电流，A； $\qquad\qquad\qquad\qquad\qquad\qquad\qquad\qquad$ （1.30）

$\quad$ C_T——电机转矩常数，$C_T = \dfrac{pN}{2\pi a}$。 $\qquad\qquad\qquad\qquad\qquad$ （1.31）

对于已制成的电机，p、N、a 均为定值，所以，C_T 也是一个常数。

感应电动势 $E_a = C_e \Phi n$ 和电磁转矩 $T = C_T \Phi I_a$ 是直流电机的两个重要公式。对同一台直流电机，电动势常数 C_e 和转矩常数 C_T 有一定的关系。

因为 $\qquad\qquad\qquad\qquad C_e = \dfrac{pN}{60a}$ ，$\quad C_T = \dfrac{pN}{2\pi a}$ $\qquad\qquad\qquad$ （1.32）

所以 $\qquad\qquad\qquad\qquad C_T = \dfrac{60}{2\pi} \cdot \dfrac{pN}{60a} = 9.55 C_e$ $\qquad\qquad\qquad$ （1.33）

无论是发电机还是电动机，当电枢绕组有电流流过时，电枢电流和磁场相互作用，产生电磁转矩 T，其大小为 $C_T \Phi I_a$ 方向可用左手定则判定。

在发电机里，外加转矩 T_1 为驱动转矩，其作用是使电枢旋转。当电磁转矩 T 与电枢转向相反时为阻转矩。同时，还存在电机的空载阻力转矩 T_0，如图 1.27 所示。

在电动机里，电磁转矩 T 的作用是使电枢转动，为驱动转矩。与电动机转向相同，此时轴上的负载转矩 T_2 和空载转矩 T_0 均为阻力转矩。如图 1.28 所示。

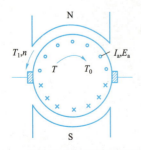
图 1.27　直流发电机的转矩平衡关系

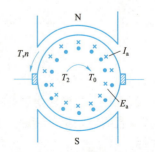
图 1.28　直流电动机的转矩平衡关系

当直流电机的转速恒定时，加在电机轴上的驱动转矩应与阻力转矩相等，因而电磁转矩平衡方程为：

发电机：
$$T_1 = T + T_0 \qquad\qquad (1.34)$$

电动机：
$$T = T_2 + T_0 \qquad\qquad (1.35)$$

以上两式表明，在直流电机稳定运行时，电磁转矩和外转矩都同时存在并达到平衡。

知识点 1.4.2　直流电动机的反转方法

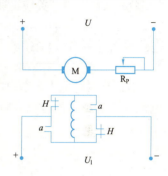

直流电动机的旋转方向取决于电磁转矩方向，而电磁转矩 T 的大小为 $C_T \Phi I_a$，其方向取决于磁通（Φ）与电枢电流（I_a）相互作用的方向，故改变电动机转向的方法有两种：一是改变磁通（即励磁电流）的方向，二是改变电枢电流的方向。若同时改变磁通方向及电枢电流方向，则直流电动机转向保持不变。电力机车上的牵引电机常采用励磁绕组反接法，其电路如图 1.29 所示。

图 1.29　励磁绕组反接电路

由图 1.29 可见，利用电器触头 H、a 的闭合与断开将励磁绕组进行反接，改变励磁绕组中电流的方向，即改变了磁通的方向，以达到改变直流电动机转向的目的。

知识点 1.4.3　直流电动机的反转测试

1. 设备
机车电力电子综合试验台、直流电动机（带励磁绕组）。

2. 方法
① 由机车电力电子综合试验台输出直流电源给直流电动机，按照图 1.30 进行接线。

② 起动直流电动机，观察直流电动机的转向。

③ 改变励磁绕组 $D_1 D_2$ 的电流方向，观察直流电动机的转向，并记录转速。

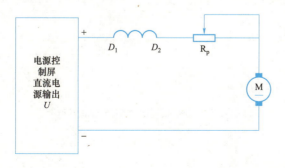

图 1.30　直流电动机反转试验接线图

3. 安全注意事项

① 人体不可接触带电线路。

② 接线和拆线都必须在切断电源（即拉断电源开关）的情况下进行。

③ 学生独立完成接线或改接线路后，必须经指导教师检查，确认无误并招呼全组同学注意后，方可接通电源。

④ 首次接通电源时，人不可立即离开控制开关，待一切正常后，方可离开。

⑤ 实验中如果发生事故，应立即切断电源，保护现场，并报告指导教师，待查清问题或妥善处理后方能继续进行试验。

⑥ 操作电源开关应迅速、果断，快合、快断。

知识点 1.4.4　SS₄ 改型电力机车牵引电机的反转

SS₄ 改型电力机车牵引电机的反转是通过位置转换开关进行的，通过该开关可改变励磁电流（D11-D12 的电流方向），进而改变牵引电机的转向。其电路如图 1.31 所示。

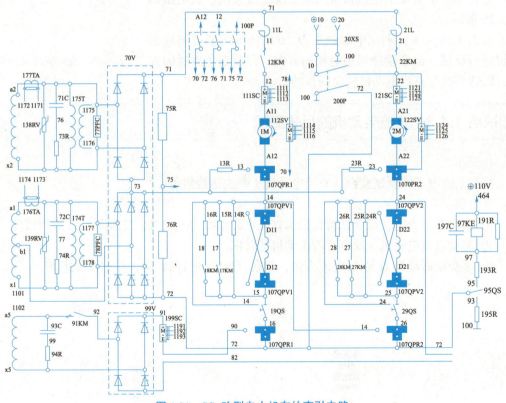

图 1.31　SS₄ 改型电力机车的牵引电路

巩固练习

1. _____ 在电枢轴上产生的转矩称为电磁转矩，电磁转矩 $T=$ _____ 。

2. 直流发电机和直流电动机的转矩平衡方程有何区别？

3. 直流电机在进行能量转换时，遵守_____定律。

4. 对于给定的电机，_____、_____、_____均为定值，所以，C_T 是一个_____。

5. 对同一台直流电机，电动势常数为转矩常数的（　　）倍。

A. 1　　　　　　　　　　B. 9.55　　　　　　　　　　C. 4.44

6. 如何实现直流电动机的反转？通常使用哪一种方法？

7. 直流电动机的旋转方向取决于_____的方向。

8. SS₄ 改型电力机车牵引电机如何实现反转？

任务 1.5　直流电动机的调速

任务 1.5 直流电动机
的调速微课视频

任务描述

机车运行的特点是频繁起动和根据线路纵断面的变化广泛地调节行驶速度。本任务在实现牵引电机起动的基础上，探讨如何对正在运行的直流电动机进行调速，并结合 SS₄ 改型电力机车牵引电机的调速进行针对性的学习。

任务目标

1. 知识目标

① 掌握直流电动机调速的方法。

② 掌握磁场削弱的定义、磁场削弱系数的概念。

2. 技能目标

① 能够识别直流电机的励磁方式。

② 能够对直流电动机进行调速并分析。

③ 学会 SS₄ 改型电力机车牵引电机的调速方法。

任务实施

知识点 1.5.1　直流电动机的调速方法

在电动机机械负载不变的条件下，用人为方法调节电动机转速叫作调速。

由直流电动机电动势平衡方程［见式（1.10）］及感应电动势计算公式［式（1.8）］，可列出电动机转速计算公式如下：

$$n = \frac{U - I_a\left(R_a + R_p\right)}{C_e\varPhi} \tag{1.36}$$

式中：R_p——电枢回路串接的电阻。

由式（1.36）可知，影响电动机转速的 3 个因素是电源电压 U、电枢回路串接的电阻 R_p、气隙主磁通 Φ。只要改变以上 3 个因素中任何一个，就能达到调节电动机转速的目的。

1. 电枢回路串接电阻调速

图 1.32 为串励电动机电枢回路串接电阻时的机械特性，其中 $R_{p2}>R_{p1}$。可以看出，在同一负载下，电阻越大，转速越低。

这种调速方法的优点是只需增设电阻和切换开关，设备简单，控制方便；缺点是能耗较大，经济性差，而且速度调节是有级的，调速平滑性差。

2. 改变电源电压调速

图 1.33 为串励电动机电压降低时的机械特性，其中 $U_N>U_1>U_2$。可以看出，在同一负载下，电压越低，转速也越低。为保证电机运行安全，电压只能以额定电压 U_N 为上限进行下调，也称降压调速。

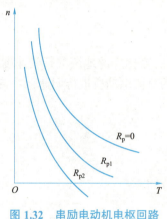

图 1.32　串励电动机电枢回路
串接电阻时的机械特性

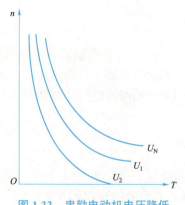

图 1.33　串励电动机电压降低
时的机械特性

这种调速方法的优点是：电源电压如果能平滑调节，就可以实现无级调速；调速中无附加能量损耗。缺点是需要专用的调压电源，成本较高；转速只能调低，不能调高。

3. 改变主磁通调速

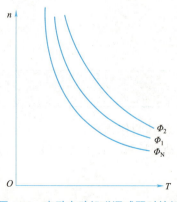

图 1.34　串励电动机磁通减弱时的机
械特性

图 1.34 为串励电动机磁通减弱时的机械特性，其中 $\Phi_N>\Phi_1>\Phi_2$。可以看出，在同一负载下，磁通越弱，转速越高。一般电机的额定磁通 Φ_N 已设计得使铁心接近饱和，因此，改变磁通只能在额定磁通下减弱磁通，所以又称为磁场削弱调速。削弱磁场需要在励磁绕组的两端并联电阻，一般电动机励磁功率只有电机容量的 $1\% \sim 5\%$，因此用于削弱磁场的并联电阻容量也很小。

这种调速方法的优点是：设备简单、控制方便、功率损耗小，可以提高电机的转速，是直流牵引电机常用的调速方法之一。

在电力机车上使用的直流牵引电机，为扩大调速范围，常把几种调速方法配合使用。例如，地铁电动车组常采用电枢回路串接电阻调速和磁场削弱调速，电力机车和内燃机车常采用改变电源电压调速和磁场削弱调速。

知识点 1.5.2 直流电机的励磁方式

直流电机的励磁方式是指直流电机励磁绕组和电枢绕组之间的连接方式。不同励磁方式的直流电机，其特性有很大差异，因此励磁方式是选择直流电机的重要依据。直流电机的励磁方式可分为他励、并励、串励、复励 4 类，如图 1.35 所示。

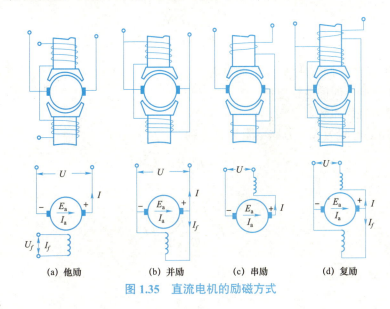

(a) 他励　　　(b) 并励　　　(c) 串励　　　(d) 复励

图 1.35　直流电机的励磁方式

知识点 1.5.3 磁场削弱调速

机车运行的特点是频繁起动和根据线路纵断面的变化广泛地调节行驶速度，所以其牵引电机通常都具有良好的调速性能，并广泛地采用改变电源电压和主磁通的调速方法。

削弱磁场时，通常在电动机主磁极励磁绕组两端并联一级或数级分路电阻，从而减少励磁电流和磁通，其电路图如图 1.36 所示。

当分路电阻上的控制开关断开时，励磁绕组中的电流等于电枢电流，这种状态称为满磁场。如果分路电阻上的开关闭合，电枢电流中的一部分流过分路电阻，励磁绕组中的电流小于电枢电流，电动机处于磁场削弱状态。磁场削弱的程度取决于分路电阻的大小，只要改变分路电阻的阻值，就能获得不同程度的磁场削弱。

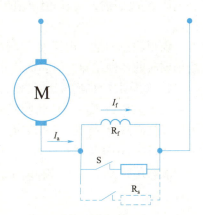

I_f—磁场削弱时通过励磁绕组 R_f 的电流；
I_a—电枢电流；S—控制开关；R_s—分路电阻。

图 1.36　削弱磁场电路图

1.磁场削弱系数

牵引电机磁场削弱的程度可用磁场削弱系数 β 来表示，即

$$\beta = \frac{F_\beta}{F_f} \tag{1.37}$$

式中：F_β——磁场削弱时的磁势；

F_f——满磁场时的磁势。

由于在磁场削弱前后励磁绕组的匝数是不会变化的，因此式（1.37）又可表示为：

$$\beta = \frac{F_\beta}{F_f} = \frac{I_f N_f}{I_a N_f} = \frac{I_f}{I_a} \tag{1.38}$$

式中：I_f——磁场削弱时通过励磁绕组的电流；

I_a——磁场削弱时的电枢电流；

N_f——励磁绕组匝数。

设励磁绕组的电阻为 R_f，分路电阻为 R_s，则：

$$\left(I_a - I_f\right)R_s = I_f R_f \tag{1.39}$$

即

$$I_f = \frac{R_s}{R_f + R_s} \cdot I_a \tag{1.40}$$

代入式（1.38）可得

$$\beta = \frac{R_s}{R_f + R_s} \tag{1.41}$$

对于已制成的电机，R_f 是常数，因而，从式（1.41）可以看出，磁场削弱系数 β 是由分路电阻 R_s 决定的，与励磁绕组的匝数无关，当需要改变 β 时，只需要改变分路电阻的阻值即可。

值得注意的是，由于 R_s 值较小，所以当同一台机车各电机的 R_s 值有差异时，将造成磁场削弱时的特性差异，引起负载分配不均匀。

2.磁场削弱时电动机的工作特性

当电动机在某一磁场削弱级运行时，相应地有一条磁场削弱特性曲线，这条特性曲线可以根据满磁场时的特性曲线求得。

1）恒电压磁场削弱时的转速特性

满磁场时，$R_{pa} = 0$，则电动机的转速 n 为

$$n = \frac{U - I_a R_a}{C_e \Phi} \approx \frac{U}{C_e \Phi} \tag{1.42}$$

当磁场削弱系数为 β 时，电动机的转速为 n'，电枢电流为 I'_a，磁通为 Φ'，则

$$n' = \frac{U - I_a' R_a}{C_e \Phi'} \approx \frac{U}{C_e \Phi'} \qquad (1.43)$$

式（1.43）与式（1.42）相除，得　　　　　$\dfrac{n'}{n} = \dfrac{\Phi}{\Phi'}$ 　　　　　　（1.44）

若令磁场削弱时的转速 n' 等于满磁场时的转速 n，即 $n'=n$，从式（1.44）可知，$\Phi'=\Phi$。所以，磁场削弱时的励磁电流与满磁场时的励磁电流必须相等。为了保证这一条件，磁场削弱时的电枢电流 I_a' 必须是满磁场时的电枢电流 I_a 的 $1/\beta$ 倍，即 $I_a'=(1/\beta)I_a$。

因此，只要把恒定电压满磁场时的转速特性曲线各点的横坐标 I_a 加大 $1/\beta$ 倍，即可得到磁场削弱系数为 β 时的转速特性曲线，如图 1.37 所示。

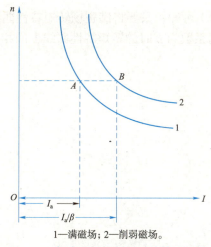

1—满磁场；2—削弱磁场。

图 1.37　恒电压磁场削弱时的转速特性

图 1.37 中曲线 1 为满磁场时的转速特性曲线，取曲线上任一点 A，沿水平方向向右移到离纵轴 I_a/β 处，便可得到点 B。用相同的方法逐点平移，即可画出磁场削弱系数为 β 时的转速特性曲线 2。

从图 1.37 可见，在同样的负载电流下，磁场削弱后电动机转速比满载时增加了。因此，在电力机车上通过多级磁场削弱，可以扩大牵引电机的调速范围，即增加了机车的调速范围。

2）恒电压磁场削弱时的转矩特性

设满磁场时，牵引电机的电磁转矩为 T；当磁场削弱系数为 β 时，电动机的电磁转矩为 T'，则

$$T = C_T \Phi I_a \qquad (1.45)$$

$$T' = C_T \Phi' I_a' \qquad (1.46)$$

两式相除，得

$$\frac{T'}{T} = \frac{\Phi' I'_a}{\Phi I_a} \tag{1.47}$$

按前述假设，磁场削弱后的主磁通与满磁场时的主磁通相等，则两者的励磁电流亦相等，因此，两种情况下电枢电流的关系为：

$$I'_a = \frac{1}{\beta} I_a \tag{1.48}$$

将式（1.48）代入式（1.47），得

$$T' = \frac{1}{\beta} T \tag{1.49}$$

从式（1.48）和式（1.49）可知，只要将满磁场转矩特性曲线上任一点的纵横坐标值各乘以 $1/\beta$，就能得到磁场削弱系数为 β 时的转矩特性曲线上的相应点，绘出磁场削弱时的转矩特性曲线，如图 1.38 所示。

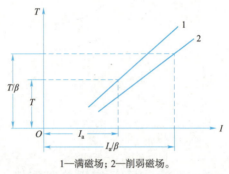

1—满磁场；2—削弱磁场。

图 1.38　恒电压磁场削弱时的转矩特性

3. 串励牵引电机在恒电压下磁场削弱时的功率利用

串励牵引电机由于其转矩特性为软特性而具有良好的牵引性能。但是，在端电压一定时，随着电动机转速的提高，串励牵引电机输出的功率将不断地减小。图 1.39 中曲线 1 是满磁场时的转速特性，当电动机的转速由 n_N 增加到 n' 时，电动机电流由 I_N 下降为 I'，电动机的功率也相应减小。因此，在满磁场下工作的串励牵引电机，当其转速在高于额定值的范围内运行时，电动机的功率并没有充分发挥出来。当串励牵引电机采用磁场削弱方式调速时，如图 1.39 中曲线 2 和曲线 3 所示，转速由 n_N 增加到 n' 时，电动机电流下降较少，可以在接近额定电流或额定电流下运行。因此，磁场削弱能够充分发挥牵引电机的功率。

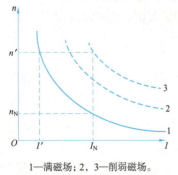

1—满磁场；2，3—削弱磁场。

图 1.39　牵引电机的功率利用

串励牵引电机在采用磁场削弱时，为什么能够充分发挥其功率呢？下面根据机车的运行特点，分析串励牵引电机在两种不同运行条件下的功率发挥情况。

1）当机车牵引力不变时

设牵引电机在满磁场时的功率为 P，转矩为 T，转速为 n，则

$$P = Tn \tag{1.50}$$

进行磁场削弱后，牵引电机的功率为 P'，转矩为 T'，转速为 n'，则

$$P' = T'n' \tag{1.51}$$

由于磁场削弱前后机车的牵引力不变，即牵引电机的转矩不变，$T=T'$。但进行磁场削弱后，牵引电机的转速提高，$n'>n$。所以牵引电机的功率相应增大，$P'>P$。所以，磁场削弱越深，转速增加越多，功率增加也越多。

2）当机车上坡牵引并维持磁场削弱前的速度时

机车上坡牵引时，磁场削弱前后机车的速度不变，即牵引电机的转速不变，则

$$n' = n \tag{1.52}$$

机车上坡时要维持速度不变，牵引力必须增加，即牵引电机转矩增加，此时若采用磁场削弱方式，则 $T'>T$，牵引电机的功率相应增大。

因此，采用磁场削弱方式调速，不仅能发挥牵引电机的全功率，甚至能够提高牵引电机的利用效率。根据机车不同的运行条件，磁场削弱所得到的功率增量，对于恒压供电的串励牵引电机来说，是由于磁场削弱后的电枢电流增大而得到的（见图 1.37 和图 1.38），这时牵引电机可能过载运行，发热加剧。因此，最合理的办法是：根据不同的运行条件，尽可能使磁场削弱后电枢电流变化不大，使串励牵引电机的功率得到充分利用。

知识点 1.5.4　直流电动机的调速测试

1. 设备

机车电力电子综合试验台、直流电动机（带励磁绕组）。

2. 方法

由机车电力电子综合试验台输出直流电给电动机，按照图 1.40～图 1.42 接好线路，对直流电动机进行调速，并记录转速。

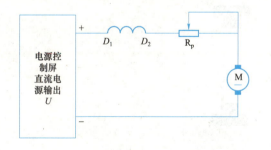

图 1.40　直流电动机串接电阻调速电路图

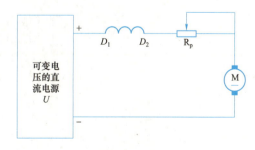

图 1.41　直流电动机改变电源电压调速电路图

① 按照图 1.40 接好电路，通过旋钮调节电阻 R_p 的阻值，观察电机转速变化规律，并记录 2～3 组数据。

② 按照图 1.41 接好电路，改变电源电压 U 的大小，观察电机转速变化规律，并记录 2～3 组数据。

③ 按照图 1.42 接好电路，改变励磁绕组 D_1D_2 的分路电阻 R_p 的阻值，观察电机转速变化规律，并记录 2～3 组数据。

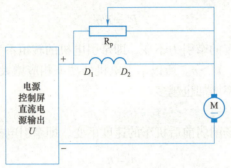

图 1.42　直流电机磁场削弱调速电路图

知识点 1.5.5　SS₄ 改型电力机车牵引电机的磁场削弱调速

　　磁场削弱调速是电力机车调速的一种辅助手段，SS₄ 改型电力机车采用的是 ZD105A 型脉流牵引电机，它的磁场削弱是通过改变励磁绕组的电流实现的，也就是使牵引电机电枢电流的一部分流过牵引电机主磁极励磁绕组，另一部分进行分路（电阻分路法），从而完成磁场削弱调速，其电路如图 1.43 所示。

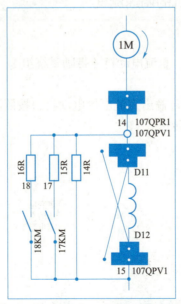

图 1.43　SS₄ 改型电力机车磁场削弱调速电路

　　从图 1.43 可以看出，SS₄ 改型电力机车磁场削弱电路中分别有以下 4 种分路电阻：

①　固定分路电阻（14R）。固定分路电阻（14R）的作用：一是降低牵引电机主磁极励磁绕组的交流分量［70%～85% 的交流分量从固定分路电阻（14R）中流过］，改善整流换向性能；二是起固定磁削作用，对主磁极形成 $\beta=0.96$ 的磁场削弱系数。

②　Ⅰ级磁削电阻（15R）。Ⅰ级磁削电阻的阻值 $R=0.023\ 7\ \Omega$，由磁削电空接触器（17KM）控制，$\beta=0.70$。

③　Ⅱ级磁削电阻（16R）。Ⅱ级磁削电阻的阻值 $R=0.010\ 2\ \Omega$，由磁削电空接触器（18KM）控制，$\beta=0.54$。

④　Ⅲ级磁削电阻（15R、16R）。由磁削电空接触器（17KM、18KM）控制，$\beta=0.45$。

巩固练习

1. 绘制直流电机励磁方式图，并分析 SS$_4$ 改型电力机车牵引电机的励磁方式。

2. 直流电机的励磁方式是指直流电机_____和_____的连接方式。

3. 直流电机的励磁方式可分为_____、_____、_____和_____共 4 类。

4. 在电动机机械负载不变的条件下，用人为方法调节电动机转速叫作_____。

5. 调节电动机转速的方法有三种，即_____、_____和_____。

6. 改变主磁极磁通的调速方法很多，目前比较常用的一种是在电动机主磁极励磁绕组两端并联一级或数级_____，从而减少励磁电流和磁通。因此，又称为_____。

7. 直流牵引电机广泛采用_____和_____作为调速方法。

8. ZD105 型脉流牵引电机有三个磁场削弱级，分别为_____、_____和_____。

任务 1.6　直流电动机的制动

任务 1.6 直流电动机
的制动微课视频

任务描述

在机车运行过程中，有时需要尽快使牵引电机停转或从高速运行转换到低速运行。当机车下坡时，需要限制牵引电机的转速，以免发生危险。这两种情况都需要用牵引电机制动技术来实现。所以在本任务中重点学习直流电动机的制动方法，并将其应用于 SS$_4$ 改型电力机车牵引电机的制动控制中，进而对加馈电阻制动进行分析。

任务目标

1. 知识目标
①　掌握直流电动机制动的定义及分类。
②　掌握直流电动机制动的方法。

2. 技能目标
学会 SS$_4$ 改型电力机车牵引电机的制动。

任务实施

知识点 1.6.1　直流电动机的制动方法

直流电动机的制动，指在直流电动机轴上加一个与转向相反的转矩（称制动转矩）来实现迅速制停。直流电动机的制动分机械制动和电气制动两种。

① 机械制动。制动转矩是由机械制动闸产生的摩擦转矩。

② 电气制动。制动转矩是牵引电机本身产生的电磁转矩。电气制动又可分为能耗制动和回馈制动两种，下面对这两种电气制动进行介绍。

1. 能耗制动

图1.44为能耗制动时的电路原理接线图。电气制动时，励磁绕组由单独的励磁电源供电，并保持励磁电流方向不变（磁通方向不变），将电枢绕组从电源上断开并立即接到一个制动电阻（R_L）上。这时电枢绕组外加电压 $U=0$，而电机转子靠惯性继续旋转，切割方向未变的磁通，所感应出的电动势仍存在且方向不变，因此，产生的电枢电流（制动电流）为：

$$I_a = \frac{U - E_a}{R_a + R_L} = \frac{-E_a}{R_a + R_L} = \frac{-C_e \Phi n}{R_a + R_L} \qquad (1.53)$$

由式（1.53）可见，电枢电流 I_a 改变了方向，而磁通 Φ 的方向保持不变，使得电磁转矩 T 改变了方向。因此，T 的方向与 n 相反，T 称为制动转矩，使直流电机转速很快下降。在制动过程中，直流电机靠惯性继续旋转，在磁场不变的情况下，产生的感应电动势方向不变，并输出电流，变成一台他励发电机，把机车的动能转换成电能，消耗在制动电阻上，故称为能耗制动。调节制动电阻 R_L 的阻值或调节励磁电流改变磁通的大小，都可以改变制动电流的大小，以调节制动转矩的大小。另外，直流电机的转速越高，制动转矩越大，制动效果就越好，而低速时，制动转矩相应变小，需要配合机械制动，使直流电机迅速停转。

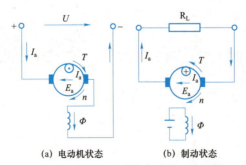

(a) 电动机状态　　　　　(b) 制动状态

图 1.44　能耗制动时的电路原理接线图

2. 回馈制动

当直流电机以电动机方式运转时，电源电压（U）大于反电动势（E_a），电枢电流（I_a）方向与电源电压方向相同，电磁转矩方向与转向相同。若保持磁通方向不变，当转速升高到一定数值后，反电动势（E_a）将大于电源电压（U），电枢电流方向与反电动势相同，所以当直流电机以发电机方式运转时，电磁转矩方向与转向相反，起制动作用，直流电机产生的电能送回到电网，这种制动方法称为回馈制动。

当电力机车下坡时，重力加速度的作用使车速升高，牵引电机感应电动势（E_a）随之增大，若 $E_a=U$，则 $I_a=0$，电机就不需要从电网输入电能，电力机车在其本身的位能作用下自动滑行并继续加速。此时，电力机车下坡的位能，通过牵引电机转换成电能回馈给电网。由于此时电枢电流（I_a）反向，电磁转矩（T）也随之反向，起到制动作用，车速越高，制动转矩越大。当车速升高到一定程度时，位能产生的动力转矩与牵引电机的制动转矩和摩擦转矩相平衡，此时电力机车将恒速稳定运行（b 点）。电力机车下坡时的回馈制动如图 1.45 所示，图中，T_L 为牵引电机以电动机方式运行时的阻力转矩，T'_L 为电力机车下坡时位能产生的动力转矩。

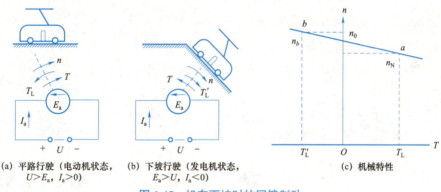

(a) 平路行驶（电动机状态，$U>E_a$，$I_a>0$）　(b) 下坡行驶（发电机状态，$E_a>U$，$I_a<0$）　(c) 机械特性

图 1.45　机车下坡时的回馈制动

他励和复励牵引电机回馈制动时，需要保持励磁电流方向不变，电枢回路的接线不变。串励牵引电机进行回馈制动时，由于串励发电机在许可范围内工作不稳定，需要将串励绕组改接为他励方式，由较低的电压供电以得到所需的励磁电流。

知识点 1.6.2　SS₄ 改型电力机车牵引电机的制动

1. 电阻制动的基本原理

机车电阻制动利用的是直流电机的可逆性。在牵引工况时，牵引电机作为电动机运行，将电能转换为机械能，其电枢轴上输出牵引转矩，驱动列车运行。在电制动工况时，列车惯性力带动牵引电机旋转，牵引电机作为发电机运行，将列车动能转变为电能，输出制动电流，产生反向转矩并作用于轮对，形成制动力，使列车减速运行或在下坡道以一定速度运行。

在常规电阻制动中，电机电枢电流随着机车速度的减小而减小，机车轮周制动力也随着机车速度的减小而减小。为保证机车低速运行时有足够的轮周制动力，引入了加馈电阻制动。加馈电阻制动又称"补足"电阻制动。它从电网中吸收电能，补足到电机电枢电流中去，以获得理想的制动力。加馈电阻制动的优点之一是加宽了调速范围，最大制动力可以使车速降至零，但为安全起见，SS₄ 改型电力机车车速控制在 10 km/h 以内；优点之二是能较方便地实现恒制动力控制。

2. SS₄ 改型电力机车电阻制动的电路原理

SS₄ 改型电力机车采用 TKH4-840/1020 型位置开关，其作用是：改变机车运行方向和实现机车牵引工况与制动工况的转换。将司机控制器的换向手柄移放到"制"位，位置转换开关把电路从牵引工况的串励电动机转换成制动工况的他励发电机。当调速手轮推向制动区之后，牵引电路中才会有电流。SS₄ 改型电力机车的速度在 33 km/h 以上（高速区）时为常规电阻制动状态，当速度在 33 km/h 以下（低速区）时进入加馈电阻制动状态，在常规电阻制动与加馈电阻制动之间的转换由电子柜进行控制。

1）励磁电路

SS₄ 改型电力机车的电制动采用加馈电阻制动。每节车 4 台牵引电机的主磁极励磁绕组串联，构成他励电路，由励磁绕组经励磁半控桥式整流器 99V 供电，励磁电路如图 1.46 所示。

励磁电路的电流路径为（正半周）：

a5—91KM—VD5—199SC—90—（16—19QS—D12—D11）—14—（26—29QS—D21—D22）—24—（46—49QS—D41—D42）—44—（36—39QS—D32—D31）—34—92KM—82—VT12—x5—a5。

> **注意**：如果某台牵引电机故障，将该牵引电机的故障隔离开关（19QS、29QS、39QS或 49QS）置故障位，电路由励磁绕组旁路，其余励磁绕组串联，构成励磁电路。

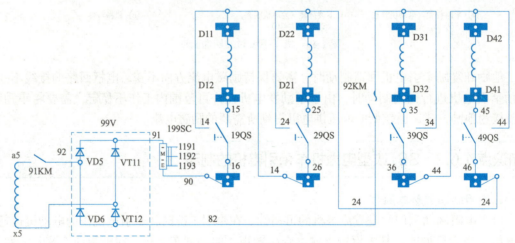

图 1.46　励磁电路

2）电枢电路（常规电阻制动）

SS₄ 改型电力机车在制动工况下，电枢电路分别与制动电阻组成 4 个独立的能耗电路，以实现电气制动。图 1.47 为第一转向架两台牵引电机常规电阻制动时的电枢电路。此时，70V 不提供电能，即晶闸管均关断，二极管续流。

电流路径为 [以第一电机（1M）支路为例]：

71—11L—12KM—111SC—A11—1M—A12—107QPR1—13—13R—72—VD2—VD1—VD4—VD3—71。

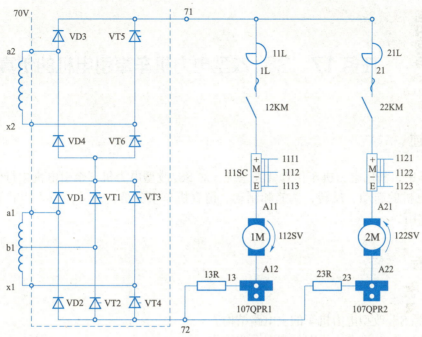

图 1.47　常规电阻制动时的电枢电路图

3）电枢电路（加馈电阻制动）

加馈电阻制动时，绕组 a2x2 投入工作，相控调节 VT5、VT6 的导通角，在制动电路中补足电枢回路的电流，即制动电流，从而实现对机车制动力的控制。加馈电阻制动时的电枢电路参考图 1.47。

正半周电枢电路电流路径为［以第一电机（1M）支路为例］为：

a2—VD3—71—11L—12KM—111SC—A11—1M—A12—13—R13—72—VD2—VD1—VT6—x2—a2。

> **注意：** 为了能在静止状态下检查加馈电阻制动系统是否正常，机车在静止时，系统仍能给出 50 A 的加馈制动电流（此时励磁电流达到最大值 930 A）。

巩固练习

1. 简述机车电制动的基本原理。
2. 什么是加馈电阻制动？SS₄ 改型电力机车如何实现加馈电阻制动？
3. 机车电阻制动利用的是直流电机的＿＿＿＿＿＿＿＿原理。
4. SS₄ 改型电力机车当速度在 33 km/h 以上时（高速区）为＿＿＿＿＿＿＿制动状态，当速度在 33 km/h 以下时（低速区）机车进入＿＿＿＿＿＿＿制动状态。
5. 在常规电阻制动与加馈电阻制动之间的转换由＿＿＿＿＿＿＿进行控制。

任务 1.7 SS₄ 改型
电力机车牵引电机的
仿真应用微课视频

任务 1.7　SS₄ 改型电力机车牵引电机的仿真应用

任务描述

本任务中，利用电力机车仿真驾驶系统，对 SS₄ 改型电力机车牵引电机进行仿真控制，实现牵引电机的起动、反转、调速和制动。仿真机车乘务员岗位，使学生明确学习目标，达到学以致用。

任务目标

1. 知识目标

① 熟悉 SS₄ 改型电力机车的主电路结构。

② 掌握 SS₄ 改型电力机车的牵引电路结构。

2. 技能目标

① 熟悉 SS₄ 改型电力机车牵引电机的供电路径。

② 能够在 SS₄ 改型电力机车仿真系统中实现对牵引电机的起动、反转、调速和制动。

③ 按照机车乘务员岗位操作要求，完成对牵引电机的控制，并分析牵引电路的变化。

任务所需设备

SS₄ 改型电力机车仿真驾驶系统。

任务实施

知识点 1.7.1　SS₄ 改型电力机车的主电路结构

SS₄ 改型电力机车是由两节机车重联组成的一台机车，两节机车的主电路完全相同且完全独立，依靠重联电缆和重联插座连通整台车的主线路。该车轴列式为 2（B₀—B₀），共有 8 台牵引电机。

SS₄ 改型电力机车具有以下主要特点：

① 采用传统的交—直电力传动形式。

② 转向架独立供电，采用三段不等分半控调压整流电路。

③ 采用加馈电阻制动，具有三级磁场削弱。

④ 利用平波电抗器滤波。

　　单相工频 25 kV 交流电源从接触网导线经受电弓送入机车。高压电路电流经受电弓（1AP）、车顶母线分两路：一路进本节车，经主断路器（4QF）、主变压器 AX 绕组、车体、车体与转向架间软线、轴箱电刷、车轮至钢轨；另一路经高压连接器到另一节车的车顶母线。网侧高压电路中的低压电路主要用于检测机车网压和提供电度表用的电压和电流信号。SS₄ 改型电力机车主电路如图 1.48 所示。

　　SS₄ 改型电力机车主电路主要由以下几部分组成：

① 网侧电路。主变压器原边绕组至接触网间的电路。

② 整流调压电路。将交流电转换成直流电，并通过相控调节输出电压。

③ 牵引电路。实现对电机牵引与制动、向前与向后的转换；实现电机的三级磁场削弱。

④ 加馈电阻制动电路。制动工况下，在电枢电路中进行加馈，实现制动力可调、可控。

⑤ PFC 电路。其作用是提高机车的功率因数，降低对铁路沿线的通信干扰。

⑥ 保护电路。对主电路进行过流、过载、短路、过压和接地等方面的保护。

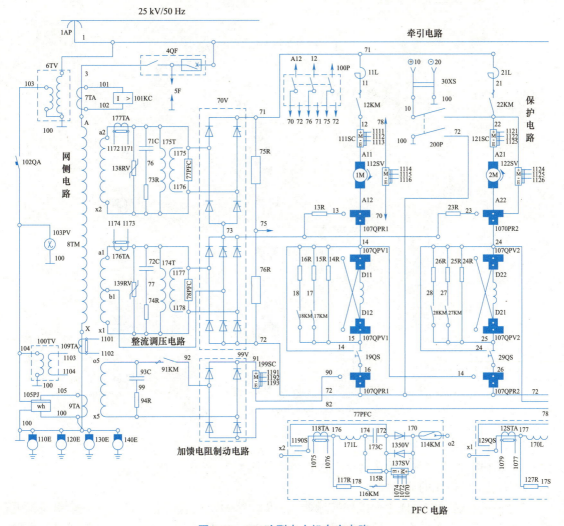

图 1.48　SS₄ 改型电力机车主电路

知识点 1.7.2　SS₄ 改型电力机车牵引电机的电路分析及应用

1. 牵引电路概述

SS₄ 改型电力机车采用转向架独立供电方式，即全车 4 个两轴转向架，相应地具有 4 台独立的相控式整流器。其优点如下：

① 能充分提高黏着作用，可对一节机车前后两台转向架进行电气式轴重补偿。

② 当一台主整流器故障时，可切除与之对应的单台转向架，保留 3/4 的牵引能力。

牵引电路具有以下特点：

① *牵引动力配置*。其轴列式为 2（B_0—B_0），每节车 2 台转向架、4 台牵引电机；每一台转向架的两台电动机背向布置，其旋转方向相反，目的是减少轴重转移。

② *牵引电路*。前转向架上的 1M、2M 牵引电机并联，由整流装置 70V 供电，如图 1.49 所示。后转向架上的 3M、4M 牵引电机并联，由整流装置 80V 供电。二者的电路完全相同，且完全独立。

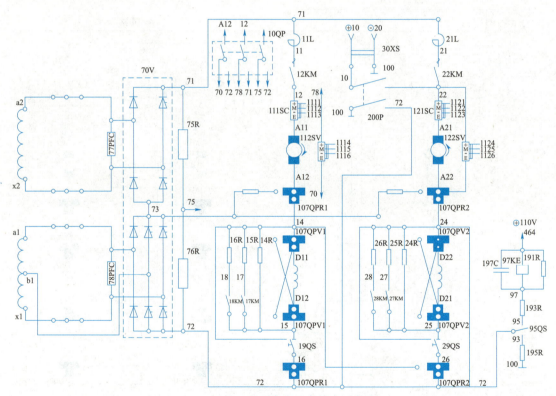

图 1.49　SS₄ 改型电力机车的牵引电路

2. 牵引工况电路说明

1）换向手柄置"前"位，调速手轮推向牵引区

此工况下，电流的流向如下：

71—平波电抗器（11L）—线路接触器（12KM）—电流传感器（111SC）—牵引电机电枢 1M（A11—A12）—牵/制鼓的牵引位（107QPR1）—反向鼓的前位（107QPV1）—主磁

极励磁绕组（D11→D12）—反向鼓的前位（107QPV1）—15—一位电机故障开关运行位（19QS）—16—牵/制鼓的牵引位（107QPR1）—72。

2）换向手柄置"后"位，调速手轮推向牵引区

此工况下，电流的流向如下：

71—平波电抗器（11L）—线路接触器（12KM）—电流传感器（111SC）—牵引电机电枢（1M）—牵/制鼓的牵引位（107QPR1）—反向鼓的后位（107QPV1）—主磁极励磁绕组（十字交叉线 D12—D11）—反向鼓的后位（107QPV1）—15—一位电机故障开关运行位（19QS）—16—牵/制鼓的牵引位（107QPR1）—72。

3. SS₄ 改型电力机车牵引电机的应用

结合《铁路机车操作规则》，按照电力机车仿真驾驶操作流程，在 SS₄ 改型电力机车仿真驾驶系统（如图 1.50、图 1.51 所示）中完成牵引电机的起动、反转、调速和制动。

① 在 SS₄ 改型电力机车仿真驾驶系统中实现对牵引电机的起动并观察牵引电路的变化。

② 在 SS₄ 改型电力机车仿真驾驶系统中实现对牵引电机的反转并观察牵引电路的变化。

③ 在 SS₄ 改型电力机车仿真驾驶系统中实现对牵引电机的调速，并观察机车电路及速度的变化。

④ 在 SS₄ 改型电力机车仿真驾驶系统中实现对牵引电机的制动，并观察机车电路及速度的变化。

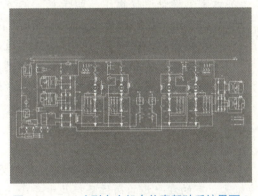

图 1.50　SS₄ 改型电力机车仿真驾驶系统操作界面 1　　　图 1.51　SS₄ 改型电力机车仿真驾驶系统界面 2

巩固练习

1. SS₄ 改型电力机车的主电路主要由哪几部分组成？

2. SS₄ 改型电力机车的轴列式为_____，共有_____台牵引电机。

3. 进行磁场削弱调速时，速度大于 70 km/h 时换向手柄置_____位。

4. SS₄ 改型电力机车采用_____传动方式。

5. SS₄ 改型电力机车中的一台主整流器故障时，可切除与之对应的单台转向架，保留_____的牵引能力。

6. 分析 SS₄ 改型电力机车牵引电机的供电路径。

7. 按照乘务员操作要求完成对 SS₄ 改型电力机车牵引电机的控制并观察牵引电路的变化。

育人案例：最美铁路人——邢云堂

　　邢云堂是中国铁路哈尔滨局集团有限公司三棵树机务段的一名动车组司机，被评为"全国劳动模范""全路首席技师""铁路工匠""2020 年最美铁路人"。下面通过几个小故事来学习体会邢云堂是如何获得这些称号的。

　　勇于担当　2012 年 1 月，我国第一条高寒高铁——"哈大高铁"开通进入倒计时，同时第一台动车组试验车也迎来了上线试验。面对一系列新的挑战和任务，邢云堂主动站了出来，他说："我是党员，我来跑第一趟！"当时，他不仅需要在白天认真完成动检车的值乘任务，而且还要在晚上总结当天的试验情况，并且制订出第二天的运行方案。坚持试验下来，收集了许多在极寒天气下行车的珍贵数据。

　　规范操作　邢云堂的火车驾龄有 26 年，驾驶过的车型有 10 多种。不管是从一开始时速 80 km 的货车，还是现在时速 300 km 的高铁动车组，他都时刻铭记安全第一、规范操作，至今已安全行驶 400 余万 km。

　　爱岗敬业　当动车组会车的时候，路基上的积雪会被车头的气流卷起来，进而附着于钢轨，特别容易造成车轮的空转以及牵引力的丢失等问题。为解决此问题，邢云堂创造性地提出了"回手柄"的方法，减小了一半的牵引力并且通过"比例制动"的方法来控制动车组，从而解决了在高寒禁区驾驶高铁列车的难题。

　　无私奉献　在哈齐、哈牡高铁开通运营前，邢云堂开始着手培训新的高寒高铁动车组司机，多年来为高铁司机授课超过 1 000 课时，他主编的培训教材也成为高寒高铁动车组司机的必读书目。他共教过 500 多名高铁司机，是高寒高铁动车组司机领域当之无愧的"总教头"。

　　思考：

　　1. 最美铁路人都来自铁路一线，有的坚持细致的标准化作业，有的像对待亲人一样对待旅客，有的在平凡的岗位坚持几十年……这些铁路人的哪些精神值得我们学习？

　　2. "交通强国，铁路先行"不只是一句口号，而是时代赋予我们新一代铁路人的重任，我们不仅要脚踏实地地学习理论知识、驾驶技能，还应该具备哪些职业品德？

直流牵引电机的维护与检修

>>>> 项目简介

　　机车牵引动力主要取决于牵引电机的运行状态是否良好。牵引电机在运行中受力非常复杂，主要有：在起动加速过程中承受各部件的扭力、牵引力，在通过曲线时的离心力，以及高速运行产生共振及各滑动部件的摩擦力。因此，牵引电机经过一段时间运用后，不可避免地会出现一些损伤，即各零部件会产生不同程度的自然磨损，如紧固螺栓松动，发生折损、裂纹、松旷、变形、蚀损或物理化学变化，换向器表面短路，电刷磨损或电刷压簧松动等。若不能及时准确地对牵引电机进行保养和检修，会加速故障的扩大或部件损坏，甚至会引发事故，造成电机烧损。本项目以目前应用较广的 SS₄ 改型电力机车使用的 ZD105A 型脉流牵引电机为例来介绍直流牵引电机的维护与检修。

>>>> 项目教学目标

1. 育人目标

　　① 围绕铁道机车运用与检修岗位工作技能需求，通过从牵引电机运行时出现的问题，到探究问题产生的原因，再到寻求解决办法这一过程，使学生掌握科学研究问题的思路和方法，培养学生的探索精神，激发学生的学习兴趣和对检修岗位的热爱。

　　② 通过"教、学、做"一体化教学方式，让学生自己去感知研究对象、任务和学习方法，激发他们学习的积极性与主动性，提高他们理论联系实际的能力。

　　③ 学习中融入大国工匠先进事迹，培养学生持之以恒、爱岗敬业、精益求精的工匠精神，激发学生技能报国的家国情怀和使命担当。

2. 知识目标

　　① 掌握直流电机的换向及改善换向的方法。

　　② 掌握脉流牵引电机的换向及改善换向的方法。

　　③ 掌握火花的等级和产生的原因。

　　④ 掌握脉流牵引电机发热加重的原因。

　　⑤ 明确脉流牵引电机的定额和额定数据。

　　⑥ 明确脉流牵引电机常用的电工材料及绝缘结构。

3. 技能目标

　　① 能够区分电磁火花和机械火花。

② 能够绘制并分析脉流牵引电机供电线路图。

③ 能够找出改善脉流牵引电机换向的方法。

④ 能够绘制并分析脉流牵引电机通风冷却方式图。

⑤ 能够通过脉流牵引电机的铭牌掌握其性能。

⑥ 学会 ZD105A 型脉流牵引电机的不拆卸检修工艺。

▶ 课时建议：10 课时

任务 2.1 改善直流牵引
电机的换向微课视频

任务 2.1　改善直流牵引电机的换向

任务描述

换向是装有换向器的电机在运行时的薄弱环节，对电机正常运行有很大的影响，也是评定电机质量优劣的标准之一。本任务首先探索换向过程中出现的问题，然后分析问题产生的原因，最后找出改善换向的方法，使同学们具备一定的直流电机故障排查能力。

任务目标

1. 知识目标

① 掌握换向的概念、火花等级。

② 理解直流牵引电机的换向过程。

2. 技能目标

① 明确产生火花的原因，能够区分电磁火花和机械火花。

② 找出改善直流牵引电机换向的方法。

任务实施

知识点 2.1.1　换向的基本概念

为了解每个电枢绕组元件中电流的换向过程，现以一个单叠绕组元件为例来进行分析。为方便起见，假设电刷宽度 b_b 等于一个换向片片距 β_K，电刷固定不动，换向器以线速度 v_K 向左移动。所讨论的换向元件用粗线表示，它与换向片 1、换向片 2 相连接，具体如图 2.1 所示。

开始换向瞬间，电动机电枢（电枢铁心和电枢绕组的总成）转到电刷与换向片 1 相接触的位置，如图 2.1（a）所示，这时换向元件属于电刷右边的一条电枢绕组支路，元件中流过的电流 i 等于电枢绕组支路电流 i_a，设此电流的方向为正；当电枢转到电刷与换向片 1 及 2 都接触的位置时，如图 2.1（b）所示，换向元件被电刷短路，这时随着换向器的继续移动，

换向元件中的电流 i 开始减小。当 i 减小到零之后，再反向增加；当电枢转到电刷只与换向片 2 接触时，如图 2.1（c）所示，换向元件属于电刷左边的一条电枢绕组支路，这时电枢绕组元件中的电流仍等于电枢绕组支路电流 i_a，但其方向与原来相反，即为 $-i_a$。至此，该电枢绕组元件换向结束。

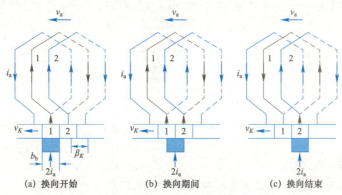

图 2.1 电枢绕组元件中电流的换向过程

如上所述，当旋转的电枢绕组元件从电枢绕组的一条支路经过电刷进入电枢绕组的另外一条支路时，该元件中的电流会从一个方向变换到另一个方向。电枢绕组元件中电流方向的改变称为换向，该电枢绕组元件也称为换向元件。

换向元件从换向开始到换向结束所经历的时间称为换向周期，以 T_K 表示。换向元件中电流的变化如图 2.2 所示。可以看出 T_K 也就是换向过程中换向器在空间移动距离 b_b 所需的时间。换向周期 T_K 是很短的，通常只有千分之几秒。应该指出，换向周期 T_K 虽然很短，但换向过程却很复杂，不仅仅是单一的电磁变化过程，同时还伴随着机械振动、电化学与电热等现象，而且它们之间又相互影响，因而给研究换向问题带来极大的困难。

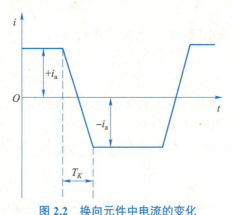

图 2.2 换向元件中电流的变化

知识点 2.1.2　换向元件中的电动势及换向电流

换向过程也是电枢绕组元件被电刷短路的过程，被电刷短路的元件中电流（即换向电流）的变化规律，取决于闭合回路中的电动势和电阻。图 2.3 为换向元件电路图。

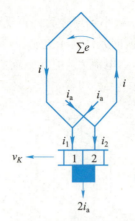

图 2.3　换向元件电路图

1. 换向元件中的电动势

换向元件由于电流换向和受到外磁场的作用，将产生下列电动势。

1）电抗电动势 e_r

电枢绕组元件中通过电流时，在元件的槽部和端部会产生漏磁通。由于换向元件中的电流在很短的换向周期 T_K 内由 $+i_a$ 变为 $-i_a$，所产生的漏磁通也相应地变化。根据电磁感应定律，当闭合回路中的磁链发生变化时，将产生反电动势，力图阻止磁链的变化，即阻止电流的变化，这种反电动势称为电抗电动势。在换向元件中由于元件本身的电感而产生自感电动势 e_L；对于整距元件，同电枢铁心槽中上、下层元件将同时换向，因此上、下层元件产生的漏磁通也相交链，所以，在该元件中除了自感电动势 e_L 外，还产生互感电动势 e_M。自感电动势 e_L 和互感电动势 e_M 之和，称为电抗电动势 e_r，即

$$e_r = e_L + e_M = -L_r \frac{\mathrm{d}i_a}{\mathrm{d}t} \tag{2.1}$$

式中：L_r——换向元件的合成电感系数，包括自感和互感；

$\dfrac{\mathrm{d}i_a}{\mathrm{d}t}$——电流变化率。

根据电磁感应定律可以判断，电抗电动势的方向与换向前的电流方向一致，即换向元件中电抗电动势 e_r 的作用是阻碍电流换向的。

电抗电动势 e_r 的大小取决于电枢电流和转速，电流越大，转速越高，则电抗电动势 e_r 越大，直流电机换向就越困难。

2）电枢反应电动势 e_a

直流电机负载运行时，电枢绕组中通过电流，所产生的磁场称为电枢磁场。当电刷的位置正好处在直流电机几何中心线上时，电枢磁场的轴线与励磁绕组产生的主磁场的轴线垂直相交，称为交轴电枢磁场，该磁场的磁势称为交轴电枢反应磁势，该磁场的磁密称为交轴电枢反应磁密。所以，直流电机负载运行时，除了励磁绕组产生的主磁场外，还存在电枢磁场，具体如图 2.4 所示。在直流电机几何中心线处，主磁场等于零，但存在着较强的电枢磁场。当电枢旋转时，处于几何中性线上的换向元件，将切割交轴电枢磁场而产生电

枢反应电动势 e_a。根据右手定则可以判定电枢反应电动势的方向与换向前的电流方向相同，即电枢反应电动势和电抗电动势方向一致，都会阻碍电枢绕组元件的换向。

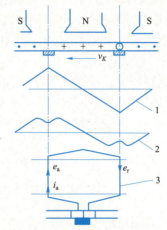

1—交轴电枢磁势；2—交轴电枢反应磁密；3—换向元件。

图 2.4　电枢反应磁场图

3）换向电动势 e_K

上面所讨论的两个电动势 e_r 和 e_a，是没有安装换向极的直流电机中换向元件所感应的电动势，它们都是阻碍换向元件电流变化的。为了改善换向，容量在 1 kW 以上的直流电机都安装有换向极，换向极安装在直流电机的几何中性线上。由换向极绕组激励的磁场称为换向极磁场。换向极极性应正确，以使换向极磁场的磁势与交轴电枢反应磁势相反，如图 2.5 所示。这样，当换向元件切割换向极磁场时，感应产生换向电动势 e_K，其方向与 e_r 和 e_a 相反，用来抵消 e_r 和 e_a 对换向的不利影响。

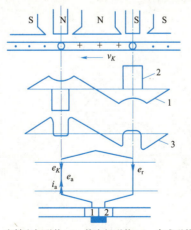

1—交轴电枢磁势；2—换向极磁势；3—合成磁势。

图 2.5　有换向极时的磁场图

因此，当直流电机进行换向时，换向元件回路内的合成电动势等于以上 3 个电动势之和，即：

$$\sum e = e_{\mathrm{r}} + e_{\mathrm{a}} - e_K \tag{2.2}$$

当换向电动势 e_K 选择合适，使 $e_K = e_{\mathrm{r}} + e_{\mathrm{a}}$，恰好可以互相抵消时，换向元件中的合成电动势 $\sum e = 0$，此时直流电机能得到满意的换向效果。如果换向极磁场没有配合好，则合成电动势就不等于零，这时在换向元件中将产生附加电流。过大的附加电流，会使直流电机换向恶化。

2. 换向元件中的电阻

在如图 2.3 所示的换向元件电路图中，若不计元件及引线的电阻，换向回路的电阻即为电刷与换向片间的接触电阻。接触电阻的大小与电刷接触面积成反比，设 R 为电刷总接触电阻，R_1、R_2 分别为电刷与换向片 1、2 的接触电阻，则 t 时刻的 R_1、R_2 分别为：

$$R_1 = R\frac{T_K}{T_K - t} \qquad R_2 = R\frac{T_K}{t} \tag{2.3}$$

3. 换向元件中的电流

由如图 2.3 所示的换向元件电路图可得换向元件回路中的电动势平衡方程式为：

$$(i_{\mathrm{a}} + i)R_1 - (i_{\mathrm{a}} - i)R_2 = \sum e \tag{2.4}$$

换向元件中电流的变化规律为：

$$i = i_{\mathrm{a}}\left(1 + \frac{2t}{T_K}\right) + \frac{\sum e}{R} \cdot \frac{T_K - t}{T_K^2} = i_1 + i_K \tag{2.5}$$

式中：i_1——直线换向电流；

i_K——附加换向电流。

在换向过程中，换向元件中电流 i 的变化情况可根据 $\sum e$ 的不同，分为电阻换向、延迟换向和超越换向 3 种基本类型，如图 2.6 所示。

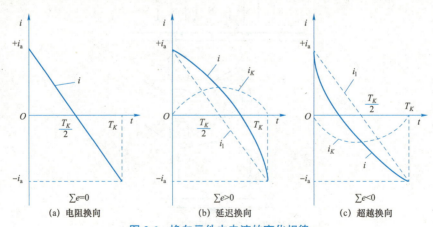

(a) 电阻换向	(b) 延迟换向	(c) 超越换向
$\sum e = 0$	$\sum e > 0$	$\sum e < 0$

图 2.6　换向元件中电流的变化规律

1）电阻换向

当 $e_K = e_{\mathrm{r}} + e_{\mathrm{a}}$ 时，为理想换向情况。此时，换向元件中的合成电动势 $\sum e = 0$，换向元件中电流的变化仅取决于换向元件回路的电阻，故称为电阻换向。因为此时换向电流 i 对时间 t

按直线关系变化，所以电阻换向又称为直线换向，如图2.6（a）所示。

直线换向的特点是电刷接触面上电流密度的分布始终是均匀的，这是一种理想的换向情况，在电刷与换向器之间不产生火花。

2）延迟换向

在一般情况下，换向电动势e_K不可能恰好抵消电抗电动势e_r和电枢反应电动势e_a，若换向极磁场较弱，则$e_K < e_r + e_a$，合成电动势$\sum e \neq 0$，则换向元件中产生附加电流i_K，$\sum e \neq 0$时的换向电流图如图2.7所示。

根据电磁感应定律可知，i_K是阻止换向电流i变化的。当$i=0$时，电流改变方向的时刻比直线换向时推迟，故称为延迟换向，如图2.6（b）所示。延迟换向说明换向极磁势较弱，故又称为欠补偿换向。

由图2.7（a）可见，由于i_K与i_1同方向而与i_2反方向，相应地使后刷边（即滑出换向器的一边）的电流密度增大，前刷边（即滑入换向器的一边）的电流密度减小，破坏了电刷下电流密度分布的均匀性，这对换向是不利的，可能产生火花。

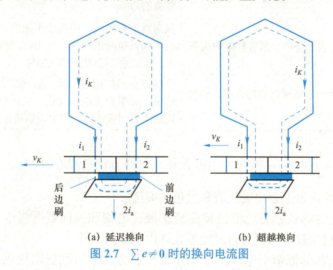

(a) 延迟换向　　　　　(b) 超越换向

图2.7 $\sum e \neq 0$ 时的换向电流图

3）超越换向

若换向极磁场较强，则$e_K > e_r + e_a$，合成电动势$\sum e \neq 0$。在这种情况下，换向元件中的附加电流i_K改变了方向，即与换向电动势e_K的方向相同，是帮助换向的。当$i=0$时，电流改变方向的时刻比直线换向时提前，故称为超越换向，如图2.6（c）所示。超越换向说明换向极磁势较强，故又称为过补偿换向。

由图2.7（b）可见，由于i_K与i_2同方向，而与i_1反方向，相应地使前刷边电流密度增大，后刷边电流密度减小，从而也破坏了电刷下电流密度分布的均匀性，同样对电机换向不利。

知识点2.1.3　火花与火花的产生原因

1. 火花现象

人们从生产实践中发现，直流电机运行时，其电刷与换向器之间常常伴有火花。火花通常出现在电刷的后刷边，发生火花是直流电机换向不良的直接表现。如果火花在电刷上范围很小，亮度微弱，呈浅蓝色，它对直流电机运行并无危害，不必要求绝对没有火花。但如果火花在电刷上范围较大，比较明亮，呈白色或红色，就会灼伤换向器及电刷，影响直流电机的正常运行。因此，火花的大小直接反映了直流电机换向性能的好坏。

2. 火花等级

我国国家标准对直流电机换向器上的火花等级作了规定，见表 2.1。

表 2.1　火花等级

火花级别	电刷下火花的特点	换向器及电刷的状态
1	无火花	换向器上没有黑痕，电刷上没有灼痕
$1\frac{1}{4}$	电刷边缘仅小部分有微弱的点状火花，或有非放电性的红色小火花	
$1\frac{1}{2}$	电刷边缘大部分或全部有轻微的火花	换向器上有黑痕，但用汽油能擦去，同时在电刷上有轻微的灼痕
2	电刷边缘大部分或全部有轻微的火花	换向器上有黑痕，用汽油不能擦去，同时电刷上有灼痕。如果短时出现这一级火花，换向器上不会出现灼痕，电刷也不会被烧焦或损坏
3	电刷的整个边缘有强烈的火花，同时有大火花飞出	换向器上黑痕相当严重，用汽油不能擦去，电刷上有灼痕。如果直流电机在这一级火花下短时运行，则换向器上将出现灼痕，同时电刷将被烧焦或损坏

表中，1 级、$1\frac{1}{4}$ 级、$1\frac{1}{2}$ 级均为无害火花，允许直流电机在这些火花下长期运行。在 2 级火花作用下，换向器上会出现灰渣和黑色的痕迹。

随着运行时间的延长，黑色痕迹将逐渐扩展，电刷和换向器磨损也显著增加，因此，2 级火花只允许短时出现。电机运行时绝不允许出现 3 级火花。

直流牵引电机和脉流牵引电机由于工作条件恶劣，如负载急剧变化、电网电压波动、强烈的机械振动和冲击、在脉动电压下工作等，都会使电机换向更加困难。

为了保证牵引电机运行可靠，直流牵引电机在运行时的火花等级应限制在下述范围内：

① 在额定磁场和各削弱磁场级位上正常运行时，火花不应超过 $1\frac{1}{2}$ 级。

② 在其他情况下（如短时冲击负载）运行时，火花不应超过 2 级。

对于脉流牵引电机，其换向条件更为困难，允许在 2 级火花下持续运行。此时，换向器表面将发黑，但只要不损坏换向器工作表面，这种火花是允许的。

直流牵引电机和脉流牵引电机在运行过程中的火花情况，除使用专门仪器测量外，很难直接观察。因此，通常以换向器及电刷表面状态作为确定火花等级的主要依据。

3. 产生火花的原因

直流电机的换向问题十分复杂，产生火花的原因也是多种多样的。通过不断实践和分析研究，到目前为止，对产生火花的原因通常归纳为电磁原因、机械原因和化学原因等 3 个方面。

1）电磁原因

早期认为，产生火花的原因是由于电刷接触面的电流密度太大。但实践证明，产生火花的原因并不是因为电流密度大。因为在近乎直线换向时，即使平均电流密度达到 200 A/cm²以上，后刷边电流密度达到 350～400 A/cm² 时，也没有产生火花。而直流电机正常运用时，电刷平均电流密度仅为 8～20 A/cm²。可见，这种认识与实际不符。

经过不断实践和长期研究，目前对电磁原因有以下几种看法：

① 当直流电机处于直线换向工况时，尽管电流密度可能很大，但电刷下不会产生火花。

② 当延迟换向不太严重时，在换向开始和结束瞬间，附加换向电流 i_K 都等于零，这时，后刷边电流密度虽然很大，但并不会产生火花。当延迟换向严重时，$t=T_K$ 且 i_K 还未降到零，在换向元件和电刷断开瞬间，换向元件中的 i_K 以电磁能量 $\frac{1}{2}L_r i_K^2$ 的形式释放出来。当这部分能量足够大时，后刷边就会产生火花。因此，可以认为，附加换向电流 i_K 过大是产生火花的电磁原因。

③ 当直流电机工作在严重超越换向工况时，前刷边电流密度增大，同时电刷与换向片刚开始接触，仅有少数点接触，使这个增大的电流集中在电刷与换向片开始接触的少数点上，导致电刷局部过热而在前刷边出现火花或电弧。

2）机械原因

直流牵引电机在运行中受到强烈振动，换向器、转子和电刷装置不良，也都会引起电机产生火花，这类火花称为机械火花。机械火花的产生可以归纳为两大类：

（1）换向器及电机旋转部分的缺陷：

① 个别换向片或云母片凸出。

② 换向器偏心、转子动平衡不好。

③ 换向器工作表面污染，有毛刺、斑痕或拉伤沟纹等。

④ 换向器工作表面变形，如呈椭圆形、腰形或锥形等。

（2）电刷装置的缺陷：

① 电刷接触面研磨得不光滑，接触不良或只是局部接触。

② 电刷在刷盒中间隙不合适，导致电刷出现跳动、倾斜或卡死现象。

③ 电刷上压力不适当。

④ 电刷刷握装置不稳固，造成刷握位置偏离几何中心线。

⑤ 电刷刷架圈的定位不准确或安装不牢固等。

产生机械火花的原因是多种多样的，有时可能是几种原因同时引起的。因此，在生产和组装电机零部件时，必须精心制造，严格工艺要求。电机运行时，一旦出现火花，应仔细观察，并进行分析。一般来说，机械火花和电磁火花是有区别的。机械火花呈红色或黄色，连续而较粗，沿切线方向飞出，且在换向器表面产生没规律的黑痕。电磁原因引起的火花呈白色或蓝色，连续而细小，基本上都在后刷边燃烧，在换向器表面留下有规律的黑色痕迹。

3）化学原因

早期，主要是从电磁理论方面来研究换向，分析产生火花的原因。但实际上，换向问题相当复杂，除电磁原因和机械原因会导致火花外，化学原因也将导致直流牵引电机和脉流牵引电机在运行中产生火花。

在正常情况下，当电机长期运行之后，换向器滑动面会覆盖一层很薄的薄膜，电刷在与换向器接触时，并不是直接与换向器铜片本身接触，而是通过这层薄膜与换向器铜片接触。要想获得良好的换向，除保持电磁和机械方面条件良好外，还必须在换向器表面形成均匀而光亮的薄膜层，不正常薄膜的出现将预示着直流电机换向的恶化。

（1）薄膜的形成、化学成分及作用。

换向器滑动面的薄膜是电刷与换向器接触并在相对运动过程中逐渐形成的。由于大气中有水蒸气，使电刷和换向器表面都覆盖着一层水膜。当电机工作时，电刷和换向器接触面上流过电流，该电流使水蒸气发生电解作用，使得电刷和换向器形成两个极，正极产生氧，负极产生氢。一开始，铜离子向外运动，遇到氧离子生成氧化亚铜膜（简称金属氧化膜）。而铜离子不断穿越最初建立的膜，再与空气中的氧相遇产生新的膜，使膜不断加厚。随着膜的不断加厚，新生膜的速度也逐渐减慢，直到稳定在一定的厚度为止。这样，换向器滑动面的氧化膜就形成了。同时，在这层薄膜上面又吸附着一层非常薄、有黏性的石墨和碳粉组成的碳膜，具体结构如图2.8所示。

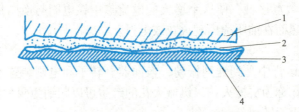

1—电刷；2—碳膜；3—金属氧化膜；4—换向器。

图 2.8　换向器滑动面薄膜的结构

由图2.8可知，换向器滑动面薄膜由两部分组成：

① **金属氧化膜**。由氧化铜和氧化亚铜的混合物组成。

② **碳膜**。由微小的碳粒、石墨和其他附着物组成。

直流电机运行时，由于金属氧化膜本身具有较高的电阻，从而增加了换向元件回路的电阻，降低了附加换向电流 i_K，改善了电机的换向。碳膜附着物在吸收空气中的水分之后产生良好的润滑作用，减小了电刷与换向器之间的磨耗，使电刷运行稳定。另外，薄膜与电刷间存在着一定的粘附作用，可以缓冲或减小电刷的颤振频率和速度，保持电刷与换向器之间滑动接触的稳定性，减小或消除机械性火花。因此，薄膜对电机的工作起着十分重要的作用。

但是，换向器滑动面薄膜并非静止不变的。电机工作时，金属氧化膜在电刷的摩擦下被破坏。但当电流通过时，由电刷和换向器形成的正、负两极使空气中的水蒸气电解，再加上换向器滑动接触面温度较高，又会使铜表面氧化形成新的金属氧化膜。与此同时，由正电刷分离出许多极小的微粒吸附在金属氧化膜上形成碳膜，又由负电刷将它们清除。因此，换向器滑动面薄膜在不断地形成与破坏，如果破坏的速率小于形成的速率，则金属氧化膜逐步建立起来，对正常运行的直流电机维持一种动态平衡。

换向器滑动面薄膜的形成及其颜色，还与电刷的材质、电刷的压力、电流密度、运行时间长短及周围环境等许多因素有关。正常的换向器滑动面薄膜应当是棕褐色的，在手电光照之下，能反射出光泽，有一种油润感。从运用观点来看，只要薄膜是均匀的、光亮的、稳定的和呈棕褐色的，则标志着电机的换向是正常的。

（2）不正常的换向器薄膜。

直流牵引电机和脉流牵引电机在换向不良、内部发生故障或者在高原缺氧、干燥以及周围空气中有某种化学气体的环境中运行时，都会使换向器滑动面薄膜遭到破坏，出现异常状态。不正常的换向器滑动面薄膜主要有以下 5 种：

① 黑片。

黑片是指换向片工作表面出现无光泽的黑膜。这是因为当火花达到一定程度后，其热效应引起铜和碳的气化，使铜表面变得粗糙，出现无光泽黑膜。如果整个换向器表面都发黑，表明直流电机在正常运行时，火花达到 2 级或以上，此时必须对该直流电机进行换向调整。通常换向器表面只是部分换向片发黑，分为有规律分布和无规律分布两类。

有规律分布的黑片指沿换向器圆周按一定的间隔距离在换向器表面出现的黑片。

a）按槽节距分布的黑片。如每槽有 4 个元件的电枢，在换向器表面上出现隔 3 片有 1 片换向片发黑，通常是与电枢槽中最后换向的电枢元件相连的换向片发黑。这是因为当一个槽内有几个元件同时换向时，槽内最后一个元件储存的电磁能量的散失比其他几个元件更为困难，在换向结束时，集中于最后一个元件中的电磁能量，无法通过互感由其他元件吸收，因而产生火花使换向片烧黑。产生这种现象的原因主要有：电刷或换向极分布不均，电刷不在主磁极中心线上，换向极气隙特别是第二气隙不合适，换向极绕组或补偿绕组匝间短路等。

b）与均压线（各支路中，将单叠绕组方式连接的电枢绕组上电位相等的点用导线连接起来，此连接线叫均压线）相连的换向片发黑。这是由于均压线电流过大引起的。原因可能是励磁绕组发生故障（断线、匝间短路等），使主磁场差别很大，导致均衡电流很大；或是采用了不同牌号的电刷，接触电阻不同，使并联支路电流相差较大，均压线电流增大。

c）沿换向器表面对称地出现成组的换向片发黑。这种黑片现象可能是因换向器机械缺陷或换向器因过热而产生较大的变形，引起换向器表面局部跳动量过大所致。因为局部跳动量大时会使电刷跳离换向器工作表面，可能产生覆盖几片换向片的电弧。电刷压力偏低时也可能造成换向器表面局部成组的换向片发黑。

d）换向器工作表面上出现无规律的换向片发黑。这种黑片现象大多是由于机械方面的原因，使电刷与换向器表面接触不良引起的，如电刷压力不够、电刷在刷盒中活动不灵活、个别换向片或云母片凸出、电枢动平衡不好、换向器表面有油污等。

② 条纹和沟槽。

条纹是指沿换向器圆周表面上形成的有明暗色调变化的平行圆环，其宽度是不规则的。

条纹继续发展会在换向器表面产生沟槽。条纹的形成是由于电刷接触面上局部电流比较集中或电刷的机械摩擦作用，使局部薄膜变薄或消失而造成的。电刷接触面上沉积有铜粒子，或者电刷成膜性能差、结构不均匀、含有较硬的杂质等，均易引起条纹，甚至发展成沟槽。

③ 电刷轨痕。

这是指平行的电刷轨道之间在色调上的不同。其主要原因是：同一刷握内各并联电刷之间的电流分配不均匀；电刷压力相差太大；并联电刷牌号不同；电刷高度相差太大；个别电刷与刷盒连接不良等。

④ 铜毛刺。

铜毛刺是指在换向片边缘出现像碎片一样的毛刺，它们逐渐发展成薄钢片延伸至云母槽内。铜毛刺继续发展，会使相邻的换向片短路，此时铜薄片被烧毁，在两换向片边缘处出现一些麻点，严重时，可能引起环火。

铜毛刺是由于电刷滑行过程中的压延作用和电刷振动时的锤击作用形成的。如果换向器表面没有形成薄膜层，电刷的摩擦作用显著增加，在机械力的作用下，容易出现铜毛刺。此外，电刷在刷盒中间隙过大，运行时电刷接触面过小（有时只有 30%），从而使电刷下电流密度和单位压力大幅度增加，换向器表面由于过热而产生铜退火，这时因压延作用易产生铜毛刺。

⑤ 换向器表面高度磨光。

这是指换向器表面的金属氧化膜被摩擦掉，露出本铜色，抛光发亮，像镜面一样。此时，电刷与换向器之间的接触电阻减小，附加换向电流 i_K 增大，从而使电机换向恶化。同时，由于电刷与换向器之间的摩擦增加，电刷会产生高频振动和异常磨耗，严重时，只运行几百公里时，换向器就会磨损到限。

高度磨光是由于多种外因作用，破坏了换向器表面金属氧化膜层而形成的，例如长时间在低负载下工作，严寒条件下换向器表面积有冰霜，在干旱风沙地区运行等。此时应设法找出破坏金属氧化膜的原因，重建金属氧化膜，必要时可选用经过特殊处理，含有帮助建立金属态复合膜物质（如 MoS_2）的电刷。

总之，换向器表面状态反映了电机运行是否正常。因此，在电机运行时，应当经常注意和检查换向器的表面状态，观察薄膜的变化情况，许多牵引电机的故障在尚未造成破坏前，往往可以根据换向器表面的异常状态来进行早期诊断，找出故障发生的原因和部位，及时进行处理，以保证直流电机正常运行。

知识点 2.1.4　改善直流牵引电机换向的方法

改善换向的目的在于消除电刷下的火花，而产生火花的原因有电磁方面、机械方面和化学方面等 3 个方面。其中，电磁原因起着决定性的作用。而附加换向电流 i_K 过大是产生火花的主要电磁原因。机械方面的原因可以通过改进制造工艺和加强日常维护保养来消除。所以，消除换向火花的实质，是设法减小换向元件中附加换向电流 i_K。从换向过程分析可知，减小换向元件中的附加换向电流 i_K，可通过减小换向元件合成电动势 $\sum e$ 和增大换向回路电阻两条途径实现。

1. 设置换向极

换向极装在电机几何中心线上，其作用是在元件的换向区域内建立一个换向极磁势 F_w，该磁势与交轴电枢反应磁势 F_{aq} 相反，它除了抵消电枢反应磁势外，还剩下一个换向磁势 F_K，并在换向区建立换向磁密 B_K，换向元件切割 B_K 后，就会在换向元件中产生一个与电抗电动势 e_r 方向相反的换向电动势 e_K，如果换向电动势的大小与电抗电动势相等，即合成电动势 $\sum e=0$，就可以改善直流牵引电机的换向。

为了保证在任何负载下换向电动势都能恰好抵消电抗电动势，换向极应满足以下要求：

1）极性正确

换向极极性要保证其磁场方向与交轴电枢反应磁场方向相反。因此，对于电动机，换向极极性应与沿旋转方向前面的主磁极极性相反，如图 2.9 所示。

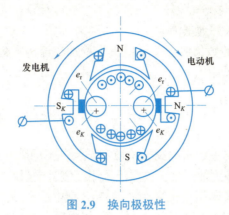

图 2.9　换向极极性

2）换向极绕组必须与电枢绕组串联

直流电机运行时电抗电动势 e_r 的数值不是常数，e_r 会随着负载电流变化而成正比地变化。为了保证 e_K 在整个负载范围内随时抵消 e_r，则要求 e_K 也必须随着负载电流变化而变化。因此，换向极绕组必须与电枢绕组串联。

3）换向极磁路处于低饱和状态

换向电动势 e_K 是换向元件切割换向区磁密 B_K 产生的，只有在磁路不饱和时，才能保证 B_K 与电枢电流 I_a 成比例变化，满足 e_K 正比于 I_a 的要求。因此，为了使换向极磁路不饱和，在设计电机时，通常采用较大换向极气隙以使换向极磁密降低。但是，如果单纯增大换向极和电枢表面间的空气隙，将使漏磁通增加，而换向极漏磁通也是造成换向极磁路饱和的重要因素。为此，牵引电机常将换向极气隙分成两部分，即电枢与换向极极靴之间的第一气隙 δ_1 和换向极与机座内壁之间的第二气隙 δ_2，如图 2.10 所示。第二气隙处垫以非磁性垫片，如果发现换向电动势补偿不当，还可通过调节第二气隙的大小来调整 B_K 的数值，使电机得到良好的换向。

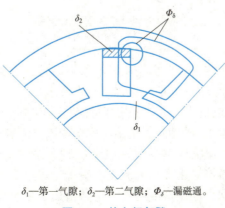

δ_1—第一气隙；δ_2—第二气隙；Φ_δ—漏磁通。

图 2.10　换向极气隙

2. 减小电抗电动势 e_r 的数值

为了得到良好的换向，在设计直流牵引电机时，希望电抗电动势 e_r 的数值尽可能小些，这样抵消电抗电动势 e_r 所需要的换向电动势 e_K 也就小些。当这两个电动势的绝对值都减小以后，它们的剩余电动势也相应减小，这样就改善了直流电机的换向条件。同时，由于 e_r 减小，相应 e_K 减小，在换向极气隙较小的情况下，也能保证磁路处于低饱和状态，从而使 e_K 在负载变化范围内都能较好地抵消 e_r。

但是，过分地减小 e_r 的数值将会使电机重量增加，经济指标下降。因此，电抗电动势 e_r 的数值应控制在适当的范围内。

3. 增加换向回路电阻

换向回路电阻主要决定于电刷与换向片之间的接触电阻，增加接触电阻可以减小附加换向电流 i_K 的数值，从而改善直流牵引电机的换向。

接触电阻的大小，主要决定于电刷的材质和结构，不同牌号的电刷有不同的接触电阻。脉流牵引电机由于换向条件更加困难，故广泛采用高接触电阻的电化石墨电刷，如 SS_4 改型电力机车中 ZD105A 型脉流牵引电机采用的 D374B 型电刷。该型号电刷具有较高的电阻率以保证良好的换向，同时又有较好的耐磨性和机械强度。为了增加换向回路的电阻和改善电刷与换向器的接触状况，在脉流牵引电机中广泛采用双分裂式电刷，其结构如图 2.11 所示。这种结构的电刷是把两块电刷放在同一刷盒中，顶部压块用橡胶制成。由于每一块电刷重量小、惯性小，同时橡胶压块可以吸收电刷的振动，使电刷与换向器接触良好。另外，在两块电刷接触面间设有横向间隙，增加了换向回路的横向电阻，从而改善了电机的换向条件。实践证明，采用这种电刷结构可以降低电刷下的火花。

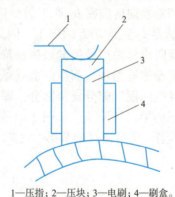

1—压指；2—压块；3—电刷；4—刷盒。

图 2.11　双分裂式电刷结构示意图

综上所述，电刷性能和结构对电机换向影响很大，选择电刷是十分重要的，必须根据不同电机的具体情况来考虑。同时还应注意以下几点要求：

① 在同一台直流牵引电机中，必须采用相同牌号的电刷；否则，会由于接触电阻大小不同造成电刷间负载分配不均，致使接触电阻小的电刷因电流较大而使换向恶化。

② 在直流牵引电机中，电刷电流密度一般应在 $12 \sim 16 \ A/cm^2$。因为电刷对换向的影响是以接触压降来表示的，而接触压降和电流密度有关。当电刷电流密度较小时，随着电流增大，接触压降随之增大，当电流密度达到一定数值后，接触压降不再增加，此时，换向回路的接触电阻将随电流密度增大而减小，这对换向是十分不利的。因此，对电刷的电流

密度有一定限制。

③ 对于抱轴式悬挂的直流牵引电机，电刷上单位面积的压力一般取 $2.94 \sim 3.29$ N/cm^2。因为压力太大将使电刷磨损加快，压力过小会使电刷跳动产生火花。

最后还应指出，在电刷使用中还要注意以下几点：

① 电刷应仔细研磨使接触面吻合，并保持清洁，而且电刷和刷握之间应有适当间隙，防止电刷接触面粘铜。

② 在正常使用中，温度升高会使电刷接触压降减小，可能引起换向不良。

③ 一台直流牵引电机上各电刷压力必须均匀，压力不均将使电流分配不均，电流较大的可能产生火花，低电密下滑动的电刷对换向器磨损也有影响。

巩固练习

1. 分析换向元件中电流的变化规律。

2. 如何设置换向极的极性？

3. 如何区分电磁火花和机械火花？

4. ZD105 型脉流牵引电机采用_____型电刷，优点是_____。

5. 电枢元件从电枢绕组一条支路经过电刷进入电枢绕组另一条支路，该元件中电流方向变换到另一个方向的过程，称为_____。

6. 换向元件中会出现三种电动势：_____、_____和_____。

7. 换向过程是电枢绕组元件被_____短路的过程，换向元件中的电流的变化规律取决于闭合回路中_____和_____。

任务 2.2　改善脉流牵引电机的换向

任务 2.2 改善脉流牵引电机的换向微课视频

任务描述

换向是装有换向器的电机运行时的薄弱环节。由于韶山型电力机车牵引电机均是由脉动电源供电的脉流牵引电机，所以它换向更加困难。本任务在学习脉流牵引电机换向特点的基础上，寻求改善脉流牵引电机换向的方法。

任务目标

1. 知识目标

① 掌握脉流牵引电机的电磁特点。

② 掌握脉流牵引电机的换向特点。

2. 技能目标

① 能够绘制并分析脉流牵引电机的供电线路图。

② 学会改善脉流牵引电机的换向。

任务实施

知识点 2.2.1　脉流牵引电机的换向特点

　　在单相交流电网供电的电力机车上，大多采用整流器（利用具有单向导电性的整流元件，如半导体二极管，将大小和方向变化的正弦交流电变换成单向脉动的直流电）整流后供电给牵引电机。这时，加在牵引电机两端的电压为脉动电压，流过牵引电机各绕组的电流为脉动电流，由这种方式供电的牵引电机称为脉流牵引电机。脉流牵引电机典型供电线路如图 2.12 所示，其电压和电流波形如图 2.13 所示。图中 D_1、D_2、D_3、D_4 为半导体二极管，L 为平波电抗器，T 为电力机车主变压器，R_s 为固定分路电阻。

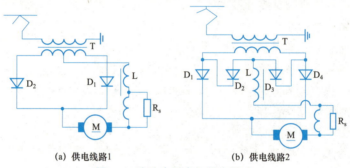

(a) 供电线路1　　　　　　　(b) 供电线路2

图 2.12　脉流牵引电机供电线路

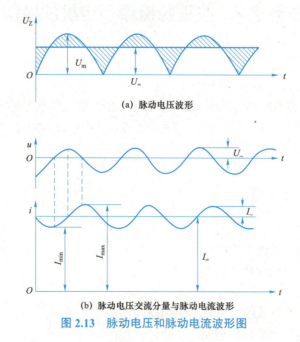

(a) 脉动电压波形

(b) 脉动电压交流分量与脉动电流波形

图 2.13　脉动电压和脉动电流波形图

由图 2.13 可见，电压、电流都是脉动的，包括直流分量和交流分量，图中具体参数见脉流牵引电机的电磁特点分析。因为直流分量是主要成分，所以脉流牵引电机本质上仍然是直流牵引电机，其结构和工作特性与直流牵引电机相仿。但是，由于交流分量的存在，给电机工作带来新的特点，在电磁、换向、发热方面构成了脉流牵引电机本身的特殊问题。

1. 脉流牵引电机的电磁特点

1）脉动电压

图 2.13（a）为整流器全导通时的脉动电压波形，该电压 U_z 是一个脉动电压，加在牵引电机和平波电抗器两端。

脉动电压 U_z 的波形可用傅里叶级数进行分解，即：

$$U_z = \frac{2}{\pi} U_m \left(1 + \frac{2}{1 \times 3} \cos 2\omega t - \frac{2}{3 \times 5} \cos 4\omega t + \frac{2}{5 \times 7} \cos 6\omega t - \cdots \right) \quad (2.6)$$

由上式可见，整流电压中包括一个直流分量和一系列偶次谐波的交流分量。在交流分量中，谐波次数（频率）越高，幅值越小，为了便于分析和工程需要，4 次以上谐波可以略去。这样，加在脉流牵引电机两端的电压可以看成由一个直流电压分量和一个两倍电源频率（100 Hz）的交流电压分量组成，即：

$$U_z = \frac{2}{\pi} U_m + \frac{4}{3\pi} U_m \cos 2\omega t = U_= + U_\sim \cos 2\omega t \quad (2.7)$$

式中，$U_=$——直流电压分量，$U_= = \frac{2}{\pi} U_m$； $\quad (2.8)$

　$U_\sim$——交流电压分量幅值，$U_\sim = \frac{4}{3\pi} U_m$； $\quad (2.9)$

　U_m——脉动电压最大值。

电压的脉动程度用电压脉动系数 K_u 表示，它是交流电压分量幅值和直流电压分量的比值：

$$K_u = \frac{U_\sim}{U_=} = \frac{2}{3} \approx 0.66 \quad (2.10)$$

2）脉动电流

在脉动电压作用下，通过脉流牵引电机的电流可看成是直流电流分量和交流电流分量分别作用的结果。设脉流牵引电机回路总电阻为 R，2 次谐波下总电感为 L_2。对于直流分量，电感 L_2 不起作用；对于交流分量，电阻 R 可忽略不计。因此，脉流牵引电机的电流为：

$$I = \frac{U_= - E_a}{R} + \frac{U_\sim}{2\omega L_2} \cos \left(2\omega t - \frac{\pi}{2} \right) \quad (2.11)$$

上式表明，通过脉流牵引电机的电流，同样可看成是由一个直流分量和一个两倍电源频率（100 Hz）的交流分量叠加而成。直流分量为 $I_=$，交流分量幅值为 $I_\sim$，即：

$$I_= = \frac{U_= - E_a}{R} \tag{2.12}$$

$$I_\sim = \frac{U_\sim}{2\omega L_2} \tag{2.13}$$

式（2.12）中的 E_a 为脉流牵引电机的反电动势，这里认为 E_a 是没有交流分量的。这是因为脉流牵引电机为了改善换向，在励磁绕组上通常并联着一个固定分路电阻 R_s。此时，主磁极励磁电流中的交流分量绝大部分从分路电阻中流过，使主磁极磁通脉动很小，因此，可以认为 E_a 没有交流分量。

电流的脉动程度可用电流脉动系数 K_i 表示：

$$K_i = \frac{I_{max} - I_{min}}{I_{max} + I_{min}} \times 100\% \tag{2.14}$$

式中：I_{max} 和 I_{min} 分别为电流波形中电流的最大值和最小值。

忽略 4 次以上谐波时，电流脉动系数 K_i 为交流分量幅值 $I_\sim$ 与直流分量 $I_=$ 的比值，即：

$$K_i = \frac{I_\sim}{I_=} = \frac{U_\sim}{2\omega L_2 I_=} = \frac{0.66 U_=}{2 \times 2\pi f L_2 I_=} = \frac{1.05 U_=}{1\,000 I_= L_2} \tag{2.15}$$

电流脉动系数 K_i 的值越大，电流交流分量的幅值就越大，电流脉动也越严重。由式（2.15）可见，电流的脉动程度与脉流牵引电机回路电感 L_2 成反比。为了将脉动电流的 K_i 值控制在一定范围内，只靠电机本身电感不够，必须串入一个平波电抗器 L，以增加电机回路总电感量，对脉动电流起到平波作用。

国内外脉流牵引电机制造和运行的经验表明：为改善脉流牵引电机的换向条件，在额定工况下，电流脉动系数 K_i 一般限制在 20%～30%，如 SS$_4$ 型电力机车的电流脉动系数为28%～33%。

3）脉动磁通

脉动电流通过脉流牵引电机各绕组时，将产生脉动磁势和相应的脉动磁通，如图 2.14 所示。图中，脉动电流的直流分量与其所产生的磁通关系曲线称为基本磁化曲线 $\Phi=f(I)$，电流的交流分量所产生的磁通沿局部磁滞回线[①]变化。因为磁滞回线很窄，可以近似认为交流分量沿基本磁化曲线的切线方向变化，称为局部磁化曲线。

由图 2.14 可见，脉动磁通也由直流分量和交流分量组成，其脉动程度可用磁通脉动系数 K_Φ 来表示，即：

$$K_\Phi = \frac{\Phi_\sim}{\Phi_=} \approx K_i \frac{I}{\Phi} \frac{\mathrm{d}\Phi}{\mathrm{d}I} \tag{2.16}$$

式中：Φ、I——对应于基本磁化曲线的磁通、电流；

$\mathrm{d}\Phi$、$\mathrm{d}I$——对应于局部磁化曲线的磁通、电流变化量。

---

① 磁滞回线表示磁场强度周期性变化时强磁性物质磁滞现象的闭合磁化曲线。

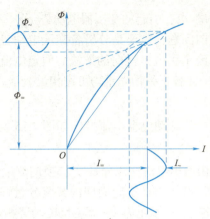

图 2.14　脉动电流和脉动磁通的关系

由于脉流牵引电机磁路中涡流（线圈中电流变化时，由于电磁感应，附近的导体中会产生沿闭合回路流动的感应电流，这种感应电流称为涡电流，简称涡流）的反磁作用，使磁通交流分量幅值降低，则磁通脉动系数为：

$$K_{\Phi} = K_B K_i \frac{I}{\Phi} \frac{\mathrm{d}\Phi}{\mathrm{d}I} \qquad (2.17)$$

式中：K_B——涡流作用系数，电机采用叠片磁导体时，$K_B \approx 0.5 \sim 0.7$；采用非叠片磁导体时，$K_B \approx 0.22 \sim 0.34$。

当脉流牵引电机工作在磁化曲线的线性阶段时，$\frac{I}{\Phi} \frac{\mathrm{d}\Phi}{\mathrm{d}I} \approx 1$，$K_{\Phi} \approx K_B K_i$，如果不采用相应措施，在限定的电流脉动系数下，磁通脉动系数可能会大于 10%。

脉流牵引电机通常在励磁绕组上并联一个固定分路电阻。由于励磁绕组对交流分量电流呈现较大的电抗（对电流的阻碍作用），因此交流分量电流的绝大部分由分路电阻流过而不经过励磁绕组，减小了主磁极磁通的脉动。加装固定分路电阻后，对主磁极磁场（即励磁电流和磁通）进行了固定削弱。

在有固定分路的脉流牵引电机中，当固定磁场削弱系数在 85% ～ 98% 时，如果 K_i=25% ～ 30%，则额定状态下 K_{Φ}=2% ～ 3%。

综上所述，脉流牵引电机和直流牵引电机的工作条件不完全相同，这主要是由于脉流牵引电机的各个电磁量中除直流分量外，还存在一个以两倍电源频率、按正弦规律变化的交流分量。

2. 脉流牵引电机的换向特点

一台换向正常的直流牵引电机，若工作在脉动电源下，这台电机换向将显著恶化，这是因为在脉动电源条件下，牵引电机的换向元件中，除存在着已经介绍过的由脉动电源中直流分量引起的电抗电动势、电枢反应电动势、换向电动势外，由于脉动电源中交流分量的作用，还将引起以下三种交流电动势：

① 由电枢电流交流分量 $I_{a\sim}$ 引起的交流电抗电动势 $e_{r\sim}$；

② 由换向区磁通交变分量 $\Phi_{K\sim}$ 引起的交流换向电动势 $e_{K\sim}$；

③ 由主磁极磁通交变分量 $\Phi_{f\sim}$ 引起的变压器电动势 e_t。

研究脉流牵引电机的换向问题，主要是分析各交流电动势的大小、性质及它们之间的相互关系，从而找出改善脉流牵引电机换向的方法。假定电流、磁通、磁密的交流分量均按正弦波变化，在以下分析中，各正弦物理量均可用相量表示。

1）交流电抗电动势 $e_{r\sim}$

脉流牵引电机换向过程中的脉动电枢电流换向如图 2.15 所示。图中 T_K 为换向周期，T 为交流分量电流的变化周期。

交流电抗电动势 $e_{r\sim}$ 是由电枢电流交流分量 $I_{a\sim}$ 换向产生的。由于换向周期 T_K 比交流分量电流变化周期 T 小得多，可认为在换向周期内交流分量幅值不变。因此，交流电抗电动势 $e_{r\sim}$ 与电枢电流交流分量 $I_{a\sim}$ 同相位。交流电抗电动势相量图如图 2.16 所示。

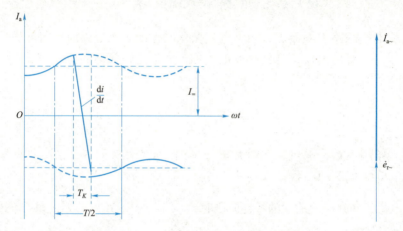

图 2.15　脉流牵引电机换向过程中的脉动电枢电流换向　　图 2.16　交流电抗电动势相量图

因为交流电抗电动势 $e_{r\sim}$ 是电枢电流的交流分量 $I_{a\sim}$ 换向时产生的，由电磁感应定律可知，交流电抗电动势 $e_{r\sim}$ 的大小和电枢电流的交流分量 $I_{a\sim}$ 的大小成正比，即 $e_{r\sim} \propto I_{a\sim}$。又由于直流电抗电动势 $e_{r=}$ 正比于直流电流分量 $I_{a=}$，即 $e_{r=} \propto I_{a\sim}$。所以交流电抗电动势 $e_{r\sim}$ 和直流电抗电动势 $e_{r=}$ 之间的关系可表示为：

$$\frac{e_{r\sim}}{e_{r=}} = \frac{I_{a\sim}}{I_{a=}} = \frac{\left(I_{a\max} - I_{a\min}\right)/2}{\left(I_{a\max} + I_{a\min}\right)/2} = K_i \qquad （2.18）$$

即

$$e_{r\sim} = K_i e_{r=} \qquad （2.19）$$

上式说明，在一定的电流脉动系数 K_i 下，交流电抗电动势 $e_{r\sim}$ 的幅值正比于直流电抗电动势 $e_{r=}$，其交变频率和相位与电枢电流交流分量相同。

2）变压器电动势 e_t

变压器电动势 e_t 是由于主磁极磁通交变分量 $\Phi_{f\sim}$ 的作用，在换向元件中产生的感应电动势，其大小取决于主磁极磁通的脉动程度，相位滞后 $\Phi_{f\sim}$ 约90°，其表达式为：

$$e_{\mathrm{t}} = -N_{\mathrm{a}}\frac{\mathrm{d}\varPhi_{\mathrm{f}\sim}}{\mathrm{d}t} \qquad\qquad (2.20)$$

脉流牵引电机通常采用固定分路电阻以降低主磁通的脉动程度，固定分路电阻的接法如图 2.17（a）所示。当采用固定分路电阻时，变压器电动势的大小和相位分析如下：

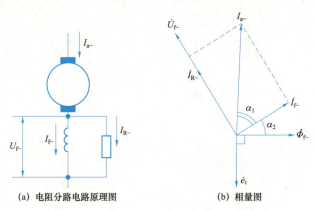

(a) 电阻分路电路原理图　　　　　　(b) 相量图

图 2.17　电阻分路电路原理图及相量图

设励磁绕组两端电压的交流分量为 $U_{\mathrm{f}\sim}$，流过分路电阻的电流交流分量为 $I_{\mathrm{R}\sim}$，流过励磁绕组的电流交流分量为 $I_{\mathrm{f}\sim}$，由如图 2.17 所示的电阻分路电路关系可知：

① $I_{\mathrm{R}\sim}$ 与 $U_{\mathrm{f}\sim}$ 同相位；

② $I_{\mathrm{f}\sim}$ 比 $U_{\mathrm{f}\sim}$ 滞后90°；

③ $I_{\mathrm{a}\sim} = I_{\mathrm{R}\sim} + I_{\mathrm{f}\sim}$；

④ $I_{\mathrm{f}\sim}$ 滞后于 $I_{\mathrm{a}\sim}$，相位角为 α_1；

⑤ $\varPhi_{\mathrm{f}\sim}$ 滞后于 $I_{\mathrm{f}\sim}$，相位角为 α_2；

⑥ e_{t} 滞后于 $\varPhi_{\mathrm{f}\sim}$ 90°。

相位角 α_1 由分路电阻和励磁绕组阻抗的值决定，减小分路电阻将使 α_1 增大。当固定磁场削弱系数 $\beta_0 = 95\%$ 或更小时，α_1 接近 45°。

相位角 α_2 由磁路涡流的作用决定，其大小和磁路系统的结构形式有关（实心或叠片铁心）。当磁路的涡流作用较大时，α_2 将增大，α_2 的变化范围为 30°～50°。

上述各电磁量的关系，如图 2.17（b）所示。由图可见，当采用固定分路电阻时，变压器电动势 e_{t} 的相位大致与 $I_{\mathrm{a}\sim}$ 的相位相反，即与交流电抗电动势 $e_{\mathrm{r}\sim}$ 相位相反。因此，就相位而言，变压器电动势 e_{t} 可以抵消交流电抗电动势 $e_{\mathrm{r}\sim}$。

3）交流换向电动势 $e_{K\sim}$

交流换向电动势 $e_{K\sim}$ 是换向元件切割换向区合成交变磁通 $\varPhi_{K\sim}$ 而产生的，其大小取决于换向区合成交变磁通的数值，相位与换向区合成交变磁通 $\varPhi_{K\sim}$ 同相。因此，研究交流换向电动势 $e_{K\sim}$ 的大小和相位，实际上是研究换向区合成交变磁通 $\varPhi_{K\sim}$ 的大小和相位。

图 2.18（a）为脉流牵引电机横剖面图，图中画出了换向区各交变磁通的分布及流通途径。图中各符号含义为：

$\Phi_{a\sim}$——交轴电枢反应磁势的交变分量 $F_{a\sim}$ 产生的磁通；

$\Phi_{\triangle\sim}$——换向极磁势的交变分量 $F_{\triangle\sim}$ 产生的磁通，即换向极交变磁通；

$\Phi_{\sigma\sim}$——换向极漏磁通的交变分量；

$\Phi_{K\sim}$——换向区合成交变磁通。

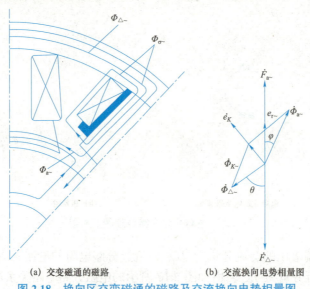

(a) 交变磁通的磁路   (b) 交流换向电势相量图

图 2.18　换向区交变磁通的磁路及交流换向电势相量图

换向区磁势、交变磁通及在换向元件中产生的电动势相量图如图 2.18（b）所示，各相量关系如下：

① 交轴电枢反应磁势的交变分量 $F_{a\sim}$ 产生的交变磁通 $\Phi_{a\sim}$，由于磁路的涡流作用，使 $\Phi_{a\sim}$ 滞后 $F_{a\sim}$ 一个 φ 角。

② 换向极磁势的交变分量 $F_{\triangle\sim}$ 与交轴电枢反应磁势的交变分量 $F_{a\sim}$ 相位相反。$F_{\triangle\sim}$ 产生的交变磁通为 $\Phi_{\triangle\sim}$，由于磁路的涡流作用，$\Phi_{\triangle\sim}$ 滞后于 $F_{\triangle\sim}$ 一个 θ 角。

由于 $\Phi_{a\sim}$ 是通过主磁极极靴闭合，所经磁路为叠片铁心，而 $\Phi_{\triangle\sim}$ 是通过机座实心体闭合，故后者涡流作用强，使 $\Phi_{\triangle\sim}$ 相对 $F_{\triangle\sim}$ 的滞后角 θ 大于 $\Phi_{a\sim}$ 相对 $F_{a\sim}$ 的滞后角 φ，即 $\theta>\varphi$。

③ $F_{\triangle\sim}$ 同时产生换向极交变漏磁通 $\Phi_{\sigma\sim}$，该磁通大体与 $F_{\triangle\sim}$ 同相并随着磁路饱和程度和涡流作用而增加，使得进入换向区的换向极交变磁通 $\Phi_{\triangle\sim}$ 不仅数值减小，而且相位更加滞后。

④ 换向区合成交变磁通 $\Phi_{K\sim}$ 由 $\Phi_{\triangle\sim}$ 和 $\Phi_{a\sim}$ 两部分合成。合成结果使 $\Phi_{K\sim}$ 具有如图 2.18（b）中所示的相位。

上述分析说明，在整体机座及采用实心换向极铁心情况下，由于磁路中的涡流作用、电枢磁通交变分量的影响以及交流漏磁通的存在，使得 $\Phi_{K\sim}$ 大体与 $F_{a\sim}$ 同相而与 $F_{\triangle\sim}$ 反相，即 $\Phi_{K\sim}$ 发生"倒相"现象。由于交流换向电动势 $e_{K\sim}$ 与 $\Phi_{K\sim}$ 同相，将使交流换向电动势 $e_{K\sim}$ 和交流电抗电动势 $e_{r\sim}$ 接近同相，这对电机换向是非常不利的，这也是脉流牵引电机换向困难的实质。

4）换向元件中的交流合成电动势

将以上所得的交流电抗电动势 $e_{r\sim}$、变压器电动势 e_t 和交流换向电动势 $e_{K\sim}$ 相量合成，即可得到交流剩余电动势 $\Delta e_\sim$，如图 2.19 所示。图中，$e_{r\sim}$ 和 $I_{a\sim}$ 同相。采用固定分路时，变压器电动势 e_t 大体上与交流电抗电动势 $e_{r\sim}$ 反相。由于磁路中的涡流作用、电枢反应交变分量的影响以及交变漏磁通的存在，可能导致交流换向电动势 $e_{K\sim}$ 和交流电抗电动势 $e_{r\sim}$ 接近同相。三个电动势叠加的结果，在换向元件中产生较大的交流剩余电动势 $\Delta e_\sim$。

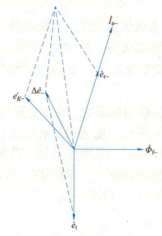

图 2.19　换向元件中交流剩余电动势

过大的交流剩余电动势 $\Delta e_\sim$ 是引起脉流牵引电机换向困难的根本原因。因此，要改善脉流牵引电机的换向，就要尽可能地减小交流剩余电动势 $\Delta e_\sim$。

为了减小交流剩余电动势 $\Delta e_\sim$，可以采取以下方法：

① 减小交流电抗电动势 $e_{r\sim}$ 和变压器电动势 e_t。

② 调整交流换向电动势 $e_{K\sim}$ 的相位，使交流换向电动势 $e_{K\sim}$ 与交流电抗电动势 $e_{r\sim}$ 抵消。

③ 利用变压器电动势 e_t 来补偿换向元件中的不平衡电动势（即 $e_{K\sim}$ 和 $e_{r\sim}$）。

知识点 2.2.2　改善脉流牵引电机换向的方法

脉流牵引电机的换向比直流牵引电机困难。为了保证脉流牵引电机可靠运行，必须针对它在换向方面存在的问题采取一定的措施。这些措施主要体现在两方面：

① 在设计、制造脉流牵引电机时，首先必须保证电机在直流电源下运行时换向可靠。为此，必须采取使直流牵引电机换向良好的一系列措施。

② 必须考虑到脉流牵引电机中存在交变电流和交变磁通，在换向元件中产生三种交流电动势 $e_{r\sim}$、e_t 和 $e_{K\sim}$ 这一特殊问题。针对这三种电动势的性质和作用，采取相应的措施。

1. 减小交流电动势的数值

1）减小交流电抗电动势 $e_{r\sim}$

交流电抗电动势 $e_{r\sim}$ 是由于交轴电枢反应电流交流分量 $I_{a\sim}$ 换向时产生的。由式（2.19）可知，在一定电流脉动系数下，交流电抗电动势 $e_{r\sim}$ 与直流电抗电动势 $e_{r=}$ 是成正比的。所以，减小交流电抗电动势的实质是减小直流电抗电动势，即通过减小直流电抗电动势 $e_{r=}$ 达到减小交流电抗电动势 $e_{r\sim}$ 的目的。

2）减小变压器电动势 e_t

换向元件中的变压器电动势 e_t 是由于主磁极磁通交变分量 $\Phi_{f\sim}$ 的作用而产生的，目前还没有建立相应的电动势与变压器电动势 e_t 抵消的有效措施，而通常的方法是在主磁极励磁绕组两端并联一个分路电阻，如图 2.17 所示，固定分路电阻对主磁极磁场进行了固定削弱。

采用固定分路电阻后，由于主磁极励磁绕组对交流分量有较大的阻抗，大部分交流分量流过固定分路电阻，使主磁极磁通交变分量 $\Phi_{f\sim}$ 降低，变压器电动势 e_t 减小。固定分路电阻数值越小，主磁极磁通的交变分量 $\Phi_{f\sim}$ 也越小，则变压器电动势 e_t 也越小。

2. 调整交流换向电动势 $e_{K\sim}$ 的相位

由于换向极磁路中的涡流和漏磁通的影响，使得交流换向电动势 $e_{K\sim}$ 的相位产生不合理的"倒相"现象。这样一来，它不仅不能起到抵消交流电抗电动势 $e_{r\sim}$ 的作用，反而有可能和交流电抗电动势 $e_{r\sim}$ 叠加，使换向元件中有较大的剩余电动势 $\Delta e_{\sim}$，造成脉流牵引电机换向困难。为了改善交流换向电动势 $e_{K\sim}$ 的相位，就必须减小换向极磁路涡流作用和换向极漏磁通，这就需要在电机结构方面采取一定的措施，具体如下：

1）换向极铁心采用电工钢片叠制

叠片铁心可以减小换向极磁路的涡流作用以及磁路的磁阻，使 $\Phi_{\triangle\sim}$ 的数值增加，并且减小换向极磁势的交变分量 $F_{\triangle\sim}$ 产生的磁通 $\Phi_{\triangle\sim}$ 与换向极磁势的交变分量 $F_{\triangle\sim}$ 之间的相位角 θ，使换向区合成交变磁通 $\Phi_{K\sim}$ 和交流换向电动势 $e_{K\sim}$ 相位变得合理。这种换向极铁心在国内外许多脉流牵引电机中得到广泛应用，如国产 ZD105、ZD115 型脉流牵引电机均采用叠片换向极铁心。

2）机座内壁敷设磁桥

磁桥由数片 0.5 mm 厚的冷轧电工钢片叠成，总厚度为 2～3 mm，在换向极中心处留 3～4 mm 的缺口，如图 2.20 所示。

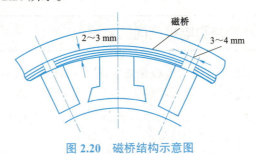

图 2.20　磁桥结构示意图

磁桥的作用是让流经机座的换向极交变磁通 $\Phi_{\triangle\sim}$ 在磁桥中流通，避免整体机座对交变磁通的涡流作用。由于磁桥磁导率高（磁导率 μ 就是一个用来表示介质导磁性能的物理量，单位是 H/m，是磁感应强度与磁场强度的比值），而且使磁路处于低饱和状态，能将换向区合成交变磁通 $\Phi_{K\sim}$ 和交流换向电动势 $e_{K\sim}$ 相位调整到与交流电抗电动势 $e_{r\sim}$ 相反的方向。

缺口是一个空气间隙，其作用是使磁通的直流分量（特别是主磁极磁通的直流分量）

不易通过磁桥，否则将造成磁桥磁路饱和而使磁导率下降。

国产 ZQ650-1 和 ZQ800-1 型脉流牵引电机采用了这种结构。运行经验表明，采用磁桥结构，在相同运行条件下，换向火花等级约降低 0.5 级。

3）减小换向极漏磁通

漏磁通 $\Phi_{\sigma\sim}$ 对换向区合成交变磁通 $\Phi_{K\sim}$ 的数值和相位影响很大。当漏磁通 $\Phi_{\sigma\sim}$ 较大时，即使滞后角 θ 不大，也会使换向区合成交变磁通 $\Phi_{K\sim}$ 的相位变得很不合理。减小漏磁通 $\Phi_{\sigma\sim}$ 的措施有：

① 采用非磁性（黄铜或不锈钢板）换向极线圈托架，对漏磁通起屏蔽作用。

② 适当控制主磁极的极弧系数（极弧系数是描述在一个极距范围内实际气隙磁场分布情况的系数，具体指极弧长度占极距的比例）和换向极极靴（换向极铁心靠近转子的扩大部分）气隙的宽度，增加主磁极与换向极之间的距离。

③ 采用换向极第二气隙。

4）采用全叠片或半叠片机座

采用全叠片机座，可以很好地减小磁路的涡流作用，使换向极交变磁通 $\Phi_{\triangle\sim}$ 的数值增加，θ 角减小，从而改善换向极交变磁通 $\Phi_{\triangle\sim}$ 和交流换向电动势 $e_{K\sim}$ 的相位，使换向元件中的交流剩余电动势 $\Delta e_{\sim}$ 大大降低。另外，全叠片机座磁路不易饱和，磁路特性比较均匀。国产 ZD111S、ZD115 型脉流牵引电机采用了全叠片无机壳机座。但是，全叠片机座制造工艺复杂。为简化制造工艺，国内外一些脉流牵引电机采用半叠片机座，图 2.21 为钢板结构焊接的半叠片机座，图中 2 为具有一定宽度的电工钢片半叠片层，用 0.5 mm 厚的电工钢片叠压在机座体内，然后用法兰压紧并与机座焊成一个整体。国产 ZD107 型和进口 MB-530-AVR 型脉流牵引电机采用了这种结构。

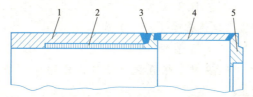

1—机座体；2—电工钢片半叠片层；3—法兰；4—非磁路部分；5—前端法兰。

图 2.21　钢板结构焊接的半叠片机座

3. 选择合适的变压器电动势 e_t 补偿不平衡电动势

由换向元件各交流电动势的相位关系可以看出，变压器电动势 e_t 和交流电抗电动势 $e_{r\sim}$ 的相位几乎是相反的，因此可利用变压器电动势 e_t 来抵消交流电抗电动势 $e_{r\sim}$。实践证明，这是积极有效的办法，它的实质就是利用变压器电动势 e_t 来抵消 $e_{r\sim}$ 和 $e_{K\sim}$ 的合成电动势（$e_{r\sim}+e_{K\sim}$）。为了使变压器电动势 e_t 在数值上和相位上都能补偿 $e_{r\sim}+e_{K\sim}$，必须选择合适的固定磁场削弱系数 β_0。

若 β_0 取得过小，即固定分路电阻 R_{s0} 数值过小，则励磁电流的交流分量 I_f 几乎都从固定分路电阻上通过，流过励磁绕组的交流分量电流 $I_{f\sim}$ 数值较小，$\Phi_{f\sim}$ 较小，因而产生的变压器电动势 e_t 数值较小，不足以抵消 $e_{r\sim}+e_{K\sim}$。

若 β_0 取得过大，即固定分路电阻 R_{s0} 数值较大，则励磁电流的交流分量 $I_{f\sim}$ 和电枢电流

的交流分量 $I_{a\sim}$ 的相位角 α_1 减小，此时虽然 $I_{f\sim}$、$\Phi_{f\sim}$ 和 e_t 数值相应增大，但 e_t 的相位不合适，也不能起到抵消 $e_{r\sim}+e_{K\sim}$ 的作用。因此，变压器电动势 e_t 的大小和相位对 β_0 值提出了相互矛盾的要求。

最合适的 β_0 值，除了通过多方案计算求得最佳理论数值外，还必须根据换向试验的实际效果来确定。脉流牵引电机的设计和试验资料表明，在额定工况下，K_i=25% 时，最合适的 β_0=95% 左右。

国外有些脉流牵引电机也采用固定磁场分路，其目的就是利用变压器电动势 e_t 来补偿 $e_{r\sim}+e_{K\sim}$。国产 ZD105 型脉流牵引电机取 β_0=96%，既减小了变压器电动势 e_t 的数值，又利用变压器电动势 e_t 来补偿 $e_{r\sim}+e_{K\sim}$。

以上介绍的改善脉流牵引电机换向的各种方法，彼此并不是孤立的，而是辩证的、相互联系的。在脉流牵引电机上究竟采用哪些方法，不仅要考虑电机的工艺性、经济性因素，而且更重要的是必须通过实践来验证。

巩固练习

1. 绘制脉流牵引电机供电线路图并做电路分析。
2. 绘制换向元件中交流剩余电动势相量图并写出各电动势的名称。
3. 脉流牵引电机的电压脉动系数是_____，电流脉动系数与_____成反比。
4. 脉流牵引电机通常在_____上并联一个_____，以减小主磁极磁通的脉动。
5. 在脉动牵引电机的换向元件中，除 3 种直流电动势外，还将引起另外（　　）种交流电动势。
   A. 2　　　　　　　　　　B. 3　　　　　　　　　　C. 4
6. 脉流牵引电机的电压、电流都是（　　）的。
   A. 交动　　　　　　　　　B. 直动　　　　　　　　　C. 脉动
7. 脉流牵引电机的各个电磁量中除直流分量外，还存在一个以（　　）倍电源频率、按正弦规律变化的交流分量。
   A. 1　　　　　　　　　　B. 2　　　　　　　　　　C. 3

任务 2.3　绘制脉流牵引电机通风冷却系统图 微课视频

任务 2.3　绘制脉流牵引电机通风冷却系统图

任务描述

电力机车牵引电机功率大，结构尺寸又受空间位置的限制，发热极为严重。其发热问题不仅直接关系到牵引电机的使用寿命和运行可靠性，也是决定牵引电机额定容量的主要因素之一。所以本任务先讨论牵引电机的发热和散热问题，在此基础上找出降低牵引电机温升的方法。

任务目标

1. 知识目标
① 掌握电机温升的概念。
② 掌握降低牵引电机温升的方法。

2. 技能目标
① 能够识别牵引电机的通风方式。
② 能够绘制并分析牵引电机的通风冷却系统图。

任务实施

知识点 2.3.1　电机的损耗和温升

电机发热对电机运行性能有很大影响，温度过高，将使绝缘材料损坏而丧失绝缘性能，以致影响电机的使用寿命，严重时甚至把电机烧毁。同时，过高的温度会引起电机零部件变形，直接影响电机的安全运行。为降低电机的温度，牵引电机在结构、材料、工艺上采取了许多措施，大功率牵引电机还采用专门的通风系统进行冷却。

1. 损耗

1）直流牵引电机的损耗

直流牵引电机在实现能量转换的过程中，电机内部将产生铜耗（p_{Cu}）、铁耗（p_{Fe}）、机械损耗（p_{Ω}）和附加损耗（p_s）等 4 类损耗：

① 铜耗。铜损耗，简称铜耗，是由于电机的各种绕组中流过电流而产生的电阻损耗，铜耗随负载而变化，又称为可变损耗。

② 铁耗。由于铁心中的磁滞、祸流而产生的损耗。

③ 机械损耗。由于各种机械摩擦、通风而产生的损耗。

铁耗和机械损耗在电机空载运行时就存在，其大小与电机负载无关，合称空载损耗（又称不变损耗），用 p_0 表示，即：

$$p_0 = p_{Fe} + p_{\Omega} \tag{2.21}$$

④ 附加损耗。产生附加损耗的原因很多，例如，电枢反应使气隙磁场畸变而引起铁耗增加，电枢表面电流分布不均引起铜耗增加，均压电流造成的损耗等。附加损耗中的一部分在电机空载时已存在，另一部分随负载而变化。附加损耗一般不易计算，而估计为电机输出功率的 0.5%～1%。

这些损耗一方面使电机的输出功率减小、效率降低；另一方面，损耗最终都变为热能，使电机各部分温度升高，引起电机发热。

2）脉流牵引电机的损耗

对于脉流牵引电机，除了上述 4 类损耗外，由于电流和磁通中交变分量的存在，还会引起一些新的损耗，主要包括以下两种：

① 电流中交流分量引起的附加铜耗（$p_{Cu\sim}$）。其大小与电流交流分量幅值的平方成正比。电流脉动系数越大，电流交流分量幅值越大，引起 $p_{Cu\sim}$ 越大。

② 磁通中交变分量引起的附加铁耗（$p_{Fe\sim}$），包括主磁极磁通和电枢磁场磁通的交变分量在铁磁回路中引起的铁耗。如果励磁绕组采用固定分路电阻，则励磁绕组中电流交流分量很小，主磁通交变分量可忽略不计。

因此，脉流牵引电机的铜耗比直流供电时大。由于交流分量引起的各种损耗不但计算复杂，而且不易准确，因此这些损耗常用试验方法加以确定。根据试验，其数值约为电机额定功率的1%。

2. 温升

电机运行时，电机中的损耗转变为热能，使电机各部分温度升高。当电机温度高于周围介质温度时，热量向周围散发。若电机产生的热量与散发的热量平衡时，电机的温度不再升高，则维持稳定的温度。由于电机周围介质温度可能不同，所以电机各部分温度的高低并不能代表电机的发热和散热情况，温度高并不能表示电机的发热量大或散热不好。为了综合评价电机的发热和散热情况，在设计和使用电机时，通常以温升作为评价电机性能的指标。

电机某一部件的温度 t_2 与周围介质温度 t_1 之差，称为该部件的温升，用 θ 表示，即：

$$\theta = t_2 - t_1 \tag{2.22}$$

但是，电机的绝缘材料是根据耐热能力分级的，决定绝缘材料寿命的因素是温度而不是温升。为了统一两者之间的关系，设计电机时，必须规定一个周围介质温度，以便限制电机的温升，使电机运行时的温度不超过绝缘材料的允许温度。

根据牵引电机的实际运行情况，我国规定冷却空气温度的标准值为25℃，采用不同等级绝缘材料的电机各部件的温升限制值见表2.2。表中 B、F、H、C 为绝缘材料的耐热等级，具体见表2.4。

由于测温方法不同，对同一物体的温度可能测得不同的温度数值。因此在规定温升限值的同时，应规定具体的测温方法。牵引电机常用的测温方法有温度计法、电阻法两种。

表2.2　电机绕组和换向器的温升限值　　　　　　　　　　　　　　　　　单位：℃

电机部件	测量方法	绕组绝缘材料的不同相应于连续、小时或断续定额的温升限值			
		B	F	H	C
定子绕组	电阻法	130	155	180	200
电枢绕组	电阻法	120	140	160	180
换向器	温度计法	105	105	105	105

知识点 2.3.2　电机的发热和散热

1. 发热和稳定温升

电机运行时，由于电机内部几个热源同时发热，致使各部分的温度不同。为简化分析，可以将电机各部分看作温度均匀的均质固体，即其内部没有温差，且该固体是表面均匀散热的理想发热体。

图 2.22 为均质固体的发热曲线。曲线表明物体发热时，其温升随时间按指数函数规律变化。随着时间的推移，温升上升速度逐步减慢，这是由于物体中由损耗转化的热量，一部分被物体吸收使物体自身温度升高，另一部分散发到周围介质中去。开始发热时，物体与周围介质的温差较小，散发出的热量较少，产生的热量大部分用以升高物体自身的温度，温度上升得较快。随着电机温度的升高，电机与周围介质温差的增大，散发的热量逐渐增加，用以升高物体自身的热量逐渐减少，温度上升速度减慢。当发热体经过较长时间，温度升高到一定数值后，产生的热量等于散发的热量，物体的温度不再升高，达到热稳定状态。此时，物体的温升称为稳定温升，用 θ_∞ 表示。

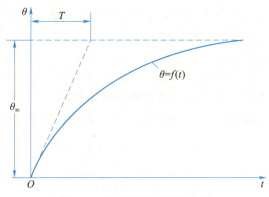

图 2.22　均质固体的发热曲线

根据能量守恒定律，当物体温升达到稳定温升时，在任一段短暂时间 dt 内，该物体所产生的热量全部由其表面散发出去，即：

$$Qdt = \alpha A\theta_\infty dt \qquad (2.23)$$

式中：Q——发热体在单位时间内产生的热量，即电机的损耗，W；

　　　α——表面散热系数，即每平方米表面积，每 1 K 的温度差，每秒时间内所散发的热量，W/（$m^2 \cdot K$）；

　　　A——散热表面的面积，m^2。

由此可得：

$$\theta_\infty = \frac{Q}{\alpha A} \qquad (2.24)$$

由式（2.24）可知，稳定温升取决于物体产生损耗的大小、物体散热表面面积和表面散热系数。电机的损耗与负载大小有关，所以电机各部分的温升也取决于负载。负载大时，损耗也大，稳定温升也越高。散热系数和散热面积的乘积（αA）称为电机的散热能力，散热能力越大，散发的热量越多，稳定温升就越低。因此，降低稳定温升有两种方法，一是降低电机的各种损耗，二是提高电机的散热能力。

图 2.22 中 T 称为发热时间常数，是假设发热体热量不散失时，物体达到稳定温升所需

的时间，即

$$T = \frac{cG}{\alpha A} \tag{2.25}$$

式中：G——物体的质量，kg；

c——比热容，即 1 kg 物质温度升高 1 K 时所吸收的热量，J/（kg·K）。

从理论上讲，物体要在无限长的时间后（$t \to \infty$）才能达到热稳定状态。实际上当 $t=4T$ 时，$\theta=0.982\theta_\infty$，可以认为物体的温升已达到稳定温升。

实践证明，电机各部分的发热曲线和均质固体的发热曲线有相似的形状。因此，可根据式（2.24）来计算电机各部分的稳定温升。

2. 散热

电机的损耗引起发热而使电机自身温度升高，当电机的温度高于周围介质温度时，热量开始向周围介质中散发，称为电机的散热。

电机的散热过程是：发热体（产生损耗处）的热量先通过内部的传导作用传导到部件表面，然后再经过辐射和对流作用散发到周围介质中去。不论是热传导作用还是热散发作用，都必须有温差才能进行。图 2.23 为电枢槽内导体铜耗产生的热量散出情况，铜导体产生的热能先通过绝缘层传到散热表面，再由散热表面将热能散发到周围空气中。

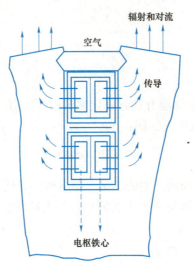

图 2.23 电枢槽内导体铜耗产生的热量散出情况

1）绝缘层的热传导作用

设一个厚度为 β 的绝缘层，如图 2.24 所示，绝缘层两边温差为 $\theta_{12}=t_1-t_2$，通过绝缘层的热量为 Q。根据热路欧姆定律（热流量与温差成正比，与热阻成反比），则：

$$Q = \frac{\theta_{12}}{R_\beta} \tag{2.26}$$

式中：Q——通过绝缘层的热量，W；

R_β——绝缘层的热阻，可由下式计算：

$$R_\beta = \frac{\beta}{\lambda A} \qquad (2.27)$$

其中：β——绝缘层的厚度，cm，

A——绝缘层的面积，cm^2，

λ——导热系数，当绝缘层两表面之间温差为 1 K，经过 1 cm 厚的绝缘层的单位面积（$1\ cm^2$）的热量，W/（cm·K）。

将式（2.27）代入式（2.26），可得：

$$Q = \lambda \frac{A}{\beta} \theta_{12} \qquad (2.28)$$

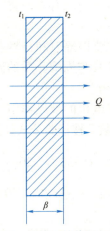

图 2.24　绝缘层热传导示意图

显然，通过绝缘层热量的大小，取决于绝缘层两边的温差、绝缘层的厚度和面积，以及绝缘材料的导热系数。温差越大，绝缘层面积越大，则通过的热量也越大。绝缘材料越厚，则热量越不容易通过。导热系数的大小，取决于材料。电机常用材料的导热系数如表 2.3 所示。

表 2.3　电机常用材料的导热系数

材料名称	导热系数 / ［W/（cm·K）］	材料名称	导热系数 / ［W/（cm·K）］
紫铜	3.5	云母片	0.002 4
铝	2.0	层压板	0.001
钢	0.63	硅橡胶	0.003
涂漆电工钢片	0.012	浸漆玻璃丝带	0.002 2
不涂漆电工钢片	0.425	静止薄空气	0.000 25

绝缘材料的 λ 值多在 0.002 左右。在选择电机绝缘结构时，应在保证耐压允许的条件下尽量将绝缘层做得薄些，使其易于导热。空气是不良导热体，静止薄空气的 λ 值仅为 0.000 25，

约为一般绝缘材料的 10%。因此，线圈绝缘层内应尽量消除空气层。当在电机线圈外包几层绝缘时，要力求包紧并提高浸漆烘干质量，使线圈内及线圈与槽壁间尽量消除空气层，以提高导热效果。金属的导热系数取值范围一般为 0.5～3.5，比绝缘材料要大几百倍，其热阻一般可忽略不计。

2）表面层的热散发作用

电机内部的热量，经热传导作用传递到部件表面后，再以辐射和对流的方式由表面层向空气散热，其散发的热量 Q 与表面层对空气的温差 θ 之间的关系为：

$$Q = \alpha A \theta \tag{2.29}$$

散热量的大小，取决于散热表面积、散热表面与空气之间的温差及散热系数。散热系数与散热表面的性质及周围空气的流动情况有关，空气的流动情况分为自然对流和强制对流两种。

发热体在平静的大气中，热量主要以辐射和自然对流方式散发到周围介质中去，散热系数主要取决于发热体表面的性质及其与周围介质的温差。强制对流是由于风扇等外力的鼓风作用使空气流动起来而产生的对流。

电机采用通风冷却，通过对发热电机的鼓风作用，增加散热系数，提高电机的散热能力。风速 v 在 4～45 m/s 时，散热系数可按经验公式计算，即：

$$\alpha = 30\sqrt{v} - 20 \tag{2.30}$$

由式（2.30）可见，通风作用越强，风速越大，散热系数就越大，在同样热量下，电机的温升就越低。

为了降低电机的温升，除了在设计电机时降低电机的电磁负载，减小电机损耗外，更重要的是提高电机的散热能力，即增强电机内部的传热能力和电机表面的散热能力。

知识点 2.3.3　脉流牵引电机的通风冷却

1. 电机的通风方式

1）根据冷却空气进入电机内部所依靠的力量分类

根据冷却空气进入电机内部所依靠的力量不同，通风方式分为自通风和独立通风。

① 自通风。由装在电机转轴上的离心式风扇鼓风。这种通风方式的优点是不需要附加设备，缺点是风量和风压随电机转速而变化。

② 独立通风。由单独设置的通风机给电机鼓风。这种通风方式的优点是送入电机的风量、风压与电机运行情况无关；缺点是需要增设通风机、拖动机械、管道等辅助设备。

2）根据通风器（通风机、风扇）安装位置分类

根据通风器（通风机、风扇）安装位置不同，通风方式分为强迫通风和诱导通风。

① 强迫通风。通风器装在空气的入口端，由通风器将空气压入电机内部，如图 2.25 所示。这时，电机内部的空气压力一般大于大气压力。

② 诱导通风。通风器装在空气的出口端，由通风器将电机内部的空气抽出，如图 2.26 所示。

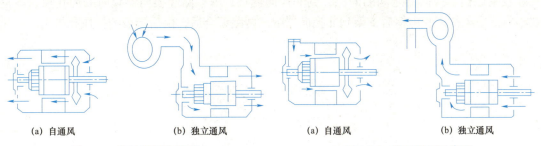

(a) 自通风　　(b) 独立通风　　　　　(a) 自通风　　(b) 独立通风

图 2.25　强迫通风示意图　　　　　图 2.26　诱导通风示意图

3）根据冷却空气在电机中的主要流通方向分类

根据冷却空气在电机中的主要流通方向不同，分为轴向通风、径向通风、轴向-径向复合通风。

① 轴向通风。冷却空气由电机的一端进入，另一端排出，在电枢内部沿转子铁心的轴向通风道流通。这种通风方式的优点是铁心结构紧凑；缺点是通风损耗较大，沿电机轴向的温度不够均匀。

② 径向通风。空气进入电机内部，沿着电枢（电枢铁心和电枢绕组的总称）内的径向风道流通。这种径向风道是在压装电枢铁心时，每隔一定距离放置一片风道齿构成的。这种通风方式的优点是通风损耗小，散热面积较大，沿电机轴向的温度较均匀；缺点是径向通风槽使电机的轴向尺寸增大。

③ 轴向-径向复合通风。电机既有轴向风道也有径向风道，结合二者的特点设计，具有良好的通风效果，但结构复杂。

2. 脉流牵引电机的通风方式

脉流牵引电机根据其结构特点和运行特点，通常采用强迫式独立通风，风道沿轴向布置，其理由如下：

① 脉流牵引电机功率大，尺寸受限制，导致它的电磁负荷较高，发热严重。因此，必须用强压的冷却空气加强它的散热。

② 脉流牵引电机负载的性质是断续的。在机车牵引和电气制动时，电机的电流较大，使电机迅速发热；在机车惰行（指机车在牵引列车时利用列车所具有的动能继续运行的一种运行操纵方式）和停站时，电机断电，是电机的散热间隙。独立通风可以充分利用断电间隙使电机冷却，为下一区间电机运行创造很好的条件。

③ 脉流牵引电机的轴向长度受轨距的限制，采用径向通风会增加电机的轴向长度。

近年来，在干线电力机车上采用自通风的牵引电机也引起了人们的关注。因为根据电力机车的运行特点，牵引电机的实际温度达不到极限温度，满风量并不是长期需要的。另外，随着绝缘材料等级的提高及绝缘结构的不断完善等，使电机承受热过载的能力有所提高。所以，干线电力机车的牵引电机采用自通风方式并非不可行。

3. 脉流牵引电机的通风系统和通风参数

1）通风系统

脉流牵引电机的通风系统示意图如图 2.27 所示。冷却空气由换向器端（即牵引电机前端）上部进风口进入换向器室，然后分成两路：一路经换向器表面，电枢和主磁极之间的气隙及主磁极、换向器之间的间隙，到非换向器端；另一路经换向器套筒的内孔道、电枢铁心内部通风孔道和电枢后支架到非换向器端。两路汇合后，由后端盖的排风孔排出。

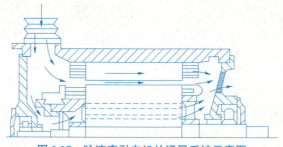

图 2.27　脉流牵引电机的通风系统示意图

这种通风系统，进风口开在换向器端，可以利用换向器处的空间，使进入电机内部的平行气流分布均匀。但是，从电刷磨下的碳粉容易堆积在电机各线圈的缝隙里，使线圈的绝缘电阻降低。

采用强迫式独立通风的牵引电机，内部的空气压力一般是大于大气压力的。电机工作时，电枢绕组后端接的"鼻部"起到了自通风的风扇作用，在靠近后端盖部轴承室附近的局部空间内的压力低于大气压力，形成负压，此负压与牵引电机转速的平方成正比。负压的产生可能使齿轮箱的润滑油吸入电机轴承室，并进一步窜入电机内部，损害电机绝缘并使轴承发热。为此，ZD105 型脉流牵引电机除在后端盖外加装油封外，还在后端盖上设有 8 个排风孔，使产生负压的空间与大气连通，防止了窜油，提高了脉流牵引电机运行的可靠性。

2）通风参数

脉流牵引电机采用强迫式独立通风时，为了使电机温升不超过允许值，必须引进一定的风量对电机进行冷却。引进风量太多，将大大增加通风辅助设备的容量；引进风量太少，又达不到预期的通风效果。冷却空气通过电机内各个风道时，均遇到阻力，要使一定的风量以一定的速度吹拂发热体的表面，必须在入风口处建立一定的风压，用来补偿电机内部风道中风阻引起的风压降。因此，风量、风压是牵引电机的主要通风参数。

脉流牵引电机的通风风量和进风口风压，常常以制成的实际电机的风量和风压为参考加以确定。一般持续容量为 600～800 kW 的脉流牵引电机，所需风量大致在 105～120 m³/min，进风口压力约为 1 100 Pa。

巩固练习

1. 电机某一部件的温度 t_2 与周围介质温度 t_1 之差，称为该部件的_____。

2. 降低稳定温升有两种方法，一是_____，二是_____。

3. 为了综合评价电机的发热和散热情况，在设计和使用电机时，通常以（　　　）作为评价电机性能的指标。

A. 温度　　　　　　　　　B. 损耗　　　　　　　　　C. 温升

4. 牵引电机根据其结构特点和运行特点，通常采用（　　　）。

A. 强迫式独立通风　　　B. 诱导通风　　　　　　C. 自通风

5. 绘制并分析脉流牵引电机的通风系统示意图。

任务 2.4 识别脉流牵引电机的铭牌

任务描述

电机是实现机电能量转换的机械，因此要由各种电量和机械量来表征其运行性能。本任务中，首先学习脉流牵引电机的定额和额定数据，并将其应用于 ZD105 型脉流牵引电机的铭牌认识中，同时还要学习脉流牵引电机为了适应运行要求而选用的电工材料及绝缘结构。

任务目标

1. 知识目标
① 明确牵引电机的定额和额定数据。
② 熟悉牵引电机常用的电工材料及绝缘结构。

2. 技能目标
① 能够通过脉流牵引电机的铭牌掌握其性能。
② 学会通过给定信息识别脉流牵引电机的铭牌。

任务实施

知识点 2.4.1 直流牵引电机的定额和额定数据

电机的定额就是由电机制造厂按照国家技术标准要求，对电机全部电量和机械量的数值以及运行方式所做的规定。电机的定额表示了电机的运行特点和工作能力。规定定额的目的是能在试验台上验证电机的性能，同时作为评价电机的依据，是对不同电机之间进行比较的基础，还是应用部门正确使用电机的依据。

1. 直流牵引电机的定额
机车用直流牵引电机的定额分为连续定额、小时定额、断续定额及等效定额 4 类，全部按定额运行称为额定运行。

① 连续定额。连续定额是相应于电机在试验台上，按温升试验所规定的条件连续运行，且温升不超过规定限值时所能承受负载的定额。

② 小时定额。小时定额是相应于电机在试验台上，按温升试验所规定的条件，从实际冷态开始运行 1 h，而温升不超过规定限值时所能承受负载的定额。

③ 断续定额。断续定额是相应于一系列完全相同的周期，每一周期包括一个或几个在规定负载值下的工作时间，根据情况，无论是否被一个停止时间所隔开，在长期运行以后，电机的温升不超过规定限值的定额。

④ **等效定额**。等效定额是断续定额的替代办法。它具有恒定电压、电流和转速值的连续或短时定额的作用，就温升而言，它与电机在实际使用中承受一系列断续的工作周期是等效的。根据机车运行特点，牵引电机负载的性质基本上是连续的和短时重复的。因此，牵引电机规定了两个定额，即连续定额和小时定额。

2. 直流牵引电机的额定数据

在规定定额下，制造厂对电机的每个电量或机械量所规定的数值，称为电机的额定数据。牵引电机所规定的两种定额下的额定数据含义如下。

1）额定小时功率（P_{Nh}）

额定小时功率是指牵引电机在规定的通风条件下，从实际冷态开始运行 1 h，各部件温升不超过允许值时，电机轴上输出的有效机械功率。

2）额定连续功率（$P_{\text{N}\infty}$）

牵引电机在连续定额功率下工作，经过较长时间运行以后，电机温升在允许范围内不再增加时，电机轴上输出的有效机械功率。

小时功率和连续功率在概念上的区别是：电机从实际冷态开始在小时功率下运行 1 h，损耗产生的热量主要被电机各部件所吸收。因此，小时功率的大小主要取决于电机热容量的大小。电机长时间运行后，损耗产生的热量全部由冷却介质散发出去。因此，连续功率取决于电机的散热能力，通风效果越好，散发出去的热量就越多，连续功率也越大。

3）额定电压（U_{N}）

额定电压是指在额定运行时电机的端电压。

由直流接触网直接供电的直流牵引电机，其额定电压等于接触网的额定电压。对于通过变压器降压—整流器整流—平波电抗器滤波后向脉流牵引电机供电的交—直型的电力机车，其牵引电机额定电压不受接触网电压的限制，可根据机车和牵引电机在设计和运用方面最经济、最可靠的条件来选择，由用户和制造厂协商决定。

为保证脉流牵引电机正常可靠运行，铁路部门规定了牵引电机的最高电压。对于由直流接触网供电的牵引电机，最高电压规定为额定电压的 1.2 倍；对于通过电力机车上变压器降压—整流器整流—平波电抗器滤波后供电的脉流牵引电机，最高电压规定为额定电压的 1.16 倍。

4）额定电流（I_{N}）

额定电流是指电机在额定运行时允许从电源输入的电流。牵引电机的额定电流与额定小时功率和额定连续功率相对应，有额定小时电流 I_{Nh} 和额定连续电流 $I_{\text{N}\infty}$ 之分，它们与功率、额定电压（U_{N}）的关系为：

$$I_{\text{Nh}} = \frac{P_{\text{Nh}}}{U_{\text{N}}\eta_{\text{h}}} \tag{2.31}$$

$$I_{\text{N}\infty} = \frac{P_{\text{N}\infty}}{U_{\text{N}}\eta_{\infty}} \tag{2.32}$$

式中：η_{h}——小时额定运行时的效率；

η_{∞}——连续额定运行时的效率。

电机使用过程中不允许超过的电流称为最大电流。对于牵引电机，最大电流规定为额定电流的两倍。

5）额定转速（n_N）

额定转速是指电机在额定运行时的转速。牵引电机的额定转速是指与机车额定速度相对应的电机转速（按机车轮箍处于"半磨耗"状态进行换算）。小时定额和连续定额下的额定转速分别为 n_{Nh} 和 $n_{N\infty}$。

牵引电机的最大转速是指与机车正常运行时的最大速度相对应的电机转速（按机车轮箍处于"半磨耗"状态进行换算）。

6）串励电动机的励磁率

串励电动机的励磁率是指励磁绕组中的安匝数与励磁绕组在相同电枢电流下所能得到的最大安匝数之比。

串励牵引电机的励磁条件规定如下：

① 当通过励磁绕组的电流等于电枢电流时，为满磁场。

② 当电动机以使用中允许的最大励磁率运行时，为最大磁场。

③ 当电动机以比最大磁场较小的励磁率运行时，为削弱磁场。

④ 当电动机以使用中允许的最小励磁率运行时，为最小磁场。

⑤ 当电动机励磁绕组无并联的固定分路时，最大磁场和满磁场相等。

3. 牵引电机的型号

我国对铁路干线机车、动车设计制造的电机型号做了如下规定：产品型号由产品代号、用途和设计代号、改型设计代号 3 部分组成，按如图 2.28 所示的顺序排列。

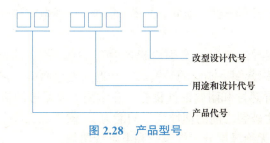

图 2.28　产品型号

① **产品代号**。用汉语拼音大写字母表示，由电流制代号和电机种类代号两个小节顺序组成，具体定为：J——交流；Z——直流（或脉流）；F——发电机；D——电动机；P——劈相机。

② **用途和设计代号**。由 3 位阿拉伯数字组成。左起第 1 位数字为电机用途代号，具体代号规定为：1——牵引电机；2——主发电机；3——辅助电动机；4——辅助发电机。第 2、3 位数字为设计代号，由归口单位按设计顺序给定。如 SS$_9$ 型电力机车采用的脉流牵引电机，其型号为 ZD115，设计顺序为 15 号。

③ **改型设计代号**。以汉语拼音字母表为序，标明改型的次序。对于第一次设计的产品，不标注改型设计代号。

对于现在生产的产品，可沿用原型号，但改型时必须申请新型号。

4. 铭牌

每台牵引电机都有一块铭牌，铭牌上标有该电机的型号、主要额定数据及绝缘等级、励磁方式等，铭牌示例如图 2.29 所示。

铁道部株洲电力机车工厂脉流牵引电动机						
电机型号	ZD105	定额	连续制	小时制	出厂日期 年 月	
技术条件	ZD10–000–000–JT	额定功率	800 kW	860 kW	质量	3 970 kg
励磁方式	串励	额定电压	1 020 V	1 020 V	最大电压	1 183 V
绝缘等级	H/F	额定电流	840 A	910 A	最大电流	1 200A
出厂序号	×××××	额定转速	960 r/min	940 r/min	最大转速	1 850 r/min
		额定磁场	96%	96%		

图 2.29　牵引电机铭牌示例

知识点 2.4.2　直流牵引电机常用的电工材料及绝缘结构

电力机车牵引电机对运行条件的要求十分苛刻，它不仅在体积、重量方面受到限制，而且在机车运行中还要承受来自轨道的冲击力，工作环境十分恶劣。因此，电工材料的选用对其运行性能、电气和机械强度有着非常重要的意义。

直流牵引电机常用的电工材料有导电材料、导磁材料和绝缘材料。

1. 导电材料

用来制造牵引电机绕组的导线、换向器的梯形铜排、引线电缆和电碳制品等均属导电材料。

1）导线

导线有铜导线和铝导线两种。牵引电机的绕组一般采用软铜导线，它是由含铜量在 99.9% 以上的纯铜（或称紫铜）制成的硬铜线，经退火处理而得。它具有导电性能好（仅次于银）、电阻系数小、导热性和耐腐蚀性良好，在常温下有足够的机械强度、良好的延展性（表示材料在受力而产生破裂之前的塑性变形的能力）、便于加工等一系列优点。

铜导线按外表面有无绝缘层分为裸铜线和电磁线两类。

（1）裸铜线。

裸铜线是一种表面没有绝缘层的导线。按其截面形状可分为扁铜线和圆铜线两种。扁铜线又可分为硬扁铜线（TBY）和软扁铜线（TBR）两种。牵引电机的主磁极绕组常用软扁铜线制成。

（2）电磁线。

电磁线是一种外表面带有绝缘层的导线。按耐热等级、绝缘材料类别、用途的不同可分为普通漆包线、耐高温漆包线、纤维漆包线及特种漆包线等。

牵引电机电枢绕组常用的电磁线有高强度聚酯漆包线、高强度聚酯亚胺漆包线、高强度聚酰亚胺漆包线、玻璃丝包线、玻璃丝包漆包线、高强度聚酰亚胺薄膜漆包线等。

2）梯形铜排

牵引电机的换向片采用由电解铜经冷拉成型的梯形铜排制成。在牵引电机中，为了提高换向片的耐磨性、耐弧性和力学性能，梯形铜排中常含有银、镉、铬、锆和稀土等。

3）电碳制品

电碳制品用来制造牵引电机的电刷，主要是由于它具有良好的导电性，极高的导热系数、耐高温，在有水蒸气的情况下，石墨具有以下优点：自润滑性好，化学稳定性好，只与很强的氧化剂作用。电碳制品分为碳质材料、碳－石墨材料、天然石墨材料、电化石墨质材料和金属－石墨质材料等 5 类基本材料。

脉流牵引电机运行状况是否良好，除取决于其设计和结构是否合理外，还与是否正确选用电刷的材料及结构有着密切的关系。

2. 导磁材料

用来制造牵引电机铁心的导磁材料主要是电工钢片。电磁性能好的电工钢片在一定的频率和磁感应强度下具有低的损耗，在一定的磁场强度下具有高的磁感应强度。此外，加工性能、尺寸公差和表面质量等也是衡量电工钢片质量的指标。

普通电工钢片是由硅钢锭轧制而成的，含硅量一般在 0.8%～4.8% 之间。电工钢片按轧制方法分为热轧和冷轧两种；按含硅量多少可分为低硅、中硅和高硅 3 种。电工钢片常用厚度有 0.35 mm 和 0.5 mm 两种。牵引电机的电枢铁心采用冷轧电工钢片，其厚度为0.5 mm。

3. 绝缘材料

牵引电机中使用有多种绝缘材料。由同一种或几种绝缘材料通过一定的工艺而组合在一起的结构称为绝缘结构。牵引电机中所用的绝缘材料和绝缘结构，其基本作用是把具有不同电位的各带电部件以及带电部件与机座、铁心等不带电的部件隔开，以确保电流能按规定的路径流通。

如果电机中带电部件与机座、铁心等不带电的部件之间的绝缘被破坏，叫作电机"接地"。若电机中电位不同的带电部件之间的绝缘状态被破坏，叫作电机"短路"。接地和短路都是电机的故障状态，严重的绝缘损坏将导致整个电机烧损。

1）绝缘材料的基本要求

为保证电机的可靠运行，避免发生接地或短路故障，对电机绝缘材料和绝缘结构的基本要求如下：

① 应有良好的介电性能，即具有较高的绝缘电阻和耐压强度。

② 应有良好的耐热性能，即不因长时间受热作用而失去它的介电性能和机械强度。

③ 应有良好的机械强度和耐磨性能。

④ 应有良好的导热性、防潮性等。

2）绝缘材料的分类

绝缘材料的种类很多，如天然绝缘材料和人工绝缘材料、有机绝缘材料和无机绝缘材料，或者用不同的绝缘材料组合而成的复合绝缘材料。绝缘材料也可根据产品形态分为以下 6 类：

① 漆、树脂和胶类。包括浸渍漆、覆盖漆和环氧树脂等。

② 浸渍纤维制品类。包括漆布、漆管和绑扎带等。

③ 层压制品类。包括层压板、层压管和层压棒等。

④ 塑料类。包括粉末塑料和玻璃纤维塑料等。

⑤ 云母制品类。包括云母带、云母板和云母箔等。

⑥ 薄膜、粘带和复合制品类。包括薄膜、粘带和各种复合制品等。

上述绝缘材料的性能和作用是不同的，但都是电机绝缘结构中常用的材料。牵引电机运行时，其绝缘结构经常受温度、湿度、大气中的氧气、电场及机械振动的作用，特别是在温度剧烈变化或在长时间的热作用下，会使绝缘材料的性能逐渐变坏，最终完全失去绝缘性能（这种现象称为绝缘材料老化）。因此，为了在同一工作温度下，合理地选用绝缘材料，使牵引电机能够长时间地可靠运行，通常将各种绝缘材料按其耐热性能来进行分级，也就是每一级的绝缘材料都规定了它的极限容许温度。如果牵引电机各部分的温度不超过所选用绝缘材料的极限容许温度，则该牵引电机能在足够长的年限内可靠运行。

绝缘材料的耐热等级如表 2.4 所示，表中极限容许温度是指电机绝缘结构中最热点的容许温度，绝缘级别的符号由国际电工协会规定。表 2.4 中只列举了牵引电机中常用的绝缘材料。各种绝缘材料的名称、型号、规格、耐热等级、性能指标和主要用途可在电工手册或产品目录中查到。

表 2.4　绝缘材料的耐热等级

级别	极限容许温度 /℃	绝缘材料类别和名称	用于牵引电机中的绝缘材料的名称
B	130	① 以云母片和粉云母纸为基础的材料； ② 聚酯薄膜和纤维； ③ 玻璃纤维； ④ 以矿物作填料的热硬性合成胶（环氧聚酯等）	① 醇酸玻璃云母带； ② 环氧玻璃粉云母带； ③ 玻璃柔软云母板； ④ 醇酸玻璃柔软云母板； ⑤ 环氧换向器粉云母板； ⑥ 聚酯漆包线； ⑦ 酚醛玻璃布板； ⑧ 三聚氰胺醇酸漆； ⑨ 环氧聚酯酚醛层压玻璃布板； ⑩ 环氧聚酯酚醛无溶剂漆； ⑪ 聚酯薄膜聚酯纤维纸复合箔（简称 DMD）； ⑫ 醇酸玻璃漆布； ⑬ 聚酯薄膜玻璃漆布复合箔
F	155	① 以环氧为基础的玻璃云母制品； ② 芳香聚酰胺纤维纸的复合材料	① 硅有机环氧玻璃布板； ② 聚酯薄膜耐高温合成纤维复合箔（简称 NMN）； ③ 环氧酚醛上胶玻璃漆布； ④ 耐高温合成纤维纸； ⑤ 环氧酚醛层压玻璃布板； ⑥ 不饱和聚酯无溶剂漆； ⑦ 聚酯浸渍漆； ⑧ 硅有机塑型云母板

级别	极限容许温度 /℃	绝缘材料类别和名称	用于牵引电机中的绝缘材料的名称
H	180	① 硅有机漆和硅有机云母制品； ② 硅有机橡胶制品； ③ 聚酰亚胺薄膜的合成制品； ④ 硅有机玻璃制品	① 硅有机玻璃云母带； ② 硅有机玻璃粉云母带； ③ 硅有机柔软云母板； ④ 硅有机玻璃粘带； ⑤ 硅有机玻璃布带； ⑥ 硅有机浸渍漆； ⑦ 硅有机石棉塑料； ⑧ 聚酰亚胺薄膜； ⑨ 聚酰亚胺漆包线； ⑩ 聚酰亚胺薄膜耐高温合成纤维纸复合箔（简称 NHN）； ⑪ 耐高温合成纤维纸； ⑫ 聚二苯醚层压玻璃布板； ⑬ 聚酰亚胺层压玻璃布板
C	>180	① 聚二苯醚制品； ② 聚四氟乙烯； ③ 聚酰亚胺或耐高温的硅有机漆包线	① 二苯醚云母板； ② 聚酰亚胺浸渍漆； ③ 聚酰亚胺薄膜

4. 牵引电机的绝缘结构

1）匝间绝缘

匝间绝缘是指同一线圈的各个线匝之间的绝缘，其作用是将牵引电机各绕组中电位不同的导体互相隔开，以免发生匝间短路。这一类的绝缘有主磁极绕组和换向极绕组的匝间绝缘、电枢绕组的匝间绝缘及换向片的片间绝缘等。因为匝间的电位差不大，因此匝间绝缘所包扎的层数不多，也较薄。一般情况下，匝间绝缘只需包扎一层或仅靠导线本身所带绝缘（如漆包线、单丝或双丝高强度漆包线及薄膜导线等）即可。对于扁铜线绕制的线圈，也只需垫 2～3 层漆布或复合绝缘。但匝间绝缘是牵引电机绝缘结构中比较薄弱的环节，因此在线圈包扎成型或嵌线装配时，必须保证不能损伤匝间绝缘。

2）层间绝缘

层间绝缘是指线圈上下层之间的绝缘，其作用是防止线圈上下层之间由于绝缘层损坏而引起层间短路。这一类的绝缘结构有分层平绕的主磁极绕组各层间的绝缘、电枢绕组前后端节部分及槽内部分上下层之间的绝缘等。

3）对地绝缘

对地绝缘是指牵引电机各绕组对机座和其他不带电部件之间的绝缘，其作用是把电机中带电部件与机座、铁心等不带电部件隔离开，以免发生对地击穿。这一类的绝缘有主磁极绕组和换向极绕组的对地绝缘、电枢绕组的对地绝缘及换向器的对地绝缘等。

电枢绕组在嵌线前预先放入槽内的槽衬绝缘和槽底垫条，称为槽绝缘，在绕组端部的为端部绝缘，在绕组端部与电枢前压圈之间的绝缘一般称为支架绝缘，这些都是对地绝缘。对地绝缘是牵引电机的主绝缘，它的工作电压较高，所以它的电性能和热性能必须满足牵引电机运行的要求。对地绝缘的层数和厚度，取决于绝缘材料本身的电气性能和牵引电机的额定工作电压。在绝缘材料具有一定电气强度的条件下，牵引电机的额定工作电压越高，要求对地绝缘包扎的层数（或绝缘厚度）也越多。

4）外包绝缘

外包绝缘是指包在对地绝缘外面的绝缘，其作用主要是保护对地绝缘免受机械损伤并使整个线圈结实、平整。当然，外包绝缘也对对地绝缘起到了补强作用。

5）填充绝缘及衬垫绝缘

填充绝缘主要用于填充绕组的空隙，使整个绕组牢固地形成一个整体，减少振动，也使绕组成型规矩、平整，以利于包扎对地绝缘，也有利于散热。衬垫绝缘的主要作用是保护绝缘结构在工艺操作时免受机械损伤。

6）换向器绝缘

换向器绝缘包括换向片的片间绝缘和换向片组对地绝缘。换向器的主绝缘是换向片组和压圈间的 V 形云母环及云母套筒，它们通常由多层优质虫胶塑型云母板经烘压压制而成，其厚度取决于牵引电机的额定工作电压。

知识点 2.4.3　ZD105 型脉流牵引电机的主要技术参数

ZD105 型脉流牵引电机是 SS₄ 型电力机车和 SS₄ 改型大功率干线电力机车的主电动机，是带补偿绕组（跨嵌在相邻两个主磁极靴槽内，用来改善脉流牵引电机换向）的 6 极、串励、脉流牵引电机，其主要技术参数如下：

额定计算工况	连续制
额定功率	800 kW
额定电压	1 020 V
额定电流	840 A
额定转速	960 r/min
最高电压	1 180 V
最大电流	1 200 A
最大转速	1 850 r/min
极对数	3
励磁方式	串励，固定
固定磁场削弱系数	96%
最深磁场削弱系数	45%
冷却方式	强迫通风
通风量	135 m³/min
传动方式	双侧斜齿轮传动
齿轮传动比	4.19
齿轮中心距	604 mm

电枢外径	660 mm
电枢长度	360 mm
电枢槽数	93
每槽元件数	4
槽形尺寸	9.4 mm × 42.8 mm
电枢导体布置	交叉竖放
电枢绕组型式	单叠绕组
换向器直径	540 mm
换向器工作面长度	128 mm
换向片数	372
刷握数	6
每刷握电刷数	3
电刷尺寸	22 mm × 36 mm × 50 mm
主磁极气隙	5 mm
主磁极绕组绕制形式	扁绕压弧
主磁极线圈匝数	11
换向气隙（第一气隙 / 第二气隙）	10/7.5 mm
换向极线圈匝数	6
补偿线圈匝数	8
电机效率	94.05%
电机质量	3 970 kg

巩固练习

1. 在直流牵引电机产品代号中，J 代表_____，Z 代表_____，F 代表_____，D 代表_____，P 代表_____。

2. 直流牵引电机规定了 4 个定额，分别是:_____、_____、_____ 和_____。

3. 直流牵引电机常用的电工材料有_____、_____和_____。

4. 直流牵引电机的换向片采用由电解铜经冷拉成型的_____制成。

5. 直流牵引电机的电刷采用_____制成。

6. ZD105 型牵引电机是_____型电力机车的牵引电机，ZD115 型牵引电机是_____型电力机车的牵引电机。

任务 2.5 ZD105A 型脉流牵引电机的不拆卸检修

任务描述

电力机车牵引电机经过一段时间运用后，不可避免地出现一些损伤。即各零部件会发生不同程度的自然磨损，若不能及时、准确地对牵引电机进行保养和检修，会加速局部故障的扩大或部件损坏，甚至引发事故，造成牵引电机烧损。所以，本任务以 SS_4 改型电力机车采用的 ZD105A 型脉流牵引电机为例，首先学习牵引电机的基本结构，然后对牵引电机进行不拆卸检修。

任务目标

1. 知识目标

① 掌握 ZD105A 型脉流牵引电机的基本技术参数。

② 掌握 ZD105A 型脉流牵引电机的结构特点。

2. 技能目标

学会 ZD105A 型脉流牵引电机的不拆卸检修流程。

任务实施

知识点 2.5.1   ZD105A 型脉流牵引电机的技术参数与结构

任务 2.5.1 ZD105A 型脉流牵引电机的基本结构微课视频

1. 技术参数

ZD105A 型脉流牵引电机的技术参数与 ZD105 型相同，参见知识点 2.4.3。

2. 结构特点

ZD105A 型牵引电机配属 SS_4 改型电力机车，每台机车安装 8 台电机，其外形如图 2.30 所示。ZD105A 型牵引电机具有以下结构特点：

① 每台牵引电机一侧通过滑动抱轴瓦支承在机车的轮对上，另一侧通过吊杆座悬挂在转向架的横梁上。

② 机车牵引力是由牵引电机产生的，它通过双侧斜齿轮减速装置传送给车轴。

③ 采用强迫通风，由专用通风机提供冷却风。

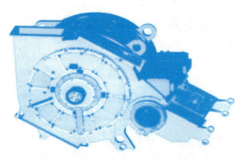

图 2.30 ZD105 型脉流牵引电机的外形

④ 采用六极串极绕组，并带有换向极和补偿绕组。

⑤ 其定子和电枢经过无溶剂真空压力浸漆处理。

⑥ 其换向器升高片（换向片和电枢绕组元件连接的部分叫升高片）与电枢绕组采用氩弧焊接，电枢绕组前后端采用玻璃纤维无纬带绑扎，以保证牵引电机的运行可靠性。

⑦ 其主磁极绕组与铁心采用环氧胶浇注成一体化结构，以提高可靠性。

3. 基本结构

ZD105A 型脉流牵引电机的结构与普通直流电机基本相同，主要由静止的定子和旋转的转子两大部分组成。定子的作用是产生磁场，提供磁路，并作为牵引电机的机械支撑。转子的作用是产生感应电动势和电磁转矩，从而实现能量转换。转子通过电枢轴承与定子保持相对位置，使两者之间有一个间隙，称为气隙。此外，脉流牵引电机还有以下装置：一套电刷装置，电刷与换向器接触，以实现电枢电路与外电路的连接；一个抱轴油箱，用来给抱轴式悬挂的 ZD105A 型牵引电机抱轴轴承提供润滑油脂；一个出线盒，用来固定 ZD105A 型牵引电机的 4 根引出线（换向器端 2 根，非换向器端 2 根）。

脉流牵引电机由于发热严重，换向困难，所以它的某些部件具有特殊的结构型式。图 2.31 为 SS$_4$ 改型电力机车采用的 ZD105A 型脉流牵引电机的结构图。

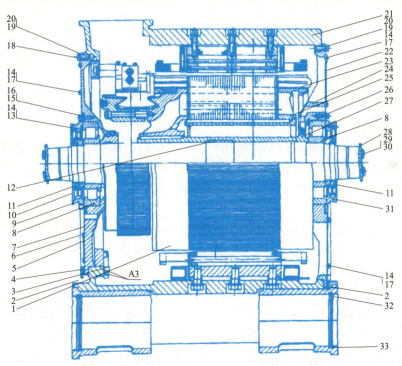

1—转子装配；2—油杯；3—刷架圈定位装置；4—油管夹；5—前端盖盖板；6—排油管；7—前端盖；8—轴承；9—前端轴承盖；10—前端外盖；11—封环；12—电枢支架；13—螺栓；14—弹簧垫圈；15—螺栓；16—弹性垫圈；17—螺栓；18—刷架装置；19—螺栓；20—弹簧垫圈；21—定子装配；22—后端盖网孔盖板；23—预成型后支架绝缘；24—后端盖；25—电枢支架；26—后端内轴承盖；27—封环；28—挡板；29—螺栓；30—止动垫圈；31—后端轴承盖；32—上抱轴瓦；33—下抱轴瓦。

（a）纵剖面图

图 2.31 ZD105A 型脉流牵引电机的结构图

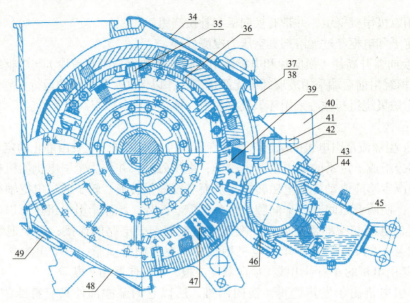

34—上观察孔盖；35—刷握装置；36—补偿绕组；37—轴；38—开口销；39—主磁极一体化装配；40—出线盒；41—接线板；42—绝缘板；43—螺栓；44—弹簧垫圈；45—油箱；46—键；47—换向极一体化装配；48—下观察孔盖；49—吊杆座。

（b）横剖面图

图 2.31　ZD105A 型脉流牵引电机的结构图（续）

1）定子

定子由机座、主磁极（主磁极铁心和主磁极绕组）、换向极（换向极铁心、换向极绕组）、补偿绕组组成，其外形如图 2.32 所示。主磁极绕组分为交叉和开口两种形式。主磁极绕组、换向极绕组与铁心采用环氧胶浇注成一体化结构，通过螺栓将主磁极铁心和换向极铁心固定在机座上。补偿绕组整体嵌放在主磁极极靴的平行槽内，绕组之间的连线通过螺栓固定。定子组装完成后，整体采用真空压力浸漆处理。

2）转子

转子由转轴、电枢（电枢铁心和电枢绕组）、换向器、电枢轴承等组成，其外形如图 2.33 所示。

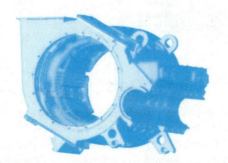

图 2.32　ZD105A 型脉流牵引电机定子外形

图 2.33　ZD105A 型脉流牵引电机转子外形

当电枢在磁场中旋转时，定子上的 N、S 极磁通交替穿过电枢铁心，使电枢铁心中产生涡流和磁滞损耗。为了减少这些损耗的影响，电枢铁心通常用 0.5 mm 厚带绝缘层的冷轧电工钢片叠压而成，图 2.34 为牵引电机电枢冲片的一种结构形式。电枢冲片上冲有电枢槽、轴孔、通风孔、键槽和标记孔。

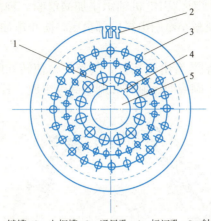

1—键槽；2—电枢槽；3—通风孔；4—标记孔；5—轴孔。

图 2.34　牵引电机电枢冲片的一种形式

电枢铁心安放在预先热套于转轴的电枢支架上。换向器直接压装于转轴上。

电枢绕组由许多绕组元件组成，绕组元件通常采用单丝或双丝薄膜导线制成。在牵引电机中，通常采用单叠单匝绕组元件，且安装有均压线。

换向器由很多相互绝缘的换向片组合而成，有多种形式，现代牵引电机大多采用如图 2.35 所示的拱式换向器。

拱式换向器的主要零部件包括换向片、云母片、V 形云母环、绝缘套筒、换向器套筒、压圈等，所有零部件全部固定在换向器套筒上，然后将换向器套筒装配在转轴上。

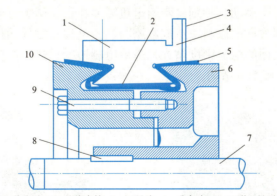

1—换向片；2—绝缘套筒；3—云母片；4—升高片；5—V 形云母环；
6—换向器套筒；7—转轴；8—键；9—换向器螺栓；10—压圈。

图 2.35　拱式换向器

换向片是换向器的导电部分，其工作表面与电刷滑动接触，既要传导电流，又要承受离心力、热应力、摩擦力、电火花和电弧作用，因此，换向片应具有良好的导电性能、导热性能、耐磨性能、耐弧性能和机械性能。在牵引电机中，换向片采用含少量银的梯形铜排制成。换向片与电刷接触的部分称为工作部分，换向片上与电枢绕组元件连接的部分称为升高片，绕组元件引出线嵌入升高片槽中，采用非熔化极惰性气体保护电弧焊。

电枢两侧轴承均采用型号为 4E42330EQTY 的滚动轴承。前后端盖上各装有轴承加油管，油管头部装有油杯，以便对牵引电机轴承添加润滑脂。轴承油封结构为迷宫式，端盖筋部开有通大气孔通道，以便减小牵引电机内部负压，防止窜油现象。

3）电刷装置

脉流牵引电机的换向器端装有电刷装置，其作用是使转动的电枢绕组与外电路连接起来。电刷装置由电刷、刷握、刷握架、刷杆和刷架圈等组成，其剖面图如图 2.36 所示。

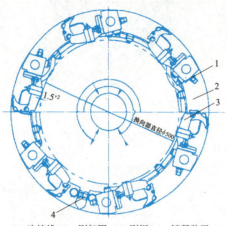

1—连接线；2—刷架圈；3—刷握；4—锁紧装置。

图 2.36　电刷装置剖面图

刷握由刷盒（刷握体）和弹簧压力装置组成，如图 2.37 和图 2.38 所示。刷盒用机械强度较高的硅黄铜制成。电刷在刷盒中应能自由地上下移动，但不应有过大的间隙。过大的间隙会造成电刷在刷盒中摆动，特别是牵引电机需要在正反两个方向旋转，间隙过大会使电刷在刷盒中产生不同方向的倾斜，造成电刷与刷盒壁边接触处的局部磨损；同时，使电刷与换向器局部接触表面的电流密度增大，造成电刷边缘过热和换向恶化。所以，牵引电机的电刷和刷盒的尺寸应十分精确。

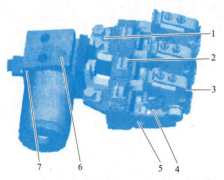

1—电刷；2—压指；3—弹簧；4—刷盒；
5—垫片；6—刷握座；7—刷杆。

图 2.37　刷握的结构

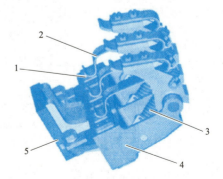

1—电刷；2—压指；3—弹簧；4—刷盒；
5—刷握座。

图 2.38　刷盒装配

ZD105A 型脉流牵引电机为 6 极电机，有 6 个刷握，每个刷盒（如图 2.11 所示）固定在刷杆座上，刷盒通过 2 个绝缘杆固定在刷架圈上，刷架圈通过胀紧装置固定在机座止口上，如图 2.39 所示。每个刷盒放置三副电刷，一台牵引电机共计 18 副电刷，电刷牌号为 D374B。当检查电刷或更换电刷时，必须正确操作胀紧装置才能转动刷架圈，刷架圈和机座的相对位置（中性位）是通过定位装置来实现的。

图 2.39 ZD105A 型脉流牵引电机刷架装置

4）抱轴油箱

ZD105A 型脉流牵引电机的抱轴油箱如图 2.40 所示。

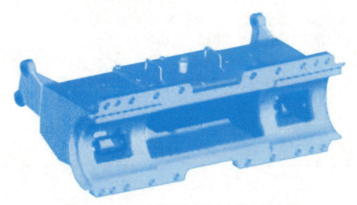

图 2.40 ZD105A 型脉流牵引电机的抱轴油箱

抱轴油箱含有左右两个主油箱和一个处于中间位置的副油箱。油箱通过左右各一个抱轴瓦支撑在轮对上，提供润滑油的纯毛线安装在集油器上，集油器又固定在油箱底座凸台上，中间的副油箱存放着润滑油。当主油箱的润滑油的油位由于消耗而低于副油箱的排油口时，因为一部分空气通过排油口进入副油箱内，使副油箱润滑油流入主油箱内，因此在运行中副油箱会不断地向主油箱补充所消耗的油，以维持主油箱的油位恒定。

5）出线盒

出线盒安放在机座油箱上方左右两侧，其外形如图 2.41 所示。引出线固定在绝缘杆上，固定机车引出线的引线夹装在接线盒外侧，在引线夹内侧面以及盒盖的内面粘贴有密封垫，以防止灰尘进入接线盒内。

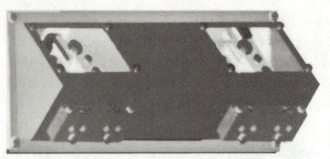

图 2.41　ZD105A 型脉流牵引电机的出线盒

知识点 2.5.2　ZD105A 型脉流牵引电机的检修准备工作

任务 2.5.2 ZD105A 型
脉流牵引电机的检修
准备工作微课视频

为了保证牵引电机长期安全连续运行，日常的维护和周期性检查是很重要的，维护周期和步骤取决于材料结构和工作条件，以下是最基本的检修准备工作。

1. 检修用材料及备件的准备

1）通用材料

汽油、棉丝、白布（或绸布）、砂布、轴承润滑脂、中性金属洗涤剂、红丹粉、金刚砂（0# 以下）、绝缘漆、酒精、无纬带。

2）备品的准备

根据实际情况选定备用部件和材料数量。

2. 检修用专用工具和器具

检修用专用工具和器具见表 2.5。

表 2.5　检修用专用工具和器具

序号	工具名称	用途	数量
1	油注入器	用于取小齿轮	1
2	封环拉出器	用于拉出封环	1
3	轴承内套、内封环拉出器	用于拉出轴承内套、内封环	1
4	刷架圈转动专用工具	用于转动刷架圈	1
5	刷架胀紧装置扳手	用于刷架装置的固定	1
6	清槽倒角刀	用于换向器云母槽倒角	1
7	感应加热器	用于轴承外套的装配	1
8	高频脉冲试验机	用于定子、电枢匝间检测	1
9	TZ 型接触电阻测试仪	用于测量片间电阻值	1
10	TY 型绝缘介损测试仪	用于线圈的绝缘介损测试	1
11	1 000 V 摇表	用于绝缘电阻的测试	1
12	电刷压力测试仪	用于测试电刷压力	1

续表

序号	工具名称	用途	数量
13	中性位测试仪	用于刷架装置中性位的测试	1
14	刷盒校正模及校正杆	用于刷架、刷盒等的安装	1
15	电机翻转装置	用于电机 90° 翻转	1
16	电机空转试验台	用于电机空转试验	1
17	电机回馈试验台	用于电机负载试验	1
18	电枢翻转工具	用于电枢的平放	1

知识点 2.5.3　ZD105A 型脉流牵引电机的不拆卸检修程序

ZD105A 型脉流牵引电机不拆卸检查流程如图 2.42 所示。

任务 2.5.3 ZD105A 型脉流牵引电机的不拆卸检修程序微课视频

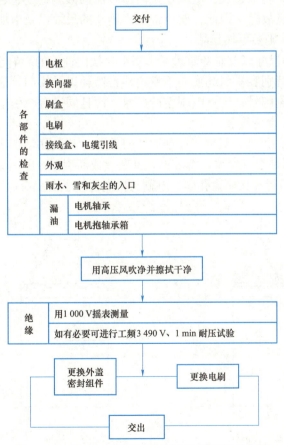

图 2.42　ZD105A 型脉流牵引电机不拆卸检查流程

1. 刷盒和电刷的检查

刷盒和电刷是对牵引电机换向性能影响很大的部件，为了保证正常运行，对它们进行正确的维护是十分重要的。

① 绝缘杆（电刷刷杆表面的一个厚度约 3 mm 的聚四氟乙烯套）表面脏污会引起缓慢的短路。因此，对绝缘杆表面聚四氟乙烯套应经常用浸过纯汽油或无水酒精的白布进行擦拭。如果绝缘杆表面因火花的原因而变得粗糙，应该用 0# 以下的金刚砂纸或抛光纸进行磨光；如果表面损坏极其严重以致无法磨光，或者绝缘杆上出现裂纹，脏物无法清除，则要进行更新。

② 直流电机在运行中，如果外部灰尘或电刷本身磨损产生的碳粉等进入到刷盒孔内，则电刷容易被卡死，上下活动不灵活，因而会造成电刷与换向器表面接触不良，引起换向不良，并经常出现闪络现象（闪络现象指固体绝缘子周围的气体或液体电介质被击穿时，沿固体绝缘子表面放电的现象）和飞弧现象（飞弧现象指在高低电压两电极之间产生的非正常直接放电现象）。因此检查刷盒时，要用高压风吹去刷盒内的粉尘，并用干净的白布仔细擦拭。

③ 随着电机的运行，电刷与刷盒壁的摩擦会引起刷盒与电刷之间间隙的增大，使得电刷在刷盒中逐渐倾斜。间隙越大，电刷在换向器表面的倾斜程度也越大，偏心状态就越严重，容易造成换向不良故障。因此，要经常检查刷盒的尺寸以及电刷尺寸，如果刷盒的磨损超过最大磨损限度，则要更换新品。

④ 电刷的材料和尺寸以及制造质量对牵引电机换向性能的影响也很大，如果使用不同材料或牌号的电刷，特别容易引起换向不良、异常磨耗以及换向器表面的损坏。因此，必须使用图纸规定的电刷牌号，定点电刷生产厂家，而且同一台牵引电机应安装同一牌号同一厂家生产的电刷，不允许混装。

⑤ 定期检查电刷的尺寸，具体尺寸如图 2.43 所示，以便用至下次检查。

⑥ 经常检查电刷是否有裂纹，引线不允许断丝或断裂，电刷引线接头部位不得有任何松动、脱落等，电刷不得卡在刷盒孔内，电刷与换向器接触面积应达到 85% 以上。

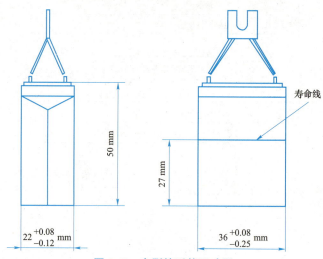

图 2.43　电刷的形状尺寸图

⑦ 请勿从手上突然放开电刷压指，否则电刷可能会断裂或损坏弹簧压指，因此，请轻轻的把电刷压指放到电刷上。

⑧　检查刷盒和电刷时，应该用专用工具将刷架圈转动至机座下方观察孔窗口，刷盒和电刷的检查步骤如图 2.44 所示。

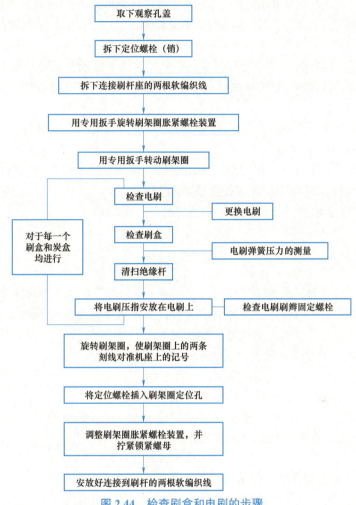

图 2.44　检查刷盒和电刷的步骤

2. 换向器的检查

换向器是直流电机关键部件之一，它的表面状态直接影响直流电机的运行状态。一个质量良好的直流（脉流）牵引电机，其换向器表面在各种运行工况下都应保持稳定的正圆柱面，圆面必须同心，而且在电刷接触面上必须形成一层均匀光亮的换向器氧化膜，这是直流（脉流）牵引电机良好运行的重要条件。换向器表面良好的氧化膜颜色应是淡褐色至亮黑色并能反射出光泽。如果颜色从铜色变到深棕色或深褐色，但氧化膜稳定、均匀、光亮，而且电刷运行良好，这种情况属于正常，不必担心换向器表面的氧化膜颜色问题。

3. 电枢轴承的检查

电枢轴承是一种重要旋转部件，必须保持良好的润滑状态，所以电枢轴承的日常维护十分重要。在一般检查中，可检查轴承异常声音、漏油情况等，在中修时要全部更换润滑脂。

1）轴承运转的声音

① 机车运行时，须注意牵引电机的运转声音，如果发现有异常声音或振动，应立即停止运行，并拆下牵引电机仔细检查。

② 当牵引电机从机车上拆下后，应进行空载运转试验，并检查异常声音。检查异常声音时，将检测杆放置于二端最靠近轴承的轴承盖外侧。

2）补充润滑脂

① 在机车正常运行时，至少应保证 3～6 个月对每个轴承补充油脂量 120～150 g，各用户可以根据具体运行情况（如漏油程度、运行距离等）制定补油计划，如补油的时间和油量。

② 在中修（机车走行 40 万～50 万 km 时，需进行以更换主要部件为主的完善性全面修理）时，应全部更换新油脂。

③ 对于长期（半年以上）保管后的备用电机，以及发生不可预测的自然灾害，作为应急措施而认为需要补充润滑脂时，应补充油脂约 150 g。

④ 补充的油脂必须和组装时使用的油脂牌号、厂家一致。

巩固练习

1. 在机车正常运行时，至少应保证_____个月对每个轴承补充油脂量约_____。

2. ZD105A 型牵引电机为了提高运行可靠性，主磁级绕组与铁心采用_____结构。

3. ZD105A 型牵引电机的电刷高度（含压块）为_____。

4. 牵引电机的电刷与换向器接触面积应大于_____。

5. 刷握由_____和_____组成。

6. SS₄ 改型电力机车牵引电机的悬挂方式为（　　　）。

A. 抱轴瓦式悬挂　　　　　　B. 刚性架承式悬挂　　　　　　C. 架承式全悬挂

7. SS₄ 改型电力机车牵引电机传动方式为（　　　）。

A. 双侧直齿轮传动　　　　　B. 双侧斜齿轮传动　　　　　　C. 单边直齿六连杆空心轴传动

8. 正常的换向器表面薄膜应该是（　　　）。

A. 红色　　　　　　　　　　B. 黑色　　　　　　　　　　　C. 棕褐

✈ 育人案例：大国工匠——"机车神医"张如意

张如意在中车大连机车车辆有限公司被誉为"机车神医"，他曾参与了和谐号、复兴号所有机车首发车型的调试，把机车安全送出了国门，做到了技能报国。从张如意的身上我们看到了以下闪光点。

精益求精　作为机车出厂调试人员，其职责是把握好机车出厂的最后一道关卡。要做好这个工作，就要清楚机车各部件的作用以及机车电气系统的工作原理。当张如意从一个电工转变为机车技术人才后，面对新岗位、新要求，张如意明白自己要学习的专业知识有很多，遇到问题会及时向设计部门的同志学习，拉着翻译与国外专家进行交流，经过日积月累的学习，最终成为了掌握电力机车世界先进技术的专家型人才。

持之以恒　张如意在师傅眼中是可造之材，经过师傅的推荐，他来到了调试车间。从一名普通电工成为一名机车调试专家，一干就是 16 年。他持之以恒，凭借着勇攀高峰的精神，慢慢掌握了调试机车的诀窍，搞清了机车电气系统的工作原理，经过长时间地学习机车主变压器的工作原理，张如意成为了使用软件分析机车主变压器接地故障的第一人。

爱岗敬业　张如意从老师傅们身上传承了"干一行，爱一行，专一行"的精神，在工作中力求完美，对于自己的徒弟，张如意把自己所掌握的窍门、秘诀认真细心地讲给徒弟们听，徒弟们心领神会，工作特别认真，凡事都会按照操作流程来。张如意的徒弟说："师傅的技术让我们特别佩服。我们都会学习他对工作认真负责的态度，师傅经常跟我们说，工作要严格按照操作规程来，容不得半点马虎。"

思考:

靠着传承和钻研，凭着专注和坚守，大国工匠们尽职尽责，在自己的岗位中发光发热。请大家谈一谈如何在以后的工作中体现出这些工匠精神。

变压器在电力机车中的应用与检修

>>> 项目简介

　　主变压器又称为牵引变压器，是电力传动机车中的重要电气设备，用来将从接触网上取得的单相工频交流 25 kV 高压电变为机车各电路所需的电压。主变压器的工作原理与普通单相降压电力变压器基本相同，但由于其工作条件特殊，特别是为了满足机车调压、整流电路的特殊要求，故主变压器在其设计及结构型式上均有自身的特点。本项目以目前应用较广的 SS₄ 改型电力机车和 HXD₃ 型电力机车使用的主变压器为例来介绍主变压器在电力机车中的应用，并简单介绍主变压器的检修。

>>> 项目教学目标

1. 育人目标

　　① 通过对变压器在电力机车中应用的介绍，培养学生热爱乘务员岗位，激发学生的学习热情。

　　② 通过"教、学、做"一体化教学方式，让学生理论联系实际，重视技能训练、按规范操作。培养学生多角度看待问题的能力，培养学生"提高技能，精心操作"的铁路职业道德，使学生养成勤学好问、刻苦钻研，不断攀登技术高峰的习惯。

　　③ 学习中融入"最美铁路人"先进事迹，培养学生勤学苦练、精益求精、不断进取的职业精神。

2. 知识目标

　　① 掌握主变压器的结构。

　　② 理解变压器的工作原理。

　　③ 熟记变压器的变压比计算公式。

　　④ 掌握 SS₄ 改型电力机车主变压器的结构特点。

　　⑤ 掌握主变压器日常检修要求。

3. 技能目标

　　① 能够识别主变压器的主要部件。

　　② 能够绘制并分析变压器的工作原理。

　　③ 能够运用变压器铭牌值进行简单计算。

　　④ 学会主变压器在电力机车中的应用。

⑤ 能够进行主变压器的日常检修与维护。

➤ 课时建议：8 课时

任务 3.1 变压器的
拆装微课视频

任务 3.1　变压器的拆装

任务描述

首先对普通变压器进行直观认知，然后学习主变压器的基本结构，让同学们在认知变压器内部结构、铭牌的同时，具备一定的变压器拆装能力。

任务目标

1. 知识目标

① 掌握主变压器的基本结构。

② 熟悉变压器的铭牌。

2. 技能目标

① 学会变压器的拆装流程。

② 能够通过变压器的铭牌了解变压器的性能。

③ 能够进行简单的变压器额定值计算。

任务实施

知识点 3.1.1　变压器的基本结构

变压器是根据电磁感应原理制造的一种静止的电气设备，它可以将某一数值的交变电压变换为同一频率的另一数值的交变电压。变压器不仅对电力系统中电能的传输、分配和安全使用有重要意义，而且广泛用于电气控制领域、电子技术领域、测试技术领域、焊接技术领域等。

变压器主要由铁心和绕组两个基本部分组成，对于电力变压器和机车的主变压器，还有油箱、绝缘套管等辅助设备。

1. 铁心

铁心构成变压器的磁路系统，并且是变压器的机械骨架，它由铁心柱（柱上套装绕组）、铁轭（连接铁心以形成闭合磁路）组成，其结构如图 3.1 所示。

小型变压器铁心截面为矩形或方形，大型变压器铁心截面为阶梯型，目的是充分利用空间。铁心通常采用硅钢片叠成，片与片之间进行绝缘，目的是减小涡流和磁滞损耗，提高磁路的导磁性。国产低损耗节能变压器均采用冷轧晶粒取向硅钢片，表面采用氧化膜绝缘。

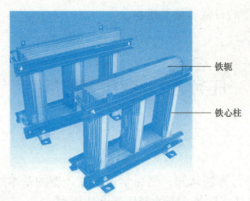

图 3.1　变压器铁心的结构

　　铁心的基本形式有心式和壳式两种。心式变压器的特点是绕组包围铁心，结构比较简单，适用于电压较高的情形。我国生产的单相和三相电力变压器多采用心式结构铁心。壳式变压器的特点是铁心包围绕组，散热比较容易，机械强度比较高，适用于电流较大的情形，如电焊变压器、电炉变压器等，小容量的电源变压器也采用壳式铁心结构。近年来，发展了一种渐开线式铁心，铁心柱由硅钢片卷成渐开线的形状，然后叠成圆柱形铁心柱，叠装比较方便。

　　铁轭用带状硅钢片卷成，容易实现生产机械化。渐开线式铁心的三相磁路对称，节省材料，但空载电流较大。

2. 绕组

　　绕组构成变压器的电路部分，小型变压器的绕组一般用具有绝缘的漆包圆铜线绕制而成，容量稍大的变压器的绕组则采用扁铜线或扁铝线绕制。装配时低压绕组靠近铁心，高压绕组套在低压绕组外面，高低压绕组间设置油道（或气道），以加强绝缘和散热。

　　根据高压绕组和低压绕组的相对位置，变压器可分为同心式和交迭式两种类型，如图 3.2 所示。

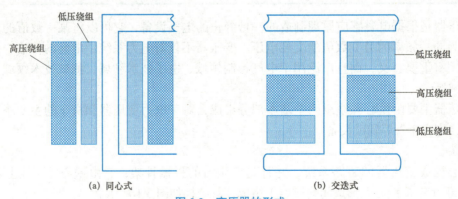

(a) 同心式　　　　　(b) 交迭式

图 3.2　变压器的形式

　　同心式变压器的高低压绕组同心地套装在铁心柱上，为了便于绝缘，一般将低压绕组套在里层、高压绕组套在外层。低压绕组与铁心之间、低压绕组与高压绕组之间进行绝缘。同心式绕组结构简单，制造方便，国产电力变压器均采用这种结构。

交迭式变压器的高压绕组和低压绕组都做成饼状，交替地套在铁心柱上，一般将低压绕组靠近铁轭，通常用于低电压、大电流的电焊变压器和电炉变压器。

3. 油箱

除了干式变压器以外，电力变压器的器身都放在油箱中，油箱内充满变压器油，其目的是提高绝缘强度（因变压器油绝缘性能比空气好）、加强散热。

4. 绝缘套管

变压器的引线从油箱内穿过油箱盖时，必须经过绝缘套管，以使高压引线和接地的油箱绝缘。绝缘套管一般是瓷质的，为了增加爬电距离，套管外形做成多级伞形，$10\sim35$ kV 套管采用充油结构。

知识点 3.1.2 主变压器的特点和基本结构

1. 主变压器的特点

与机车其他部件比较，主变压器体积大、质量大，一般都安装在机车中部，一部分在车体内，一部分在车体底架下部。

主变压器的特点大致可归纳为以下几个方面：

1）绕组多

为满足机车调压及辅助设备用电需要，主变压器除同侧高压绕组外，二次侧低压绕组有：牵引绕组、辅助绕组、励磁绕组及采暖绕组等多个绕组，有的绕组还有多个抽头。为保证各绕组之间耦合程度适当，有些绕组还需交叉布置，这就给绕组的绕制和装配带来一定的难度。

2）电压波动范围大

我国干线电气化铁道接触网的额定电压为 25^{+4}_{-6} kV，即允许电网电压在 $19\sim29$ kV 范围内波动，这就要求主变压器的铁心和绕组绝缘结构设计应留有足够的裕量，磁路的磁通密度不能过高，以满足高网压下正常工作的要求。

3）负载变化大

随着机车运行条件的变化，主变压器的负载变化范围很大，这就要求主变压器应能承受较大的负载变化，并具有一定的过载能力，以保证机车可靠运行。

4）耐振动

机车运行中产生的冲击和振动将不可避免地传给主变压器，这就要求主变压器各部件应具有足够的机械强度，所有连接紧固件应有防松装置。

5）对阻抗电压要求高

因主变压器二次侧绕组有较高的短路故障概率，故绕组抽头间的阻抗电压不能太小，以满足机车对调压整流电路和短路保护的要求。

6）重量轻，体积小，用铜多

为满足机车总体布置及减轻自重的需要，主变压器与同容量的电力变压器相比，应具有较轻的重量和较小的体积。这就要求主变压器在设计上采用铜导线、高导磁率的冷轧电工钢片，强迫油循环冷却；工艺上采用真空干燥、真空注油等措施，来减轻重量和缩小体积。由于变压器绕组多、容量大，故用铜量特别多。通常，一般电力变压器的铜重与铁重

103

之比约为1∶4；而主变压器一般为1∶2，有的甚至达到1∶1。用铜量多不但使主变压器造价高，而且还使冷却困难，冷却器庞大，这不利于变压器的轻量化。

2. 主变压器的结构

主变压器由器身、油箱、保护装置、冷却系统和出线装置等部件组成。

1）器身

器身由铁心、绕组（线圈）、器身绝缘和引线装置等组成。

（1）铁心。

铁心的作用是构成变压器的闭合磁路，同时也是支撑绕组及引线装置的机械骨架。因此，要求铁心必须具有良好的导磁性能和足够的机械稳定性。

铁心由心柱、铁轭和夹紧装置组成。其中，套装绕组（线圈）部分称为心柱；连接心柱构成闭合磁路部分称为铁轭；夹紧装置用来夹持心柱和铁轭，以构成坚实的整体，并借以支撑和压紧绕组，固定引线。为了减小铁心中的磁滞和涡流损耗，心柱和铁轭均采用高磁导率的冷轧硅钢片叠装而成。TBQ系列主变压器的铁心多数采用0.35 mm厚的晶粒有取向冷轧硅钢片。

主变压器的铁心结构型式有心式和壳式两类。心式铁心通常垂直放置，圆筒形的高低压绕组同心地套装在心柱上，使绕组包围心柱。为充分利用绕组内圆空间，心柱截面常为外接圆形的多级阶梯形；为使磁通在铁轭中分布均匀，铁轭截面最好与心柱截面相同，但为了使夹紧装置及绝缘零件等结构简化，铁轭截面一般都采用矩形或倒多级梯形。心式铁心结构简单，并具有绕组装配及绝缘处理比较容易、短路时绕组机械稳定性好等优点，因此是目前应用最广泛的结构型式。国产TBQ系列主变压器大多采用单相二柱式心式叠铁心，如图3.3所示。

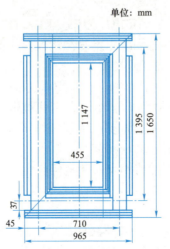

单位：mm

图3.3 TBQ系列主变压器的单相二柱式心式叠铁心

壳式铁心通常卧放布置，它由电工钢片叠成"日"字形，铁心截面为矩形。高低压绕组交错叠装在中间的一个心柱上，心柱通过旁轭构成闭合磁路，使铁心包围绕组。这种结构具有机械强度高，能采用适形油箱、阻抗电压易满足各种需求等优点。但其制造复杂，铁心用材较多，故实际应用较少。目前在我国运用的干线电力机车中，只有从法国引进的

6G 型电力机车及国产 SS$_7$ 型电力机车的主变压器采用壳式铁心。

（2）绕组。

绕组是主变压器最关键的部件，为了保证变压器安全可靠运行，变压器绕组必须具有足够的电气强度、耐热强度、机械强度和良好的散热条件，使变压器既能在额定工作条件下长期使用，又能经受住过渡过程[①]中产生的过电压、过电流以及相应的电磁力作用，不致发生绝缘击穿、过热、变形或损坏。

（3）器身绝缘和引线装置。

油浸式变压器的内部绝缘分为主绝缘和纵绝缘两类，主绝缘是指绕组（或引线）对地及其对其他绕组（或引线）之间的绝缘；纵绝缘则指同一绕组不同部位之间的绝缘。绝缘结构尺寸，特别是主绝缘尺寸，将直接影响变压器的重量和外形尺寸，以及阻抗电压、损耗等性能数据。

绕组引线均用裸铜排制成，引线与绕组出头的焊接采用电阻焊接。由于铜是加速变压器油氧化的催化剂，故引线表面要覆盖一层绝缘漆作保护层。所有绕组引线均通过引线支架固定在器身上。

2）油箱

油箱是油浸式主变压器的外壳，变压器的器身就浸放在充满变压器油的油箱内。对油箱的基本要求如下：

① 在保证内部必要的绝缘距离的条件下，尽可能减小体积，以节约用油。

② 应具有必要的真空强度，以便在检修时能利用油箱进行真空干燥。

③ 油箱外部各种附件的布置，应便于安装和维护。

由于主变压器与平波电抗器共用油箱，所以油箱呈"凸"字形，大腔用于安装主变压器的器身，小腔用于安装平波电抗器。两腔之间设置一块铝板，用以隔磁。

3）保护装置

变压器油是从石油中提炼出来的优质矿物油。在油浸式变压器中，变压器油既是一种绝缘介质，又是一种冷却介质。因此，对变压器油的要求是：介质绝缘强度高、黏度低、闪点高、凝固点低、酸值低、灰粉等杂质及水分少。变压器油中只要含少量水分和杂质，就会使绝缘强度大为降低（含 0.004% 水分时，绝缘强度降低约 50%）。此外，变压器油在较高温度下长期与空气中的氧接触，会逐渐老化，在油中生成不传热的悬浮物，堵塞油道，并使酸值增加，绝缘强度降低，这对变压器的安全运行是十分不利的。

为了减缓变压器油受潮或老化的程度，使油能较长久地保持良好状态，在 TBQ 系列主变压器上专门设置了下列几种保护装置。

（1）储油柜（油枕）。

储油柜安装在箱盖的上方。主变压器的储油柜的容量应能满足在高温（+40℃）并在变压器持续运行时，油不溢出储油柜；在低温（-25℃）且变压器不工作时，储油柜中应有油。

（2）油位表。

储油柜侧壁设有玻璃管油位表，玻璃管中有一个空心红色玻璃球，用于指示油位。油

---

① 过渡过程指由一个稳定运转状态变化到另一个稳定状态的过程，如短路、雷击等。

位表旁标有环境温度，分别为 +40℃、+20℃、-30℃变压器处于工作状态时储油柜内变压器油应具有的油位刻度。

（3）吸湿器。

TBQ 系列主变压器均采用吊式吸湿器，吸湿器主体为一玻璃管，内盛 1.5 kg 用氯化钴浸渍过的变色硅胶作为吸湿剂，其下部罩内有变压器油，用于过滤空气杂质。空气经罩与座之间的间隙进出，使空气干净。变色硅胶在干燥时呈蓝色，吸收潮气后呈粉红色。当玻璃管内有 2/3 的硅胶呈粉红色时，硅胶就应进行干燥处理或更换。

为了保证变压器油的质量，除设置上述油保护装置外，还必须注意：不同产地或不同牌号的变压器油通常不能混用，这是因为变压器油的牌号是以凝固点的温度值命名的，如 $10^{\#}$、$25^{\#}$、$45^{\#}$ 变压器油的凝固点分别为 -10℃、-25℃、-45℃。不同牌号的变压器油混用后，对油的黏度、闪点、凝固点等都有一定影响，会加速油的老化。但在实际使用中，又经常遇到变压器油的混用问题，混用变压器油的一般原则是：对不同来源的新油混合使用时，首先必须测量油的凝固点，若相近方可混合使用。当运行中的主变压器需要加油时，应根据加入量，按比例抽取混合油进行油样分析试验，以确定可否混用。

（4）信号温度计。

信号温度计用来测量和监视主变压器上层油温。TBQ 系列主变压器上均装有 WTZ-288 型信号温度计，它是由测温筒（温包）、金属毛细管、弹簧管、刻度盘、指针等构成的一个密封系统，在密闭系统中充以氯甲烷或丙酮乙醚液体。测温筒安装在箱盖上的温度计座内。当变压器上层油温升高时，测温筒内液体温度也随之升高而气化、体积膨胀，压力增加，并沿着金属毛细管传到压力计中，使弹簧管受压变形，通过传动机构带动指针偏转，指示出上层油温数值。

该温度计还有电接点，可用专用钥匙将刻度盘上电接点的限值指针固定在所需的温度刻度上，当带有动触点的温度计指针随油温的升高而达到限值指针位置时，接点接通电路，发出警告信号。

（5）油流继电器。

油流继电器用来监视变压器油循环状态是否正常。当潜油泵正常运行时，油流继电器的常开触点闭合，显示油循环正常信号。另外，还可以通过观察玻璃面板内的指针摆动位置，判断油循环是否正常。如果油流减小到一定程度，动板借弹簧作用返回，带动指针回零，同时常闭触点闭合，常开触点打开，表示油流异常。

图 3.4 为 YJ-100-A 型油流继电器原理示意图。当油流正常时，变压器油进入探头，靠油的流动压力作用于微动开关，推动触头使常闭触头打开，给出一个油流正常的信号，同时指针偏转 55°。

（6）压力释放阀。

压力释放阀装在油箱壁上。变压器在运行中，因外电路或变压器内部故障而出现很大的短路电流时，过高的温度使变压器油迅速气化，变压器内部压力升高。在压力升高到 70 kPa 时，压力释放阀的阀口在 2 ms 内迅速打开，排出的气体和油流沿管路排到车下。当压力恢复正常时，阀口关闭。

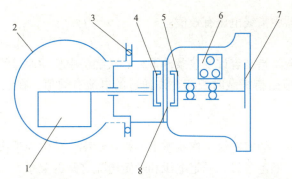

1—动板；2—油联管；3—密封环；4，5—磁钢；6—电气部分；7—指针；8—壁。

图 3.4　YJ-100-A 型油流继电器原理示意图

4）冷却系统

主变压器运行中产生的所有损耗将转变为热能，使各部件的温度升高，当主变压器温升超过规定的限值后，将使绝缘损坏，直接影响主变压器的使用寿命（20～30 年）。因此，主变压器必须具有相应的散热能力。

TBQ 系列主变压器在保证内部散热能力良好的同时，其外部冷却采用了强迫导向油循环风冷式冷却系统，该系统分油路和风路两部分，变压器油经潜油泵强迫循环，热油经冷却器由风机将热量吹向大气。

5）出线装置

主变压器各绕组的引线从油箱内引至油箱外时，必须采用出线装置，以便使带电的导线与接地的油箱绝缘。TBQ 系列主变压器的出线装置多采用复合瓷绝缘套管。

6）变压器油

主变压器油箱内充满变压器油。变压器油既是绝缘介质，又是冷却介质。变压器油不能受潮，不能混用，否则其绝缘性能就大为降低。因此，器身在进箱前必须经过真空干燥处理。运行中，变压器油的耐压值不应低于 30 kV。在变压器油泵烧损修复后、烧损时，或运行多年未经过滤油时，或架修主变压器时，一定要进行滤油。

知识点 3.1.3　变压器的铭牌

为了使变压器能正常运行，制造厂通常在每台变压器的外壳上都附有一个铭牌，在铭牌上标出变压器的额定值和型号，这是选择和使用变压器的依据。

1. 变压器的型号

型号表示变压器的特征和性能，一般由两部分组成：前一部分用汉语拼音字母表示，后一部分用数字表示。前者表示特性和性能，后者表示额定值。例如，型号 S-200/10 中，"S"表示三相，"200"表示额定容量为 200 kVA，"10"表示高压绕组的额定电压为 10 kV。

2. 额定电压

一次绕组额定电压是指保证长时间安全可靠工作时应加的电压有效值，在三相变压器中指线电压有效值。

二次绕组额定电压是指变压器空载、一次绕组加上额定电压时，二次绕组两端的电压有效值。在三相变压器中指线电压有效值。

3. 额定电流

一次绕组额定电流是指在容许发热条件下，一次绕组中长期通过的最大电流有效值。

二次绕组额定电流是指满载时长期允许通过的电流有效值。在三相变压器中均指线电流有效值。

4. 额定容量

变压器在额定电压、额定电流工作状态下的视在功率，单位为千伏安（kVA）。

对于单相变压器，额定容量、额定电压和额定电流之间的关系为

$$S_N = U_{1N}I_{1N} = U_{2N}I_{2N} \tag{3.1}$$

对于三相变压器，额定容量、额定电压和额定电流之间的关系为

$$S_N = \sqrt{3}U_{1N}I_{1N} = \sqrt{3}U_{2N}I_{2N} \tag{3.2}$$

5. 额定频率

额定频率 f_N 是指一次绕组上的电压允许频率。我国规定的标准工业频率为 50 Hz，美国、日本等国家也有采用 60 Hz 的。

6. 效率

效率是指变压器输出的有功功率 P_2 与输入的有功功率 P_1 之比，一般用百分数表示，即

$$\eta = (P_2 / P_1) \times 100\% \tag{3.3}$$

巩固练习

1. 机车主变压器，又称为_____变压器。
2. 变压器主要由_____和_____两个基本部分组成。
3. 变压器油既是绝缘介质，又是_____介质。
4. 三相变压器额定电压指_____（线 / 相）电压有效值。
5. 铁心的作用是什么？
6. 机车主变压器的作用是什么？

任务 3.2 变压器的
运行微课视频

任务 3.2 变压器的运行

任务描述

变压器是利用电磁感应原理工作的电气设备。本任务首先介绍变压器的工作原理，让学生了解变压器的电压、电流之间的关系，熟悉变压器的基本方程，然后对变压器进行运行分析。

任务目标

1. 知识目标
① 理解变压器的工作原理。
② 熟记变压器的变压比计算公式。

2. 技能目标
① 学会分析变压器的运行方式，能够区分高低压绕组。
② 学会计算变压器的变压比。
③ 能够区分变压器的类型。

任务实施

知识点 3.2.1　变压器的工作原理

在同一铁心上分别绕有匝数为 N_1 和 N_2 的两个高、低压绕组，其中连接电源、从电网吸收电能的 AX 绕组称为一次绕组，连接负载并向外电路输出电能的 ax 绕组称为二次绕组。

当一次绕组外加电压 u_1 时，一次侧就有电流 i_1 流过，并在铁心中产生与 u_1 同频率的交变主磁通 Φ_{m}，主磁通同时通过一次绕组和二次绕组，根据电磁感应定律，会在一次绕组和二次绕组中产生感应电动势 e_1、e_2，二次侧在 e_2 的作用下产生负载电流 i_2，向负载输出电能，如图 3.5 所示。

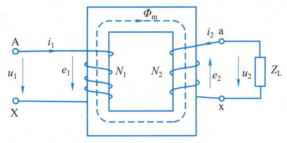

图 3.5　变压器工作原理图

对某台变压器而言，一次侧电源频率 f 及一次绕组匝数 N_1 均为常数，因此当加在变压器上的交流电压有效值 U_1 恒定时，则变压器铁心中的磁通 Φ_{m} 基本上保持不变。

从变压器的工作原理可以看出，变压器一次绕组从交流电源吸收电能传递到二次绕组供给负载，能量通过铁心中的磁通进行传递。事实证明，变压器只能传递交流电能，而不能产生电能；它只能改变交流电压或电流的大小，不能改变交流电的频率；在变压器进行能量传递的过程中，电压与电流的乘积保持不变，即 $U_1 I_1 \approx U_2 I_2$。

知识点 3.2.2　变压器的运行分析

变压器的运行情况有空载运行和负载运行两种，下面分别对其进行分析。

1. 变压器的空载运行

变压器的空载运行也称为无载运行，它指的是变压器一次绕组接电源、二次绕组开路的运行情况，如图 3.6 所示。

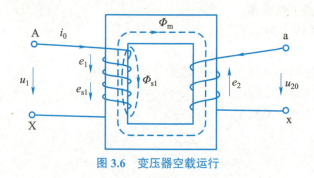

图 3.6　变压器空载运行

图 3.6 中，u_1 为电源电压，i_0 为一次侧空载电流，Φ_{s1} 为漏磁通；e_1、e_{s1}、e_2 分别为一次侧感应电势、漏感电势和二次侧感应电势；u_{20} 为二次侧空载电压。

假设 N_1 为一次绕组匝数，N_2 为二次绕组匝数，Φ_m 为主磁通，F_0 为 i_0 产生的空载磁势，则空载运行时变压器的工作过程如下：

$$u_1 \to i_0 \to \begin{cases} i_0 N_1 = F_0 \to \Phi_m \to \begin{cases} e_1 = -N_1 \dfrac{\mathrm{d}\Phi_m}{\mathrm{d}t} \\[2mm] e_2 = -N_2 \dfrac{\mathrm{d}\Phi_m}{\mathrm{d}t} \to u_{20} \end{cases} \\[6mm] \Phi_{s1} \to e_{s1} = -N_1 \dfrac{\mathrm{d}\Phi_{s1}}{\mathrm{d}t} \end{cases}$$

漏磁通 Φ_{s1} 的大小只占主磁通的 0.1%～0.2%，若忽略漏磁通 Φ_{s1} 和一次绕组内阻 R_1，则有

$$U_1 = E_1 \tag{3.4}$$

$$U_2 = U_{20} = E_2 \tag{3.5}$$

由式（3.4）和式（3.5），结合变压器工作过程的分析可得

$$\frac{U_1}{U_2} = \frac{U_1}{U_{20}} = \frac{E_1}{E_2} = \frac{N_1}{N_2} = K \tag{3.6}$$

式中：K 称为变压器的变压比，是变压器最重要的参数之一。

由式（3.6）可见，变压器一、二次绕组的电压与一、二次绕组的匝数成正比，也即变压器有变换电压的作用。根据这一结论，实验时可以通过观察变压器绕组的匝数或者测量变压器绕组的等效电阻、等效阻抗的办法判断高压绕组和低压绕组。匝数多，等效电阻、等效阻抗大的绕组为高压绕组；反之，匝数少，等效电阻、等效阻抗较小的绕组为低压绕组。对于电力变压器，还可以通过观察其绝缘端子进行判断，绝缘端子多且体积大的一端为高压侧，绝缘端子相对少且体积小的一端为低压侧。

当变压比 $K>1$ 时，变压器的二次侧电压小于一次侧电压，为降压变压器；当变压比 $K<1$ 时，变压器为升压变压器。

2. 变压器的负载运行

变压器一次绕组接电源电压，二次绕组与负载相连的运行状态称为变压器的负载运行，图 3.7 为单相变压器负载运行工作原理图。图中，e_1、e_{s1}、Φ_{s1} 分别为一次绕组感应电势、一次绕组漏感电势和一次绕组漏磁通；e_2、e_{s2}、Φ_{s2} 分别为二次绕组感应电势、二次绕组漏感电势和二次绕组漏磁通，此时二次绕组中有电流 i_2 通过，一次绕组中的电流由空载电流 i_0 变为负载电流 i_1，如果忽略变压器内部的损耗，可以认为一次侧和二次侧的视在功率相等，即

$$U_1 I_1 = U_2 I_2 \qquad (3.7)$$

$$\frac{U_1}{U_2} = \frac{I_2}{I_1} = \frac{N_1}{N_2} = K \qquad (3.8)$$

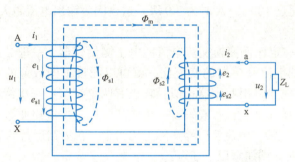

图 3.7　单相变压器负载运行工作原理图

式（3.8）表明，变压器一、二次绕组中的电流与一、二次绕组的匝数成反比，即变压器也有变换电流的作用，且电流的大小与匝数成反比。变压器的高压绕组匝数多，而通过的电流小，因此绕组所用的导线细，接线端子较小；低压绕组匝数少，通过的电流大，绕组所用的导线较粗，接线端子较大。

知识点 3.2.3　变压器的分类

变压器可以按用途、绕组数目、相数、冷却方式分别进行分类。

1. 按用途分类

根据变压器的用途，可以将其分为电力变压器、电压互感器、电流互感器、电源变压器、电焊变压器等。

1）电力变压器

发电厂发出的电能通过电力变压器升压，由远距离的高压输电线输送，最后再使用电力变压器降压（380/220 V），分配给各个用户。

2）电压互感器

电压互感器的作用是将高电压降为低电压（一般额定值为 100 V），供电给测量仪表和

继电器的电压线圈，使测量、继电保护回路与高压线路隔离，保证人员和设备的安全。

电压互感器接线时，一次绕组并联在被测的高压线路上，二次绕组与电压表、功率表的电压线圈等构成闭合回路。由于二次侧所接的电压表等负载的阻抗很大，二次侧电流很小，电压互感器实际上相当于一台空载运行的降压变压器。

电压互感器二次绕组的额定电压规定为 100 V，其优点：与电压互感器二次绕组连接的各种仪表和继电器可以实现标准化，测量不同等级的高压时只要换上不同等级的电压互感器即可。常用的电压互感器变压比有 3 000 V/100 V，6 000 V/100 V 等。

使用电压互感器时，应注意以下 3 点：

① 电压互感器在运行时，二次绕组不允许短路。因为二次绕组匝数少，阻抗小，如果短路，其短路电流将非常大，将电压互感器烧毁。使用时，低压侧电路要串接熔断器做短路保护。

② 电压互感器的铁心和二次绕组的一端必须可靠接地，以防止高压绕组绝缘被损坏时，铁心和二次绕组带上高压而造成事故。

③ 电压互感器的准确度等级与其使用的额定容量有关，如 JDG-0.5 型电压互感器的最大容量为 200 V·A，当输出不超过 25 V·A 时，准确度等级为 0.5 级；输出不超过 40 V·A 时为 1.0 级；输出不超过 100 V·A 时为 3.0 级。这是因为输出电流越大，电压比误差越大。

3）电流互感器

电流互感器是按一定比例变换交流电流的电工测量仪器。一般二次侧电流表的量程为 5 A，只要改变接入的电流互感器的变流比，就可以测量不同数值的一次侧电流。电流互感器的结构与工作原理与单相变压器相似。它也有两个绕组：一次绕组串联在被测的交流电路中，流过的是被测电流，它一般只有一匝或几匝；二次绕组匝数较多，与交流电流表（或电度表、功率表）相接。电流互感器实际上相当于一台短路运行的升压变压器。

使用电流互感器时必须注意以下 3 点：

① 二次绕组绝对不允许开路，否则将使铁心过热烧坏绕组，或产生很高的电压使绝缘击穿，并危及测量人员和设备的安全。

② 铁心及二次绕组一端必须可靠接地，以保证工作人员和设备的安全。

③ 二次绕组负载阻抗要小于规定的阻抗，互感器准确度等级要比所接仪表的准确度高两级。利用电流互感器原理可以制作便携式钳形电流表，用于不断开电路测量电流。钳形电流表的闭合铁心可以张开，将被测载流导线钳入铁心口中，这根导线相当于电流互感器的一次绕组。铁心上有二次绕组，与测量仪表连接，可直接读出被测电流的数值。

4）电源变压器

电源变压器专门用于负载的供电电源。根据工作频率的不同可以将其分为工频电源变压器、中频电源变压器和高频电源变压器。其中，工频电源变压器的工作频率为 50～60 Hz，应用最广泛，可作为控制变压器、行灯变压器和各种专用仪器及设备的电源变压器等。

小功率电源变压器根据铁心结构形式的不同可分为 E 型、C 型、R 型、O 型（环形）变压器，其中 E 型变压器应用最普遍。

5）电焊变压器

交流弧焊机由于结构简单、成本低廉、维护方便而被广泛使用。电焊变压器是交流弧焊机的主要组成部分，它实质上是一台特殊的降压变压器。在焊接中，为了保证焊接质量和电弧的稳定燃烧，对电焊变压器提出了以下要求：

①　电焊变压器空载时，应有一定的空载电压，通常为 60 ~ 75 V，以保证起弧容易。另一方面，为了操作者的安全，空载起弧电压又不能太高，最高不宜超过 85 V。

②　负载时，电压应随负载的增大而急剧下降，通常在额定负载时的输出电压约为 30 V。

③　在短路时，短路电流不应过大，以免损坏电焊机。

④　为了适应不同的焊接工件，满足不同焊条的需要，要求电焊变压器输出的电流能在一定范围内进行调节。

为了满足上述要求，电焊变压器的一、二次绕组分装在不同的铁心柱上，再用磁分路法、串联可变电抗器法及改变二次绕组的接法等来调节焊接电流。

2. 按绕组数目分类

根据绕组的数目，变压器可以分为双绕组变压器、三绕组变压器、多绕组变压器和自耦变压器。

1）双绕组变压器

通常的变压器都为双绕组变压器，即铁心上有两个绕组，一个为一次绕组，接电源；另一个为二次绕组，接负载。

2）三绕组变压器

三绕组变压器为容量较大的变压器（在 5 600 kV·A 以上），用以连接三种不同的电压输电线。三绕组变压器的每相有三个绕组，当一个绕组接到交流电源后，另外两个绕组就感应出不同的电动势，这种变压器用于需要两种不同电压等级的负载。发电厂和变电所通常出现三种不同等级的电压，所以三绕组变压器在电力系统中应用得比较广泛。每相的高、中、低压绕组均套于同一铁心柱上。为了绝缘使用合理，通常把高压绕组放在最外层，中压绕组和低压绕组放在内层。

3）多绕组变压器

多绕组变压器的一次绕组接电源，二次绕组可以提供多个不同数值的电压，以满足不同负载的需要。多绕组变压器应用非常广泛，因为它使用非常方便，可以提高供电效率，节省材料。

4）自耦变压器

自耦变压器二次绕组是一次绕组的一部分。它的优点是结构简单、节省材料、体积小。自耦变压器在使用过程中的损耗也比普通变压器小，因此效率较高，比较经济，广泛应用于变压比不大（变压比 K 小于 2）的场合。但自耦变压器的一、二次绕组之间不仅有磁的耦合，还有电的联系，因此在使用时必须正确接线，且外壳必须接地，否则将会造成比较严重的后果。我国规定：安全照明变压器不允许采用自耦变压器结构形式。

3. 按相数分类

根据变压器所接电源的相数，可以将其分为单相变压器和三相变压器。

1）单相变压器

一次绕组和二次绕组均为单相绕组的变压器称为单相变压器。

单相变压器结构简单、体积小、损耗低，适宜在负荷密度较小的低压配电网中使用。在美国、日本等发达国家，单相变压器供电已经成为居民供电的主要方式。

2）三相变压器

一次绕组和二次绕组均为三相绕组的变压器称为三相变压器。

三相变压器是三个相同容量的单相变压器的组合。它有三个铁心柱，每个铁心柱都绕着同一相的两个线圈，一个是高压线圈，另一个是低压线圈。

4. 按冷却方式分类

根据变压器的冷却方式，可将其分为油浸变压器和干式变压器。

1）油浸变压器

油浸变压器依靠油作为冷却介质，冷却方式包括油浸自冷、油浸风冷、油浸水冷及强迫油循环等。油浸变压器采用全充油的密封形式，波纹油箱壳体为密封的油箱，以自身弹性适应油的膨胀。目前，油浸变压器已经广泛地应用于各配电设备中。电力变压器和机车的主变压器均为油浸变压器。

2）干式变压器

以空气为冷却介质的变压器称为干式变压器。干式变压器又分为开启式、封闭式和浇注式。

① 开启式干式变压器的器身与大气直接接触，适应于比较干燥而洁净的室内，一般有空气自冷和风冷两种冷却方式。

② 封闭式干式变压器的器身处在封闭的外壳内，与大气不直接接触。由于器身密封，所以它的散热条件差，主要用于矿井或需要防爆的场合。

③ 浇注式变压器用环氧树脂或其他树脂浇注作为主绝缘，它的特点是结构简单、体积小，适用于较小容量的变压器。

> **提示：** 相对于油浸变压器，干式变压器因为没有油，所以也就没有火灾、爆炸、污染等问题，故电气规范、规程等均不要求将干式变压器置于单独房间内。特别是新的干式变压器，损耗和噪声下降许多，更为变压器与低压屏置于同一配电室创造了条件。

巩固练习

1. 变压器的能量通过铁心中的_____进行传递。

2. 变压器只能传递_____（交流 / 直流）电能，而不能产生电能。

3. 变压器_____（可以 / 不可以）改变交流电的频率。

4. 变压器有空载运行和_____运行两种。

5. 变压器的空载运行也称为_____运行。

6. 变压器的高压绕组匝数多，而通过的电流_____，因此绕组所用的导线_____。

7. 变压器的工作原理是什么？

8. 变压器的变压比是指什么？

任务 3.3　电力机车主变压器的应用

任务描述

在已有变压器基本知识的基础上，首先对电力机车典型主变压器的结构特点进行认知，包括 SS₄ 改型电力机车和 HXD₃ 型电力机车主变压器，然后对电力机车中主变压器的应用进行分析，使学生具备一定的变压器应用能力。

任务 3.3 电力机车　　任务 3.3 电力机车
主变压器的应用 1　　主变压器的应用 2
微课视频　　　　　微课视频

任务目标

1. 知识目标
① 掌握 TBQ8-4923/25 型变压器的结构特点。
② 掌握 JQFP2-9006/25（DL）型主变压器的结构特点。

2. 技能目标
① 学会 SS₄ 改型电力机车主变压器的应用。
② 学会 HXD₃ 型电力机车主变压器的应用。

任务实施

知识点 3.3.1　典型电力机车主变压器的结构特点

1. SS₄ 改型电力机车主变压器

TBQ 系列主变压器为国产 SS 系列电力机车配套的主变压器，由于各型机车的功率、调压方式及总体布置不同，各型主变压器的具体结构形式、技术数据也有所不同。特别是为适应不同的机车调压电路的需要，主变压器的绕组结构、布置及连接方式会有较大的差别。

任务 3.3 SS₄ 改型电力
机车主变压器（1）
微课视频

1）结构

SS₄ 改型电力机车主变压器的型号是 TBQ8-4923/25 型（简称 TBQ8 型）。这是一种一体化变压器，除含有主变压器外，还含有平波电抗器和 4 个独立磁路的滤波电抗器，它们装在一个油箱里，共用一个冷却系统。

TBQ8-4923/25 型主变压器由下油箱、上油箱、器身、油保护装置、冷却系统、其他附属装置等组成，器身由铁心、绕组、绝缘件组成，如图 3.8 所示。

任务 3.3 SS₄ 改型电力
机车主变压器（2）
微课视频

（1）铁心。

铁心为单相二柱式心式叠铁心，采用 0.35 mm 厚 DQ151-35 晶粒有取向冷轧硅钢片叠装而成，由于该硅钢片表面覆有一层薄的氧化膜，有一定的绝缘作用，所以表面不涂漆。

任务 3.3 SS₄ 改型电力
机车主变压器（3）
微课视频

铁心结构如图 3.3 所示。硅钢片按图 3.9 中Ⅰ、Ⅱ方式交替叠装进行，心柱截面为 10 级阶梯形。

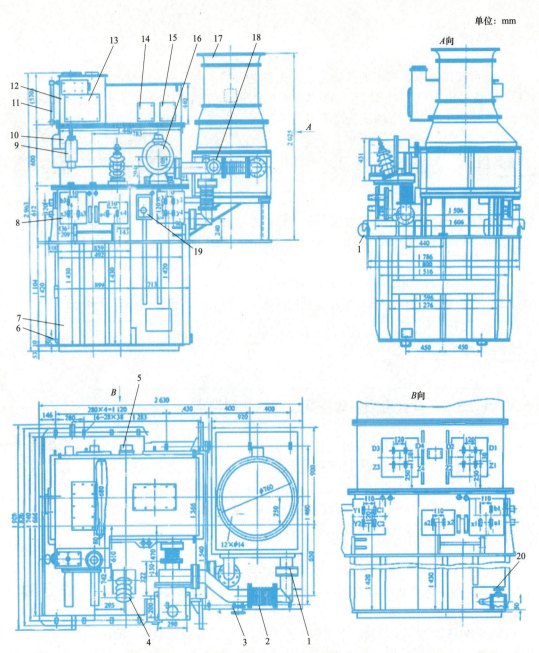

1—100 蝶阀；2—波纹管；3—油流继电器；4—BJL-25/300 套管；5—信号温度计；6—油样活门；7—下油箱；8—出线装置；9—吸湿器；10—上油箱；11—油位表；12—储油柜；13—主变压器铭牌；14—平波电抗器铭牌；15—滤波电抗器铭牌；16—潜油泵；17—通风机；18—冷却器；19—压力释放阀；20—50 活门。

图 3.8　TBQ8-4923/25 型主变压器总图

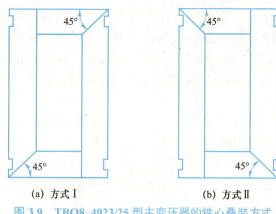

(a) 方式 I　　　　　　　　　　　(b) 方式 II

图 3.9　TBQ8-4923/25 型主变压器的铁心叠装方式

心柱采用环氧玻璃粘带绑扎，每柱 7 道，为使接缝处平整，降低铁心噪声，在心柱最外级有 4 块 6 mm 厚的环氧玻璃布板做成的撑条；上下铁轭采用夹件夹紧。为了降低铁损，硅钢片接缝采用半斜接。即硅钢片的 4 个接缝中，有 2 个是直接缝，有 2 个是斜接缝，这可显著减小空载损耗和空载电流。硅钢片不冲孔，采用环氧玻璃粘带绑扎。铁心用夹件夹紧，夹件与硅钢片之间有夹件油道，以作为绝缘和冷却油流路径。

TBQ8-4923/25 型主变压器铁心主要技术数据如表 3.1 所示。

表 3.1　TBQ8-4923/25 型主变压器铁心主要技术数据

心柱直径 / mm	两心柱中心距 /mm	窗高 / mm	心柱净截面积 /cm²	心柱磁通密度 /T	硅钢片质量 /kg	叠片系数	空载损耗 / W	空载电流 / %
265	710	1 140	491.7	1.591 1	1 596	0.95	4 000	0.4

（2）绕组。

TBQ8-4923/25 型主变压器有 4 种绕组，分别为高压绕组、牵引绕组、辅助绕组和励磁绕组，其电气原理图如图 3.10 所示。

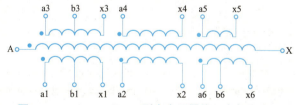

图 3.10　TBQ8-4923/25 型主变压器绕组电气原理图

高压绕组 AX 由布置在两个心柱（靠近高压绕组 A 端的称为 A 柱，另一个称为 X 柱）上的 2 个连续式绕组并联而成。高压绕组总匝数为 1 438 匝，其中 A 柱绕组为左绕向，X 柱绕组为右绕向，两柱绕组并联，引线端子号为 A、X，额定电压为 25 kV，其作用是从接触网吸取电能，作为原边绕组。

牵引绕组用来满足机车牵引或机车电阻制动的需要，牵引绕组包括基本绕组 a2x2、a4x4 和调压绕组 a1b1x1、a3b3x3，两个绕组的线圈匝数相同，电压相等。额定电压是

$[（695.4+347.7×2）×2]$ V。

辅助绕组 a6b6x6 用来供给辅助设备用电，并通过电源柜向控制电路供电，绕组 a6x6 额定电压为 399.86 V，从该绕组抽头 b6 得到 226 V 的电源，供电炉等使用。

励磁绕组 a5x5 在机车电阻制动时向牵引电机的励磁绕组供电，额定电压是 104.3 V。

（3）油箱。

TBQ8-4923/25 型主变压器的油箱箱底用 10 mm 厚钢板制成，上面焊有用来限制器身移动的 4 个定位钉，并设有放油塞。箱壁长边用 8 mm 厚、短边用 6 mm 厚钢板焊接而成，为防止变形，四周焊有一些加强筋板。箱壁上焊有吊攀、冷却器安装座、50 活门、油样活门及接地螺栓等附件；箱壁两侧焊有两块 14 mm 厚的安装板，安装板上共有 16 个长孔，用 M24 的螺栓把变压器固定在车体上。

箱壁上开有多处用于安装出线装置和作为手孔的长方形孔。上油箱由钢板制成，其内腔用于安装 4 台滤波电抗器。上油箱和下油箱的箱沿间垫有直径为 20 mm 的耐油圆橡胶密封圈，四周用 73 个 M16 螺栓紧固，以防漏油。上油箱上安装有储油柜和 1 个 WTZ-288 型信号温度计。

（4）冷却系统。

TBQ8-4923/25 型主变压器采用独立的强迫导向油循环风冷式冷却系统，冷却系统示意图如图 3.11 所示。系统中设置有 STD-1 型铝冷却器，冷却器采用全铝合金板翅式结构，冷却器心经过硬钎焊，刚度高，强度好，能承受 700 kPa 的压力。

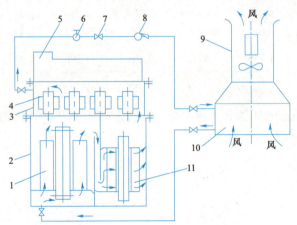

1—主变压器器身；2—下油箱；3—上油箱；4—滤波电抗器；5—储油柜；
6—油流继电器；7—100 蝶阀；8—潜油泵；9—通风机；10—冷却器；11—平波电抗器。

图 3.11　冷却系统示意图

冷却系统的油路　热油从油箱上部抽出，经油流继电器进入潜油泵进油口，经潜油泵加压后，进入冷却器。热油在冷却器内被吹风冷却，从冷却器出来的冷油沿油道进入油箱下部，冷油先冷却主变压器的铁心、绕组，然后冷却平波电抗器的绕组、铁心。此后冷油进入上油箱，再冷却 4 台滤波电抗器后进入潜油泵的进油口，反复循环。

冷却系统的风路　冷却器上部装有通风机，冷却风从车体侧墙吸入后，经通风机进入冷却器散热管后排向大气。

在平波电抗器腔内，设置多处隔板，使油流按图 3.11 所示路径流动，此方式即为强迫导向油循环方式。在铝冷却器的进出油口及潜油泵的进油口皆装有由不锈钢制成的波纹管。

（5）保护装置。

主变压器油箱内充满国产 25# 变压器油。为了防止变压器油迅速老化和受潮，专门设置了储油柜、吸湿器、净油器等保护装置。

（6）出线装置（套管）。

TBQ8-4923/25 型主变压器的出线装置采用两种复合瓷绝缘套管：A-BJL-25/300 型，一个；X-BF-1/300 型，一个。

2）主要技术参数

TBQ8-4923/25 型主变压器的主要技术参数如表 3.2 所示。

表 3.2　TBQ8-4923/25 型主变压器的主要技术参数

绕组	高压绕组	牵引绕组	辅助绕组	励磁绕组
出线标志	A，X	a1，b1，x1，a2，x2，a3，b3，x3，a4，x4	a6，x6/b6，x6	a5，x5
额定容量 /kVA	4923	1 168.25 × 4	250	87.6
额定电压 /V	25 000	（695.4+347.7 × 2）× 2	399.86/226	104.3
额定电流 /A	196.92	1 680	625/100	840

调压方式：单相桥式相控

空载电流：0.4%

空载损耗：4 000 W

负载损耗（75℃）：90 000 W

冷却方式：强迫油循环风冷

通风机型号：TZTF-6.0#F

潜油泵型号：TG180-200/10D-2

器身总质量（含主变压器、平波电抗器、滤波电抗器）：7 940 kg

油重：2 500 kg

总重：13 100 kg

2. HXD₃ 型电力机车主变压器

和谐型电力机车采用 JQFP 系列牵引变压器，将 25 kV 的接触网高电压变换为机车所需的各种低电压，以满足电力机车各种电机及电器工作需要。

HXD₃ 型电力机车装有一台 JQFP2-9006/25（DL）型牵引变压器，该变压器是采用轴向分裂、心式卧放、下悬式安装的一体化多绕组变压器，具有阻抗高、重量轻等特点，主变压器与冷却装置分开布置。

1）主变压器的特点

① 变压器采用心式卧放结构，A 级绝缘，变压器油为普通矿物油。

② 绕组采用高阻抗绕组结构，使变压器内部空间漏磁场很强，大量采用无磁结构件。

③ 油箱采用钢板加磁屏蔽的方式，避免漏磁干扰外部信号。

④ 线圈导线采用 Nomex 纸绝缘，具有耐热等级高、机械强度大的特点。

⑤ 冷却器为全铝板翅式冷却器，采用两路油循环系统。

⑥ 高压套管采用 NEXANS 公司的高压端子，在低压套管出线装置中采用了新型结构的出线装置，具有安装、拆卸方便、可靠及使用寿命长的特点。

⑦ 考虑到机车的使用环境，该变压器具有抗振的特点。

⑧ 将需要经常检测及保养的部件装配在机车的两侧，以便于进行维护保养、检查。

⑨ 将大电流的低压出线装置与牵引变流器按顺序安装，使其连线最短。

⑩ 变压器油采用氮气密封保护，使油不与外界环境相通，防止其劣化。

⑪ 采用真空注油、强迫油循环风冷技术、氮气密封等特殊工艺措施。

2）主要技术数据

型号	JQFP2-9006/25（DL）
机车网压范围 /kV	17.2～31.3
频率 /Hz	50
联络组	I，I0
形状尺寸 [（长度 /mm）×（宽度 /mm）×（高度 /mm）]	3 060×2 760×1 475
安装方式	车体下悬挂式
冷却方式	强迫油循环风冷
空载电流	0.16%
空载损耗 /W	2 600
负载损耗 /W	224
总质量 /kg	13 000

3）结构

JQFP2-9006/25（DL）型主变压器由油箱、器身、油保护装置、冷却系统、其他附属装置等组成。器身由铁心、绕组、绝缘件组成。通风机、冷却器安装在车体台架的上方。高压绕组的高压端子安装在油箱壁上，其余端子都安装在油箱箱盖上，其外形如图 3.12 所示。

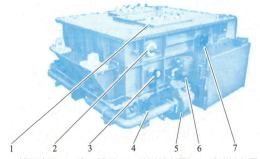

1—低压端子；2—高压端子；3—油温继电器；4—油流继电器；
5—油泵；6—接线箱；7—压力释放阀。

图 3.12　JQFP2-9006/25（DL）型主变压器外形

（1）铁心。

主变压器铁心为对拉螺杆心式结构，主要组成部分是对拉螺杆、上夹件、下夹件、硅钢片等。上下夹件由不锈钢板焊接而成，为提高刚度，腹板和肢板之间焊有增强筋。2 个上夹件之间和 2 个下夹件之间除了用穿心螺杆连接之外，在两端还各有构件衔接，这就提高了夹件的刚度，不易变形。铁心采用斜缝铁心结构，由 0.30 mm 厚的 30P105 有取向冷轧硅钢片叠成，心柱采用多级近似圆形的截面，直径 285 mm。铁轭也采用多级近似圆形的截面，涂漆。夹件与硅钢片之间有夹件油道，油道作用有二，一是绝缘，二是用作冷却油流路径。

（2）绕组。

主变压器有 3 种绕组：高压绕组、牵引绕组、辅助绕组。为满足高阻抗的要求，变压器绕组采用八分裂形式，心式结构，层式线圈，导线用 Nomex 纸绕包。高压绕组分别布置在两个柱上，8 个绕组互相并联。牵引绕组采用多根导线并联，牵引绕组之间互不相连，互相弱耦合。

由铁心开始，内侧为牵引绕组和辅助绕组，外侧为高压绕组，线圈绕在 20 mm 的绝缘筒上，整个线圈的辐向宽度为 215 mm。整个绕组不浸漆。

主变压器的 6 个 1 450 V 牵引绕组分别用于两套主变流器（UM1，UM2）的供电，两个 399 V 辅助绕组分别用于辅助变流器（APU1，APU2）的供电。主变压器（TM1）将 25 kV 的接触网电压变换为电力机车所需的各种电压，满足各种电器工作的需要。绕组接线图如图 3.13 所示。

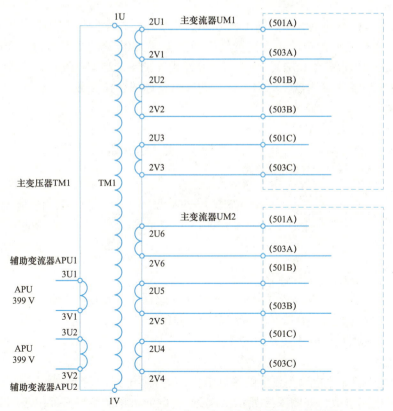

图 3.13　JQFP2−9006/25（DL）型主变压器绕组接线图

主变压器高压绕组的额定容量为 9 006 kVA，额定电流为 360 A；牵引绕组总容量为 8 400 kVA，额定电流为 966 A；辅助绕组总容量为 606 kVA，额定电流为 759 A。

（3）引线。

引线设计结构紧凑，采用顶部电缆出线，占用空间少，电缆交叉处用绝缘纸板包扎，电流大的引线多根并联，可以随意弯曲，引线与端子之间采用冷压连接，操作方便，避免了焊接的麻烦。引线用绝缘螺杆和绝缘螺母固定，拧紧后涂绝缘胶，防止松动。因此，不需要弹簧垫圈、备帽，引线支架采用高强度的层压木，强度好，不易变形。

（4）油箱。

油箱采用钢板焊接，并采用磁屏障的方法把外泄漏限制在一定的范围内。通过 2 个吊挂座把变压器与车体底架连接起来。在油箱下部装有 $\phi15$ mm 的活门，用于注油、滤油和放油。油箱壁的侧面安装有压力释放阀。

油箱的两侧分别是储油柜和氮气膨胀箱，两者之间有管路连接。主变压器采用真空注油，并注入一定压力的氮气，通过不同温度下氮气体积的变化来调节储油柜中油位的高低，以维持油箱中的油量，而且使变压器油不与空气接触，从而减缓变压器油的老化过程。

知识点 3.3.2　典型电力机车主变压器的应用

1. SS₄ 改型电力机车中主变压器的应用

1）电路图

SS₄ 改型电力机车的主电路如图 1.48 所示，主变压器位于网侧电路中。网侧电路是指变压器原边与接触网之间的电路（含网侧低压部分）。网侧电路的主要设备有受电弓（1AP）、主断路器（4QF）、避雷器（5F）、高压电压互感器（6TV，25 kV/100 V）、高压电流互感器（7TA，200 A/5 A）、主变压器（8TM）等。网侧电路如图 3.14 所示。

2）电路说明

受电弓升起后，电流路径如下：

接触网—受电弓（1AP）—1 号车车顶母线，然后分 3 路：

① 受电弓（2AP）—另一节车车顶母线；

② 6TV—103 线—自动开关（102QA）—104 线 ⎡ 网压表（103PV）—100 线 / 电压互感器（100TV）—100 线 / 电度表（105PJ，电压线圈）—100 线 ⎤ 接地电刷（110E～140E）—轮对—钢轨—牵引变电所

③ 合上主断路器后，电流路径如下：

1 号车车顶母线—主断路器（4QF）—电流互感器（7TA）—主变压器（8TM）原边绕组—100 线（车体与转向架软线）—接地电刷（110E～140E）—轮对—钢轨—牵引变电所。

2. HXD₃ 型电力机车中主变压器的应用

1）电路图

HXD₃ 型电力机车主电路主要由网侧电路、主变压器电路、主变流器电路、牵引电机电路及其相关保护电路组成，如图 3.15 所示。HXD₃ 型电力机车的主变压器位于网侧电路与主变流器电路之间，网侧电路主要由受电弓、主断路器、高压电流互感器、高压电压互感器等组

成，如图 3.16 所示。

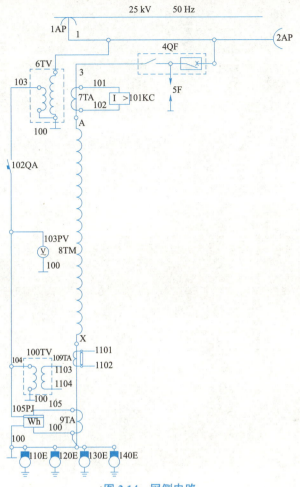

图 3.14　网侧电路

2）电路说明

受电弓升起后，电流路径如下：

（1）接触网—受电弓（AP1）—高压隔离开关（QS1）—3 号车顶母线—高压隔离开关（QS2）—受电弓（AP2）。

（2）3 号车顶母线—高压电压互感器（TV1）—自动开关（QA1）—92，下分 3 路：

① 网压表（PV1、PV2）—100 线；

② 电度表（PWH，电压线圈）—100 线；

③ 牵引变流器（UM1、UM2）—100 线。

（3）合上主断路器后，电流路径如下：

3 号车顶母线—主断路器（QF1，QS10 高压接地开关）—高压电流互感器（TA1，次边接 KC1 原边过流继电器）—主变压器 TM1 原边绕组（1U1V）—高压电流互感器（TA2）—100 线（车体与转向架软线）接地装置 EB1～EB6—轮对—钢轨—牵引变电所。

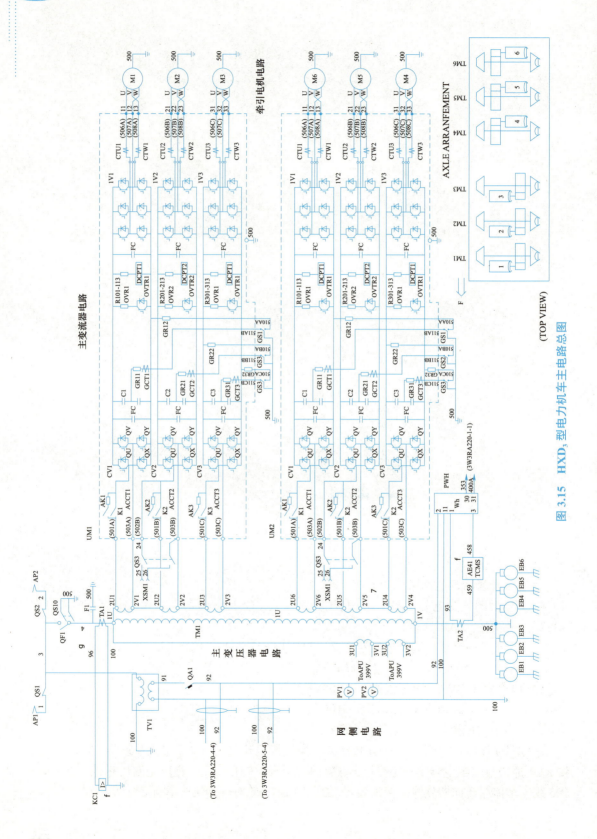

图 3.15 HXD₃ 型电力机车主电路总图

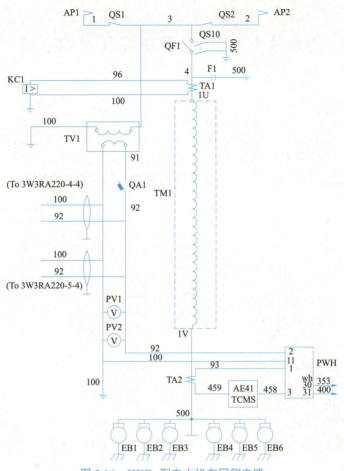

图 3.16 HXD$_3$ 型电力机车网侧电路

巩固练习

1. SS$_4$ 改型电力机车主变压器的型号是_____。

2. SS$_4$ 改型电力机车主变压器是一种一体化变压器，除含有主变压器外，还含有平波电抗器和 4 个独立磁路的滤波电抗器，它们装在同一个油箱里，共用一个_____系统。

3. TBQ8-4923/25 型主变压器有 4 个绕组，分别为高压绕组、牵引绕组、_____绕组和_____绕组。

4. TBQ8-4923/25 型主变压器冷却系统采用_____油循环方式。

5. TBQ8-4923/25 型主变压器油箱内充满国产_____# 变压器油。

6. TBQ8-4923/25 型主变压器高压绕组的电压为_____V。

7. HXD$_3$ 型电力机车的主变压器有哪些副边绕组？

8. JQFP2-9006/25（DL）型主变压器有_____个牵引绕组。

任务 3.4　电力机车主变压器的检修

任务描述

　　长期运行的主变压器，由于受到电磁力、热应力、电腐蚀、化学腐蚀、机车振动、潮湿等影响，可能导致变压器发生各种故障，为了保证变压器安全运行，有必要定期进行检修，对不符合规定和要求的零部件进行更换或修复，消除隐患和故障，保证变压器安全运行。

任务目标

1. 知识目标
① 掌握主变压器日常检修要求。
② 熟悉主变压器的检修分类。

2. 技能目标
能够进行主变压器的日常检修与维护。

任务实施

　　机车主变压器的检修，有一套规范、科学的方法，要按照检修工艺定期检修，保证检修质量，确保行车安全。

　　变压器检修分日常检查、小修和大修。小修与大修按是否吊心进行区分。变压器大修是指吊心的检查和修理，小修是指不吊心的检查和修理。这里以韶山型电力机车主变压器为例来重点介绍主变压器的检修流程。

知识点 3.4.1　主变压器日常检修

1. 检修用材料
抹布、清洁剂等。

2. 检修用设备与工具
锤子、卷尺、手电筒、激光测温枪等。

3. 检修内容
① 检查和清除变压器外观缺陷，并进行局部清扫工作。
② 检查储油柜的油位和油色。
③ 检查箱沿、蝶阀、出线装置、油流继电器、信号温度计、50 活门、油样活门、波纹管等是否有渗漏油现象。
④ 检查各紧固件是否紧固。

⑤ 检查出线装置、油流继电器、信号温度计、接地装置等的接线是否良好。

⑥ 根据需要补充相同型号的变压器油。

⑦ 检查吸湿器的硅胶是否有超过 2/3 变为红色。

⑧ 检查压力释放阀是否有喷油痕迹，阀杆是否动作。

⑨ 检查油箱壁、电缆及接线处是否过热。

⑩ 检查主变压器出线装置是否有放电痕迹等。

知识点 3.4.2　主变压器小修

1. 检修用材料

白布、清洁剂等。

2. 检修用设备与工具

2 500 V 绝缘兆欧表、卷尺、电桥、各型扳手、手电筒等。

3. 检修内容

与日常检修内容相同。

4. 检查试验项目

① 测量主变压器各绕组、滤波电抗器绕组、平波电抗器绕组的绝缘电阻。

② 测量主变压器各绕组、滤波电抗器绕组、平波电抗器绕组的直流电阻。

③ 测量 25 kV 高压套管、出线装置的绝缘电阻。

知识点 3.4.3　主变压器大修

根据故障现象和试验数据，确定变压器内部存在的故障，或根据机车检修周期对变压器进行大修。变压器大修时，对所有附件包括保护装置、安全装置等都要进行检查、测试和修理，达到技术标准后才能组装；不合格的零部件，经检修仍不能满足技术标准要求的，须用合格品替换。

任务 3.4.3（1）主变压器主要部件的检修微课视频

1. 检修用材料与工具设备

1）检修材料

相同牌号的变压器油 300 kg、白布带、清洁剂、玻璃丝带、抹布、变压器用各种密封件和绝缘垫圈，以及需更换的变压器配件。

2）检修用工具与设备

任务 3.4.3（2）主变压器保护装置及附属装置的检修微课视频

工具　专用吊具、焊机、钢丝钳、各型扳手、撬棍、储油桶、油盆、灭火器、存放架、线圈架、卷尺、压力表、主变压器器身边垫脚。

设备　真空滤油设备、变压器干燥设备、试验变压器、电流表、功率表、摇表、电桥。

2. 变压器大修项目

① 大修前的各项试验和变压器油化验工作。

② 检查变压器、平波电抗器和滤波电抗器的绕组、铁心和引线，并对故障进行处理。

③ 检查变压器、平波电抗器、滤波电抗器的固定是否良好。

④ 检查油箱、储油柜是否变形，焊逢和油漆是否良好。

⑤ 检查蝶阀、出线装置、吸湿器、油流继电器、信号温度计、50 活门、油样活门、出线装置、接地装置等是否正常。

⑥ 清洗油箱、储油柜，处理渗漏及喷漆工作。

⑦ 滤油或换油。

⑧ 变压器器身干燥。

⑨ 变压器解体与总装配。

⑩ 试验。

3. 变压器大修步骤

1）主变压器解体前的检查

① 对变压器做绝缘电阻、直流电阻测量。

② 做油化验。

③ 对故障检查记录。

2）主变压器拆卸解体

① 放油。用带有连接法兰的软管将 50 活门连接至储油桶内，将储油桶置于低于 50 活门高度的位置，旋开 50 活门并完全泄放变压器油。

② 拆卸变压器出线装置与连接的母线上的螺栓。

③ 拆除信号温度计、油流继电器、压力释放阀的连线。

④ 拆除变压器油箱与车体连接的油管路、接地线、快速接头、A 端子连线。

⑤ 拆除变压器与车体之间的防护罩。

⑥ 拆除油箱安装座与车体之间的安装螺栓。

⑦ 将变压器从车下运出，吊到预定位置。

⑧ 拆卸储油柜和储油柜支撑柜之间的箱沿螺栓和接地连线。

⑨ 将储油柜吊到存放架上。

⑩ 拆卸变压器的出线装置、信号温度计、油流继电器、压力释放阀。

⑪ 拆卸变压器油箱与箱盖的螺栓，以及箱盖中间的拉杆螺母，卸去箱盖并吊到指定位置。

⑫ 用钢丝钳剪断变压器铁心夹件与油箱壁之间安装螺栓上的铁丝，拆卸各安装螺栓、铁心夹件与油箱之间的连板，以及铁心夹件与油箱之间的接地线。

⑬ 拆除滤波电抗器与油箱之间的安装螺栓及接地线。

⑭ 拆除平波电抗器与油箱之间的安装螺栓及接地线。

⑮ 将变压器器身、滤波电抗器、平波电抗器吊到预定的存放位置。

⑯ 将油箱内底部出油口处的密封圈拿出。

⑰ 卸下油箱底部的放油塞，将油箱内的余油排除干净。

3）主变压器的检修内容

① 变压器大修时须更换所有密封件。

② 检查绕组表面绝缘纸有无破损，颜色和韧性如何，用手按是否有弹性。

③ 检查引线绝缘包扎是否完好。

④ 检查线圈的压板和压钉是否松动，线圈座是否被压破，导线是否变形。

⑤ 检查接地装置是否牢靠，接地铜片有无断裂现象。

⑥ 检查线圈、引线等部位是否有放电痕迹和烧损情况。

⑦ 检查高低压侧引线的支持件和铜排的安装是否良好，紧固件是否松动，接线片是否开裂。

⑧ 检查绕组老化程度：绝缘胶带是否有韧性、弹性，是否已脆化，用手按是否出现裂纹；各种绝缘材料外观颜色是否变深，纸制绝缘材料是否由浅黄色变成深褐色；绝缘纸板和底部垫块是否有油泥和爬电痕迹。

⑨ 检查主变压器 25 kV 套管是否清洁，是否有裂损、缺边及放电痕迹等。

⑩ 其他各部件的检修，按照各部件的检修工艺进行。

⑪ 所有检修完成后，对变压器、滤波电抗器、平波电抗器器身进行干燥处理。在空气中停留时间超过下述规定时应进行烘干处理：干燥天气（即空气的相对湿度不超过 65%）16 h；潮湿天气（即空气的相对湿度不超过 75%）12 h；当空气的相对湿度达到或超过 75%时，吊盖检查后均应烘干。

4）主变压器组装

① 关闭变压器上的各个蝶阀，安装并检查压力释放阀、油箱底部的放油塞。

② 将变压器器身吊入油箱，对准油箱底板上的定位钉将器身安放好。将滤波电抗器、平波电抗器吊入油箱，对准油箱底板上的定位钉将电抗器安放好。

③ 将变压器、滤波电抗器、平波电抗器与箱体连接紧固，连接相应的接地线。

④ 新的密封圈安放在油箱的箱沿上，并拧紧螺栓，安装好出线装置及温度计。

⑤ 检查变压器各部分是否安装完好，是否有遗漏之处。

⑥ 从油箱下部 50 活门处缓慢注入变压器油至合适油位，油位可从储油柜处根据当时环境温度确定。

⑦ 变压器静放 24 h 后，需加压 0.05 MPa 进行压力泄漏试验 24 h，然后方可进行各种试验。

⑧ 检验合格后，将变压器运到车体下方并进行安装，然后安装变压器与冷却器的连接管路，变压器与车体之间的接地线，拧紧母线与变压器出线装置接线头之间的螺栓。

⑨ 将储油柜吊到储油柜支撑柜上，并将垫圈和螺母安放好，拧紧螺母，连接好储油柜与油箱之间的快速接头。

⑩ 打开各蝶阀（包括压力释放阀处的蝶阀），让变压器油充满冷却器和管路，拧松各放气塞，将管路内的空气排净；补充变压器油至油位表合适位置，油位可从储油柜处根据当时环境温度确定。

5）主变压器的检查试验项目

① 零部件检查。对照检查记录，看是否存在检修遗漏的地方。

② 铁心和铁轭夹件的绝缘电阻测量。

③ 测量主变压器、滤波电抗器、平波电抗器绝缘电阻，并做吸收比试验。

④ 变压器油化验。

⑤ 工频耐压试验（出厂试验值的 85%）。

⑥ 感应高压试验（出厂试验值的 85%）。

巩固练习

1. 在进行机车主变压器日常检修时，需要检查吸湿器的硅胶是否有超过＿＿＿＿＿＿变为红色。

2. 在进行机车主变压器小修时，要测量主变压器各绕组、滤波电抗器绕组、平波电抗器绕组的＿＿＿＿＿＿电阻和＿＿＿＿＿＿电阻。

3. 放油是指用带有连接法兰的软管将 50 活门连接至储油桶内，将储油桶置于低于 50 活门高度的位置，旋开 50 活门并完全泄放＿＿＿＿＿＿。

4. 在主变压器组装时，变压器静放 24 h 后，需加压＿＿＿＿＿＿MPa 进行压力泄漏试验 24 h，然后方可进行各种试验。

育人案例：最美铁路人——冯剑坚

冯剑坚是中国铁路上海局集团有限公司上海机务段动车技术指导。2018 年荣获"全国五一劳动奖章"，2019 年被评为"全国模范退役军人"，2020 年被评为"上海市抗击新冠肺炎疫情先进个人"，2022 年荣获"2021 年最美铁路人"称号。在最美铁路人身上，我们看到了以下闪光点。

勤学苦练 为了锻炼过硬的技术本领，他经常待在检修库中，粘着师傅在机车设备上假设故障，从而进行故障判断、处理、修理等一系列操作。在其中的一个车间，气温达到 50 ℃，冯剑坚带着设备直接冲进去，经过长时间的检查，他的工作服被完全浸湿。师傅让他歇一歇，可他却要把所有故障都排除才出来。功夫不负有心人，在段内的技术比赛中，冯剑坚取得了副司机组第一名。

精益求精 冯剑坚能熟练驾驶多种机车车型，在他担任司机以来，安全行驶 330 万 km。日积月累，冯剑坚已成长为一名指导司机。2019 年，站段把培训首批女动车组司机的重担交给他，通过他的悉心指导，这批女动车组司机已全部通过副司机考试，正在安全出乘大江南北。

不断进取 为了提高动车组司机操作的安全性，冯剑坚根据多年动车驾驶经验，认真编写了《各线风险提示卡》，并被站段当作培训学员的重要资料。他编撰的《提高动车组司机列控非正常故障处理能力》课题报告获国铁集团优秀质量体系成果奖。

思考：

1. "奋斗是青春的代名词，百炼方能成钢"。我们在平时的学习中就要把理论知识运用到实践中，还应该锻炼哪些方面的能力？

2. "撸起袖子加油干"。我们年轻人要锚定既定奋斗目标，勤学苦练，练就过硬的技术本领，同时还要具备怎样的铁路精神？

项目4

三相交流异步电动机在和谐系列电力机车中的应用

>>> 项目简介

随着大功率晶闸管，特别是可关断晶闸管的迅速发展，可调压、调频逆变器成功地解决了交流电动机的调速问题。交流传动电力机车采用三相交流异步电动机作为牵引电机，该电动机具有优异的运行性能、显著的节能效果、良好的可靠性、等效干扰电流小等诸多优点，是现代列车电动机发展的必然趋势。

本项目主要介绍 HXD$_3$ 型电力机车中作为牵引电机和辅助电机的三相交流异步电动机，内容主要包括三相交流异步电动机的结构和应用——起动、反转、调速、制动，并在 HXD$_3$ 型电力机车仿真驾驶操作系统中实现牵引电机的综合应用。

>>> 项目教学目标

1. 育人目标

① 围绕铁道机车运用与检修岗位的职业技能需求，通过学习三相交流异步电动机在电力机车中的应用，让学生更加明确学习目标，激发学生的学习兴趣，培养学生对乘务员岗位的热爱。

② 通过"教、学、做"一体化教学方式，让学生注重标准化作业，培养"遵章守纪、保证安全"的铁路职业道德和勇于担当、爱岗敬业、无私奉献的职业精神。

③ 学习中融入"新时代·铁路榜样"先进事迹，培养学生树立正确的职业道德和职业意识。

2. 知识目标

① 掌握异步电动机的分类、铭牌、基本结构。

② 理解异步电动机的工作原理。

③ 掌握三相定子绕组产生的合成磁势。

④ 掌握异步电动机起动、反转、调速和制动的方法。

⑤ 掌握 HXD$_3$ 型电力机车辅助电机的种类、用途、结构。

3. 技能目标

① 能够识别异步电动机的主要部件。

② 具备一定的三相异步电动机拆装能力。

③ 能够识别异步电动机的铭牌。

④ 学会利用转差率区分三相异步电动机的运行方式。

⑤ 能够绘制并分析三相异步电动机的工作特性。

⑥ 熟记三相异步电动机的转速公式并能够进行简单计算。

⑦ 能够在 HXD₃ 型电力机车仿真驾驶系统中实现三相异步牵引电机的应用并做分析。

➤ 课时建议：18 课时

任务 4.1 认识三相
异步电动机微课视频

任务 4.1　认识三相异步电动机

任务描述

本任务中，首先学习异步电动机的分类，然后认识异步电动机的铭牌，最后学习三相异步电动机的结构。

任务目标

1. 知识目标

① 熟悉异步电动机的分类。

② 掌握三相异步电动机的基本结构。

2. 技能目标

① 认识异步电动机的主要部件。

② 能读懂异步电动机的铭牌。

任务实施

知识点 4.1.1　异步电动机的分类

异步电动机也称感应电动机，是工农业生产中应用最为广泛的一种电机。例如，中小型轧钢设备、矿山机械、机床、起重机、鼓风机、水泵，以及脱粒、磨粉等农副产品加工机械，大多采用异步电动机。与其他电动机相比，异步电动机具有结构简单、坚固耐用、使用方便、运行可靠、效率高、易于制造和维修、价格低廉等许多优点。

1. 按定子相数分类

异步电动机按定子相数可分为三相异步电动机、单相异步电动机和两相异步电动机三类。除功率在 200 W 以下的异步电动机多做成单相异步电动机外，现代动力用电动机大多数都为三相异步电动机。两相异步电动机主要用于微型控制电动机。

2. 按转子形式分类

按照转子形式，异步电动机可分为笼型异步电动机和绕线型异步电动机两大类。笼型异步电动机的转子结构为鼠笼式转子。鼠笼式转子又分为普通鼠笼式转子、深槽型鼠笼式转子和双鼠笼式转子 3 种。三相绕线型异步电动机外形示意图如图 4.1 所示，三相笼型异步电动机外形示意图如图 4.2 所示。

图 4.1 　三相绕线型异步电动机外形示意图

3. 按机壳保护方式分类

按机壳保护方式，异步电动机可分为开启式、防护式、封闭式、防爆式等，如图 4.2 所示。

① 开启式异步电动机。机壳未全封闭，机身、前后端盖都留有散热孔，无散热风扇，自冷。该型电动机的端盖有开口，从外部能看到内部的线包，转动时风扇的风能通过端盖的开口将线包产生的热量带走。该型电动机适用于干燥、室内、外部环境条件好的地方。

② 防护式异步电动机。具有防止外界杂物落入电机内的防护装置，一般在转轴上装有风扇，冷却空气进入电机内部冷却定子绕组端部及定子铁心后将热量带出来。J2 系列电动机就是笼型转子防护式异步电动机；JR 系列电动机是绕线型转子防护式异步电动机。

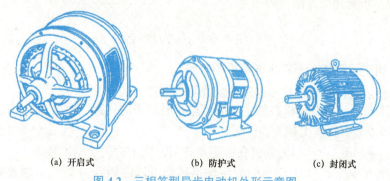

(a) 开启式 　　　　　　　　(b) 防护式 　　　　　　　　(c) 封闭式

图 4.2 　三相笼型异步电动机外形示意图

③ 封闭式异步电动机。其内部和外部的空气是隔开的，依靠装在机壳外面转轴上的风扇吹风进行冷却，借助机座上的散热片将电机内部发散出来的热量带走。这种电动机主要用于尘埃较多的场所，例如机床上使用的电动机。JOR 系列及 Y 系列电动机就属于这种类型。

④ 防爆式异步电动机。全封闭式电动机，它的内部与外界的易燃、易爆性气体完全隔离。这种电动机多用于汽油、酒精、天然气、煤气等气体较多的地方，如矿井或某些化工厂等处。

知识点 4.1.2　异步电动机的铭牌

每台异步电动机机壳上都装有铭牌，铭牌上刻印的是该电动机的主要技术参数，包括额定功率、额定电流、额定电压、转速等。三相异步电动机铭牌信息示例如表 4.1 所示。

表 4.1　三相异步电动机铭牌信息示例

三相异步电动机			
型号：Y-112M-4		编号：	
功率：4.0 kW		电流：8.8 A	
电压：380 kV	转速：1 440 r/min	LW82 dB	
接法：△	防护等级：IP44	频率：50 Hz	质量：45 kg
标准编号	工作制：S1	B 级绝缘	年　　月
电机厂			

电动机按铭牌上所规定的条件运行时，就称电动机在额定状态下运行。下面对三相异步电动机铭牌上的主要信息进行介绍。

1. 额定值信息

① 定子额定电压 U_N。指电动机在额定状态下运行时，定子绕组应加的线电压，单位为 V 或 kV。

② 定子额定电流 I_N。指电动机在额定电压下运行，输出额定功率时，流入定子绕组的电流，单位为 A。

③ 额定功率 P_N。指电动机在额定状态下运行时轴端输出的机械功率，单位为 W 或 kW。对于三相异步电动机，额定功率为

$$P_N = \sqrt{3} U_N I_N \eta_N \cos \varphi_N \qquad (4.1)$$

式中：η_N——额定运行状态下异步电动机的效率；

$\cos \varphi_N$——额定运行状态下异步电动机的功率因数。

④ 额定转速 n_N。指电动机在额定状态下运行时转子的转速，单位为 r/min。

⑤ 额定频率 f_N。我国工频为 50 Hz。

⑥ 额定功率因数 $\cos \varphi_N$。电动机在额定负载时，定子边的功率因数。

⑦ 额定输出转矩 T_{2N}。电动机的额定输出转矩可以由额定功率 P_N、额定转速 n_N 计算，公式为

$$T_{2N} = 9\,550 \frac{P_N}{n_N} \qquad (4.2)$$

其中，额定功率 P_N 的单位是 kW，额定转速 n_N 的单位是 r/min，转矩的单位是 Nm。

2. 其他铭牌信息

除上述信息外，铭牌上有时还标明定子相数、绕组接法，以及额定运行状态下电机的

功率因数、效率、温升或绝缘等级、定额等。下面对绕组接法、温升和定额做简要说明。

1）绕组接法

三相异步电动机的定子绕组可接成星形（Y）或三角形（△），视额定电压和电源电压的配合情况而定。为了满足改接的需要，通常把三相绕组的 6 个端头都引到接线板上，以便于采用需要的接法，如图 4.3 所示。

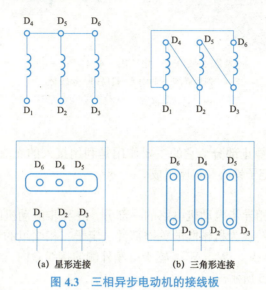

(a) 星形连接　　　　　(b) 三角形连接

图 4.3　三相异步电动机的接线板

2）温升

温升指电动机按规定方式运行时，绕组容许的温度升高，即绕组的温度比周围空气温度高出的数值。容许温升的高低取决于电动机所使用的绝缘材料。

3）定额

我国电动机的定额分为 3 类，即连续定额（又称连续工作制，用 S1 表示）、短时定额（又称短时工作制，用 S2 表示）和断续定额（又称断续工作制，用 S3 表示）。连续定额是指电动机按铭牌规定的条件长期连续运行，短时定额和断续定额均属于间歇运行方式，即运行一段时间后就停止运行一段时间。可见，在短时定额和断续定额方式下，电动机的发热也是间断的，所以，容量相同时，这类电动机的体积可以做得小一些；或者当连续定额的电动机以短时定额或断续定额方式运行时，所带的负载可以超过铭牌上规定的数值。但是，短时定额和断续定额的电动机不能按其容量连续运行，否则会使电动机过热而损坏。

知识点 4.1.3　三相异步电动机的基本结构

三相异步电动机由固定的定子和旋转的转子两个基本部分组成。转子装在定子内腔里，借助轴承被支撑在两个端盖上。为了保证转子能在定子内自由转动，定子和转子之间必须有一定间隙，称为气隙。电动机的气隙是一个非常重要的参数，其大小及对称性等对电动机的性能有很大影响。此外，三相异步电动机还有端盖、轴承、轴承端盖、风扇等部件。图 4.4 为三相笼型异步电动机的组成部件。

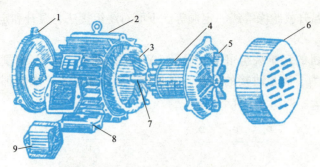

1—端盖；2—定子；3—定子绕组；4—转子；5—风扇；
6—风扇罩；7—轴承；8—机座；9—接线盒。

图 4.4　三相笼型异步电动机的组成部件

1. 定子

定子是电动机中的静止部分，它的主要作用是利用接入的交流电产生一个旋转磁场。定子由定子三相绕组、定子铁心和机座组成。

1）定子三相绕组

定子三相绕组是三相异步电动机电路的一部分，在异步电动机的运行中起着很重要的作用，因为它是把电能转换为机械能的关键部件。定子三相绕组的结构是对称的，一般有 6 个出线端 U_1、U_2、V_1、V_2、W_1、W_2，置于机座外侧的接线盒内，根据需要接成星形（Y）或三角形（△），如图 4.5 所示。

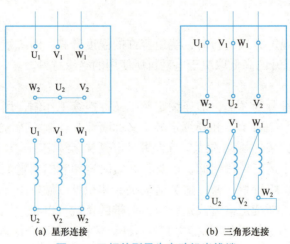

(a) 星形连接　　　　　　　(b) 三角形连接

图 4.5　三相笼型异步电动机出线端

2）定子铁心

定子铁心是三相异步电动机磁路的一部分。由于主磁场以同步转速相对定子旋转，为减小在铁心中引起的损耗，铁心采用 0.5 mm 厚的高导磁电工钢片叠装而成，电工钢片两面涂有绝缘漆以减小铁心的涡流损耗。中小型异步电动机的定子铁心一般采用整圆的冲片叠成，大型异步电动机的定子铁心一般采用扇形冲片拼成。在每个冲片的内圆上均匀地开槽，使叠装后的定子铁心在内圆柱面上均匀地形成许多形状相同的槽，用以嵌放定子绕组。槽的形状视电动机的容量、电压及绕组的形式而定。绕组的嵌放过程在电机制造厂中称为下线。完成下线并进行浸漆处理后的铁心与绕组成为一个整体，一同固定在机座内。

3）机座

机座又称机壳，它的主要作用是支撑定子铁心，同时也承受整个电动机负载运行时产生的反作用力，电动机运行时由于内部损耗所产生的热量也是通过机座向外散发的。中小型电动机的机座一般采用铸铁制成，大型电动机因机身较大而导致浇铸不便，常用钢板焊接成型。

2. 转子

转子是电动机中的转动部分，置身于定子产生的旋转磁场中。转子由转子铁心、转子绕组及转轴组成。

1）转子铁心

转子铁心是三相异步电动机磁路的另一部分，也是用 0.5 mm 厚的高导磁电工钢片叠成。与定子铁心冲片不同的是，转子铁心冲片是在冲片的外圆上开槽，叠装后的转子铁心外圆柱面上均匀地形成许多形状相同的槽，用以放置转子绕组。

2）转子绕组

转子绕组是三相异步电动机电路的另一部分，其作用为切割定子磁场，产生感应电动势及感应电流，并在磁场作用下受力而使转子转动。转子结构可分为鼠笼式转子和绕线式转子两种类型。这两种转子各自的主要特点是，鼠笼式转子结构简单，制造方便，经济耐用；绕线式转子结构复杂，价格昂贵，但转子回路可引入外加电阻来改善电动机的起动和调速性能。

鼠笼式转子绕组由置于转子铁心槽中的导条和两端的端环构成。为节约用铜和提高生产率，小功率异步电动机的导条和端环一般都是熔化的铝液一次性浇铸出来的；对于大功率异步电动机，由于铸铝质量不易保证，常用铜条插入转子铁心槽中，再在两端焊上端环。（2 000 W 以下为小功率电动机，2 000～95 000 W 为中功率电动机，95 000 W 以上为大功率电动机。）鼠笼式转子绕组自行闭合，不必由外界电源供电，其外形像一个鼠笼，故称鼠笼式转子，如图 4.6 所示。

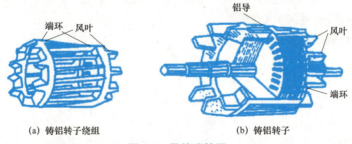

(a) 铸铝转子绕组   (b) 铸铝转子

图 4.6 鼠笼式转子

鼠笼式转子绕组的各相均由单根导条组成，其感应电动势不大，加上导条和铁心叠片之间的接触电阻较大，所以无须专门把导条和铁心用绝缘材料分开。

绕线式转子绕组是用绝缘导线制成的。嵌放在转子铁心槽内的三相对称绕组，三相一般为星形接法，三根引出线分别接到固定在转轴上并互相绝缘的三个集电环上，再通过安装在端盖上的电刷装置与集电环接触把电流引出来。这种转子的特点是可以通过集电环和电刷在转子回路中接入附加电阻，用以改善电动机的起动性能，或调节电动机的转速。有的绕线式转子异步电动机还装有一种提刷短路装置，当电动机起动完毕而又不需要调节转速时，移动手柄使电刷被举起，从而与集电环脱离接触，同时使三只集电环彼此短接起来，这样可以减少电刷与集电环之间的摩擦和摩擦损耗，提高运行可靠性。与鼠笼式转子比较，绕线式转子的缺点是结构复杂，价格较高，运行可靠性也较差。因此，绕线式转子异步电动机只用在要求起动电流小、起动转矩大，或需要调节转速的场合，例如用来拖动频繁起动的起重设备。

3）转轴

转轴是整个转子部件的安装基础，又是力和机械功率的传输部件，整个转子靠轴和轴承被支撑在定子铁心内腔中。转轴一般由中碳钢或合金钢（优质合金钢）制成。

3. 气隙

异步电动机的气隙是很小的，中小型电动机一般为 0.2～2 mm。气隙越大，磁阻越大，要产生同样大小的磁场强度，就需要较大的励磁电流。由于气隙的存在，异步电动机的磁路磁阻远比变压器大，因而异步电动机的励磁电流也比变压器大得多。变压器的励磁电流约为额定电流的3%，异步电动机的励磁电流约为额定电流的30%。励磁电流是无功电流，因而励磁电流越大，功率因数越低。为提高异步电动机的功率因数，必须减小它的励磁电流，而减小励磁电流最有效的方法是尽可能缩短气隙长度，但是气隙过小会使装配困难，还有可能使定子、转子在运行时发生摩擦或碰撞，因此气隙的最小值由制造工艺及运行的安全可靠性等因素来决定。

4. 其他部件

① 端盖：安装在机座的两端，它的材料、加工方法与机座相同，一般为铸铁件。端盖上的轴承室里安装了轴承来支撑转子，以使定子和转子得到较好的同心度，保证转子在定子内膛里正常运转。端盖除了起支撑作用外，还起着保护定子、转子绕组的作用。

② 轴承：其作用是连接电动机的转动部分与不动部分，目前都采用滚动轴承以减少摩擦。

③ 轴承端盖：其作用是保护轴承，使轴承内的润滑油不致溢出。

④ 风扇：其作用是冷却电动机。

三相异步电动机的拆装顺序见任务5.2。

巩固练习

1. 异步电动机也称_____电动机。
2. 按照转子形式，异步电动机可分为_____型和绕线型两大类。
3. 三相异步电动机的定子绕组可接成星形或_____形。
4. 为了保证转子能在定子内自由转动，定子和转子之间必须有一间隙，称为_____。
5. 异步电动机的转子由转子铁心、_____及转轴组成。
6. 转子绕组是异步电动机电路的另一部分，其作用为_____。
7. 异步电动机的气隙是很小的，中小型电机一般为_____～_____mm。
8. 异步电动机有哪些优点？

任务 4.2　三相异步电动机的运行分析与起动

任务描述

本任务中，首先学习三相异步电机的工作原理，也就是它的三种运行状态，通过状态分析使学生对"异步"有直观的认识，然后学习三相异步电动机的 4 种起动方法。

任务目标

1. 知识目标

① 理解三相异步电机的工作原理。

② 掌握三相异步电动机的起动方法。

2. 技能目标

① 会利用转差率区分三相异步电机的运行方式。

② 能够初步分析和谐型电力机车牵引电机的起动问题。

任务实施

知识点 4.2.1　三相异步电机的运行方式

三相异步电机工作原理示意图如图 4.7（a）所示，定子上的三相绕组接到三相交流电源上，转子绕组自成闭合回路。三相异步电机的运行方式分 3 种，以下分别介绍。

1. 作为电动机运行

三相异步电机作为电动机运行是其最普遍的工作状态。三相交流电流入三相定子绕组产生旋转磁势，并在气隙中产生相应的旋转磁场，旋转磁场（B_m）以同步转速 n_1 旋转。为了便于说明问题，在图 4.7 中用一对旋转的磁极来表示该旋转磁场。

当旋转磁场切割转子导体时，在其中产生感应电动势，从而使转子导体中产生电流，其方向可用右手定则判断。该电流与旋转磁场相互作用而产生电磁转矩（T），使转子以转速 n 旋转，从而把电能转换成机械能。由左手定则判断可知：转子方向与磁场旋转方向相同，如图 4.7（b）所示。

当三相异步电机作为电动机运行时，为了克服负载的阻力转矩，转子的转速 n 总是略低于磁场的同步转速 n_1，以便气隙中的旋转磁场能够切割转子导体而在其中产生感应电动势及感应电流，从而能够产生足够的电磁转矩来带动转子旋转。如果转子的转速与同步转速相等，转向又相同，则气隙中的旋转磁场与转子导体没有相对运动，因而转子导体中就不会产生感应电动势及感应电流，也不会产生电磁转矩。可见，三相异步电动机产生电磁转矩的必要条件是，旋转磁场同步转速 n_1 和转子的转速 n 不相等，即 $n_1 \neq n$。

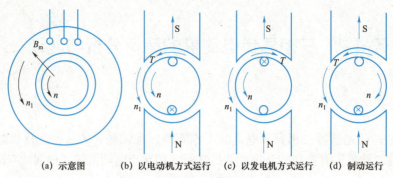

(a) 示意图　　(b) 以电动机方式运行　　(c) 以发电机方式运行　　(d) 制动运行

图 4.7　三相异步电机的工作原理

把磁场的同步转速 n_1 和转子的转速 n 的差值称为转差，转差与 n_1 的比值称为转差率，转差率用 s 来表示，其计算公式为：

$$s = \frac{n_1 - n}{n_1} \tag{4.3}$$

转差率是三相异步电机的一个基本变量，它可以表示三相异步电机的各种不同运行状态。

① 在三相异步电动机刚起动时，转子转速 $n=0$，则 $s=0$，转子切割旋转磁场的相对速度最大，转子中的感应电动势及感应电流也最大。如果产生的电磁转矩足以克服机械负载的阻力转矩，转子就开始旋转，转速会不断上升。

② 随着转子转速 n 的上升，转差率 s 减小，转子切割旋转磁场的相对速度减小，转子中的感应电动势及感应电流也减小。在额定状态下，转差率 s 的数值通常都是很小的，中小型异步电动机的转差率为 0.01～0.07，转子的转速与磁场的同步转速相差并不很大。而空载时，因阻力矩很小，转子转速 n 很高，转差率则更小，为 0.004～0.007，可以认为转子转速近似等于磁场的同步转速。

③ 假设 $n=n_1$，则转差率 $s=0$，此时转子导体不切割旋转磁场，转子中就没有感应电动势及感应电流，也不产生电磁转矩。

可见，三相异步电机作为电动机运行时，转子的转速 n 在 0～n_1 的范围内变化，而转差率则在 1～0 的范围内变化。

此时，三相异步电动机的转速可用转差率来计算，即

$$n = (1 - s) \, n_1 \tag{4.4}$$

2. 作为发电机运行

若三相异步电机的转轴上不是机械负载，而是用一原动机拖动转子以大于磁场同步转速的速度与旋转磁场同方向旋转，则转子导体相对于旋转磁场的运动方向与图 4.7（b）相反，转子导体中的感应电动势及感应电流也反向，如图 4.7（c）所示。由左手定则可知，转子导体所产生的电磁转矩也与转子转向相反，起着阻碍转子转动的作用。为了克服电磁转矩的阻碍作用，使转子能继续旋转下去，并保持 $n>n_1$，原动机就必须不断向其输入机械能，而电机则把输入的机械能转换为电能供给电网，此时就成为发电机，转差率 s 为负值。

3. 在制动状态下运行

若在外力作用下，使转子逆着旋转磁场方向转动，如图 4.7（d）所示。比较图 4.7（b）

和图 4.7（d）可以发现：在制动状态下，作用在转子上的电磁转矩的方向与旋转磁场方向一致，但却与转子的转向相反，起到了阻碍转子旋转的作用，故称之为三相异步电动机的制动运行。在这种情况下，它一方面消耗原动机的机械能，另一方面也从电网吸收电能，这两部分能量均变为三相异步电机内部的损耗。在制动状态下运行时，转子逆着旋转磁场方向旋转，$n<0$，所以转差率 $s>1$。

在 3 种运行状态下，转子转速总是与旋转磁场转速（同步转速）不同，因而称这种电机为异步电机。又由于异步电机的转子绕组并不直接与电源相接，而是依靠电磁感应的原理来产生感应电动势及感应电流，从而产生电磁转矩，使电机旋转，因而异步电机又称为感应电机。

实际上，异步电机绝大多数都是作为电动机运行。异步发电机的性能不如同步发电机优越，因此仅用在特殊场合。制动运行往往是吊车等设备的一种特殊运行状态。

知识点 4.2.2　三相异步电动机的起动

三相异步电动机的起动是指电动机从接入电网开始转动，到电动机正常运转为止的这一过程。衡量三相异步电动机起动性能好坏的标准，主要有以下 4 点：

① 起动电流尽可能小；

② 起动转矩要足够大；

③ 起动所需用的设备简单、经济、操作方便；

④ 起动过程中的功率损耗要尽量小。

三相异步电动机在起动时存在两种矛盾：电动机的起动电流大，而供电线路承受冲击电流的能力有限；电动机的起动转矩小，而负载又要求有足够的转矩才能起动。因此，在不同的情况下，三相异步电动机应采取不同的起动方法。具体来讲，三相异步电动机的起动主要有以下 4 种方法：

1. 小容量电动机空载或轻载起动——直接起动

小容量电动机空载或带轻载时，可以直接起动。直接起动就是将电动机的定子绕组直接接到具有额定电压的电网上。这种起动方法的优点是起动操作和起动设备都简单。直接起动时，电流较大，如果负载的惯量较大，起动时间可能较长。为了保证电动机起动时不引起太大的电网压降，电动机应满足下列经验公式的要求：

$$\frac{I_{st}}{I_N} \leqslant \frac{3}{4} + \frac{供电变压器的容量}{4 \times 电动机额定容量} \tag{4.5}$$

式中：I_{st} 为起动电流，I_N 为额定电流。

电动机能否直接起动，不仅取决于电动机本身的容量大小，而且还与供电电网容量、供电线路长短、起动次数及用户的其他要求有关。

供电电网容量越大，允许直接起动的电动机容量也越大；电动机与供电变压器之间的距离越长，起动时线路电压降也越大，则电动机的端电压就越低，有可能使电动机转不起来，这种情况下应降低允许直接起动的电动机容量。对于频繁起动的电动机，如果为其供电的变压器还需要向其他用户供电，则分以下两种情况考虑：如果其他都是动力用户，即都是电动机，则对允许直接起动的电动机容量的要求可放松一些；如果还有照明用户或其他对电源电压波动敏感的用户，则对允许直接起动的电动机容量的要求就更严一些，至于具体的规定，可查阅有关书籍或电工手册，通常以下两种情况可以直接起动电动机：

① 容量在 7.5 kW 以下的三相异步电动机。

② 电动机在起动瞬间造成的电网电压降不大于电压正常值的 10%，对于不经常起动的电动机可放宽到 15%。

2. 中大容量电动机空载或轻载起动——降压起动

当电动机容量超过一定值时，就不能直接起动。如果仍是空载或轻载起动，则起动时的主要问题就是起动电流大而电网允许的冲击电流有限，因此必须降低起动电流。

要降低起动电流，最有效的措施是降压起动。降压起动是指电动机在起动时降低加在定子绕组上的电压，起动结束后再加上额定电压运行。降压起动可以有效地降低电动机的起动电流，但由于异步电动机的起动转矩与电压的平方成正比，所以降压起动时电动机的起动转矩也相应降低，故降压起动只适用于中大容量电动机空载或轻载起动。

常用的降压起动方法有星－三角降压起动、自耦变压器降压起动、定子绕组串电阻或电抗降压起动、延边三角形降压起动。以下仅介绍前两种降压起动方法。

1）星－三角降压起动

星－三角降压起动是指电动机在额定电压下正常运行时采用三角形接法，在起动时采用星形接法，从而使三相定子绕组所承受的每相相电压降低为额定电压（电源线电压）的 $1/\sqrt{3}$。其原理线路图如图 4.8 所示。

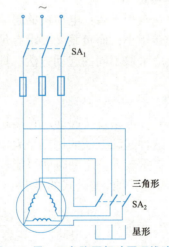

图 4.8　星－三角降压起动原理线路图

起动时，先将转换开关 SA_1 置于"起动"位，这时定子三相绕组做星形连接，然后将开关 SA_2 置于"星形"，电动机开始起动，待电动机转速升高到一定值后，再把 SA_2 置于"三角形"位，此时定子三相绕组做三角形连接，电动机就在额定电压下正常运行。两种接线方法起动电流的比值是 1/3。

由此可见，用星－三角降压起动，起动电流为采用三角形接法直接起动时的 1/3，对降低起动电流很有效，但由于起动转矩与电压的二次方成正比，因此起动转矩也相应降低为采用三角形接法直接起动时的 1/3，即起动转矩也降低很多，故此种方法只能用于空载或轻载起动的设备上。

此种方法的最大优点是所需设备简单、价格低，因而得到了广泛的应用。由于此种方法只能用于正常运行时三相定子绕组为三角形接法的电动机，因此我国生产的 JO2 系列及 Y 系列三相笼型异步电动机，功率在 4 kW 及以上者正常运行时都采用三角形接法。

2）自耦变压器降压起动

自耦变压器降压起动也称起动补偿器起动，这种起动方法是利用自耦变压器来降低起动时加在定子绕组上的电压，其原理线路图如图 4.9 所示。可以看出，该原理线路图主要由三相自耦变压器和控制开关等组成。

起动时，先将开关 S_1 闭合，然后再将开关 S_2 置于"起动"位，这时经过自耦变压器降压后的交流电压加到电动机的定子绕组上，电动机开始降压起动，待电动机转速升高到一定值后，再把开关 S_2 置于"运行"位，电动机就在额定电压下正常运行，此时自耦变压器已从电网上切除。

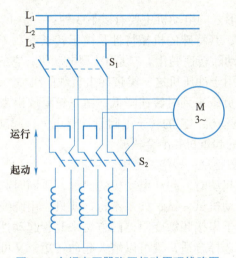

图 4.9　自耦变压器降压起动原理线路图

设自耦变压器的变比为 K，原边电压为 U_1，原边电流为 I_1 则副边电压为 $U_2=U_1/K$，副边电流（即通过电动机定子绕组的线电流，I_2）也减小为额定电压下直接起动时起动电流的 $1/K$。又因为变压器原副边的电流关系是 $I_1=I_2/K$，所以原边的电流比直接流过电动机定子绕组的电流还要小，即此时电源供给电动机的起动电流为直接起动电流的 $1/K^2$。因此自耦变压器降压起动对限制起动电流很有效。但采用此种方法降低起动电流，起动转矩也会相应地降低到直接起动时的 $1/K^2$。

这种起动方法的优点是可以按容许的起动电流和所需的起动转矩选择自耦变压器的变比 K，从而实现降压起动，而且无论电动机定子绕组采用的是星形连接还是三角形连接，都可使用；缺点是投资较大，设备体积大。

3. 小容量电动机重载起动——笼型电机的特殊形式

当小容量电动机重载起动时，遇到的主要问题是起动转矩不足。针对这种情况，解决的办法有两个：其一是按起动要求，选择容量更大的电动机；其二是选用起动转矩较大的特殊形式的电动机，这些特殊形式电动机的机械特性与普通笼型电动机的机械特性比较如图 4.10 所示。

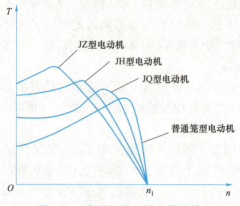

图 4.10　电动机的机械特性比较

起动转矩较大的特殊形式的电动机主要有以下 3 种：一是 JQ 型电动机，适用于一般重载起动，如皮带运输机等，其特殊的机械特性是由于转子参数（双鼠笼式异步电动机和深槽型异步电动机）能够自动随转速变化。二是 JH 型电动机，它的转子电阻设计得偏大，因此它的机械特性较软，适用于冲压机这一类带冲击负载的机械。JH 型电动机常常带着机械惯性较大的飞轮，在冲击负载来到时转速降低，由飞轮释放出来的动能可以帮助电动机克服高峰负载。三是 JZ 型电动机，它的转子电阻设计得更大，起动转矩也相应更大，机械特性更软，适用于频繁起动的起重机和冶金机械。

4. 中大容量电动机重载起动——绕线型电动机起动

中大容量电动机重载起动时，起动电动机的两种矛盾同时起作用，问题最尖锐。可以先用上述的特殊形式的电动机试一试，如果不行，就只能用绕线型电动机了。绕线型电动机常用转子串接电阻或转子串接频敏变阻器的方法来改善起动性能。当绕线型电动机的转子串接电阻时，如果阻值选择合适，既可以增大起动转矩，又可以减小起动电流，使两种矛盾都得到解决，当然投入的设备要多一些，成本较高。

另外，对于频繁起动、制动的电动机来说，即使容量不大，但起动、制动的时间占整个电动机工作时间的比例较大，大电流持续时间长，发热严重。如果选用笼型电动机，哪怕只是空载，起动、制动过于频繁也会导致电动机过热，这种情况下也应采用绕线型电动机，利用转子外接电阻来控制电动机的起动、制动。起动时，大部分热量产生在绕线型电动机外面，电动机本身的发热比较小。

知识点 4.2.3　和谐型电力机车牵引电机的起动

机车为获得良好的牵引性能，理想的牵引特性应是起动牵引转矩大、运行调速范围广。交—直—交型交流传动机车通常是低频起动，按牵引特性的要求进行控制。起动的时候，采用很低的频率；随着机车运行速度的提高，逐步提高频率。机车运行范围主要受黏着系数、恒功率范围、最大电流和最高速度的限制。当然，也可以采用降低加在牵引电机上电压的方法进行降压起动。

巩固练习

1. 三相异步电机作为电动机运行时，转子转动方向与磁场旋转方向_____（相同 / 相反）。

2. 三相异步电机作为电动机运行时，把电能转换成_____能。

3. 异步电机产生电磁转矩的必要条件是，磁场的同步转速 n_1 和转子的转速 n_____（相等 / 不相等）。

4. 把磁场同步转速 n_1 和转子转速 n 的差值称为_____。

5. 三相异步电机以发电机方式运行时，转差率 s 为_____（正 / 负）值。

6. 降压起动只适用于电动机空载或_____载起动。

7. 简述异步电机中"异步"的由来。

8. 简述感应电机中"感应"的由来。

9. 异步电动机有哪几种起动方式？

10. 不属于三相异步电动机降压起动方法的是（　　）起动。

A. 自耦变压器降压　　　　　B. Y/ △换接　　　　　　　C. 延边三角形

任务 4.3　三相异步电动机的反转

任务 4.3 三相异步电动机的反转微课视频

任务描述

作为机车乘务员，需要根据行车要求，实现机车的前进和后退，也就是改变牵引电机的转向。由于三相异步电动机的旋转方向取决于定子的旋转磁场方向，所以在本任务中，首先介绍交流绕组的基本知识，然后分析三相定子绕组产生的合成磁势，最后找出改变定子旋转磁场方向的方法，实现三相异步电动机的反转。

任务目标

1. 知识目标

① 熟悉交流绕组的基本知识。

② 掌握三相定子绕组产生的合成磁势。

2. 技能目标

① 学会计算同步转速。

② 学会改变定子旋转磁场的旋转方向。

③ 学会让三相异步电动机反转。

任务实施

知识点 4.3.1　认识交流绕组

三相异步电动机的交流绕组是由许多嵌放在定子铁心槽中的线圈按照一定的规律分布、排列并连接而成的。本任务中，主要学习三相异步电动机交流绕组的基本术语、构成、排列与连接方法，然后学习三相定子绕组的电动势和磁势。

交流绕组即交流电机的绕组，先把同相导体绕成线圈，再按照一定的规律将线圈串联或并联而成。交流绕组通常都绕成开放式，每相绕组的始端和终端都引出来，以便于接成星形或三角形。

1. 绕组的基本术语

1）线圈、线圈组、绕组

线圈也称绕组元件，是构成绕组的最基本单元。线圈是用绝缘导线按一定形状绕制而成的，可由一匝或多匝组成；多个线圈连成一组就称为线圈组；由多个线圈或线圈组按照一定规律连接在一起就形成了绕组，图 4.11 为常用线圈示意图。线圈嵌放在铁心槽内的直线部分称为有效边，它是进行电磁能量转换的部分，伸出铁心槽外的部分，仅起连接作用，不能直接转换能量，称为端部。

端部

有效边

(a) 单匝线圈　　　(b) 多匝线圈　　　(c) 线圈组

图 4.11　常用线圈示意图

2）极距 τ

极距是指交流绕组一个磁极在定子圆周上所占的距离，一般用定子槽数来表示。即：

$$\tau = \frac{z_1}{2p} \tag{4.6}$$

式中：z_1——定子铁心总槽数；

　　　$2p$——磁极数；

　　　τ——极距。

3）线圈节距 y_1

一个线圈的两个有效边所跨定子圆周的距离称为节距，一般也用定子槽数来表示。例如，某线圈的一个有效边嵌放在第 1 槽而另一个有效边嵌放在第 6 槽，则其节距 $y_1=6-1=5$（槽）。从绕组产生最大磁势或电动势的要求出发，节距 y_1 应接近于极距 τ，即

$$y_1 \approx \tau = \frac{z_1}{2p} \tag{4.7}$$

当 $y_1 = \tau$ 时，称为整距绕组；当 $y_1 < \tau$ 时，称为短距绕组；当 $y_1 > \tau$ 时，称为长距绕组。

在实际应用中，常采用短距绕组和整距绕组。长距绕组一般不采用，因为其端部较长，用铜较多。

4）机械角度和电角度

机械角度就是空间几何角度，恒等于 360°。电角度是用电动势完成一个完整的周期变化来定义的。从电磁方面来看，导体每经过一对磁极，电动势就完成一个交变周期。对于 4 极电机，$p=2$，这时导体每旋转一周要经过两对磁极，对应的电角度为 $2 \times 360° = 720°$，若电机有 p 对磁极，则

$$电角度 = p \times 机械角度 \tag{4.8}$$

5）每极每相槽数 q

每极每相槽数 q 是指每相绕组在每个磁极下占的槽数，可由下式计算：

$$q = \frac{z_1}{2pm} \tag{4.9}$$

式中：m——相数。

q 个槽所占的区域称为一个相带。通常情况下，三相异步电动机每个磁极下可按相数分为 3 个相带，因一个磁极对应的电角度为 180°，故每个相带占有的电角度为 60°，称为 60° 相带。

6）槽距角 α

槽距角指相邻的两个槽之间的电角度。可由下式计算：

$$\alpha = \frac{360° \times p}{z_1} \tag{4.10}$$

7）极相组

极相组是指一个磁极下属于同一相的线圈按一定方式串联成的线圈组。

2. 三相异步电动机对交流绕组的基本要求

三相异步电动机交流绕组的构成主要从设计制造和运行两方面考虑，绕组的形式有多种多样，具体要求如下：

① 在一定的导体数下，绕组的合成电动势和磁势在波形上应尽可能为正弦波，在数值上尽可能大，而绕组的损耗要小，用铜要省。

② 对于三相绕组，各相的电动势和磁势要对称，而各相的电阻和电抗要相同。为此，必须保证各绕组所用材料、形状、尺寸及匝数都相同，且各相绕组在空间的分布应彼此相差 120° 电角度。

③ 绕组的绝缘和机械强度要可靠，散热条件要好。

④ 绕组的制造、安装、检修要方便。

对交流绕组的要求，从原理上来看，可以归纳为对绕组感应电动势和产生的磁动势的

要求。对三相交流电动机来说，要求三相绕组能感应出波形接近正弦波、有一定数值的三相对称电动势；要求当三相绕组中流过三相对称电流时，能产生接近圆形的旋转磁动势。

三相交流绕组在槽内嵌放完毕后共有 6 个出线端引到电动机机座上的接线盒内。高压大中容量的异步电动机三相绕组一般采用星形接法；小容量的异步电动机三相绕组一般采用三角形接法。

3. 三相交流绕组的分布、排列与连接要求

三相异步电动机交流绕组的作用是产生旋转磁场，因而要求交流绕组是对称的三相绕组，其分布、排列与连接应按下列要求进行：

① 各相绕组在每个磁极下应均匀分布，以达到磁场的对称。为此，先将定子槽数按磁极数均分，每一等份代表 180° 电角度（称为分极）；再把每极下的槽数分为 3 个区段（相带），每个相带占 60° 电角度（称为分相）。

② 各相绕组的电源引出线应彼此相隔 120° 电角度。

③ 同一相绕组的各个有效边在同性磁极下的电流方向应相同，而在异性磁极下的电流方向应相反。

④ 同相线圈之间的连接应顺着电流方向进行。

4. 交流绕组的分类

按槽内层数来分，交流绕组可分为单层绕组、双层绕组和单双层混合绕组；按每磁极每相所占的槽数来分，交流绕组可分为整数槽绕组和分数槽绕组；按绕组的结构形状来分，交流绕组可分为链式绕组、交叉式绕组、同心式绕组、叠绕组和波绕组等。

知识点 4.3.2 三相异步电动机的反转原理

1. 三相定子绕组的电动势

根据电磁感应定律可以证明，三相异步电动机定子绕组的相电动势 E_1 为：

$$E_1 = 4.44 f_1 N_1 K_\omega \Phi_m \tag{4.11}$$

式中：f_1 为三相定子绕组中电流的频率；N_1 为每相定子绕组总的串联匝数；Φ_m 为三相异步电动机的每极磁通；K_ω 为绕组因数，其值为节距因数 K_y 与分布因数 K_q 之积。

① 节距因数 K_y。它的数值与线圈节距有关，它表示短距线圈和长距线圈电动势的减小程度，短距线圈和长距线圈的 $K_y<1$，整距线圈的 $K_y=1$。

② 分布因数 K_q。它的数值与线圈分布有关，它表示分布线圈电动势的减小程度，分布线圈的 $K_q<1$，集中线圈的 $K_q=1$。

2. 三相定子绕组的磁势

在三相定子绕组中通入三相正弦波的电流，则三相定子绕组中的每一个单相绕组所产生的磁势为脉动磁势。所谓脉动磁势，就是磁势的轴线（即磁势幅值所在的位置）在空间中固定不动，但磁势的振幅不断随时间而变化。

1）单相绕组的磁势

单相绕组脉动磁势 $f_\phi(x, t)$ 的数学表达式为：

$$f_\Phi(x,t) = F_\Phi \cos x \cos \omega t \tag{4.12}$$

式中：F_Φ 为磁势的幅值；x 为空间坐标；t 为时间坐标；ω 为绕组中正弦交流电的角频率。

从式（4.12）可见，在任一瞬间，磁势的空间分布为一余弦波，但在空间任何一点的磁势，则又随时间做余弦变化。或者说，该磁势既是空间函数又是时间函数。

可以证明，单相绕组脉动磁势的幅值 $F_\Phi=0.9IN_1K_\omega/p$，说明单相绕组脉动磁势的幅值与绕组中的电流 I 成正比，与相绕组总的串联匝数 N_1 成正比，与绕组因数 K_ω 成正比，与电机的极对数 p 成反比。

2）三相绕组的磁势

三相绕组由 3 个单相绕组组成，这三个单相绕组分别产生脉动磁势。在三相异步电动机中，3 个单相绕组是对称的，即 U、V、W 三相绕组在空间互相间隔 120° 电角度。当电动机对称运行时，通入三相绕组中的三相电流亦是对称的，即其幅值相等，在时间相位上互差 120° 电角度，即

$$i_U = \sqrt{2}I \cos \omega t \tag{4.13}$$

$$i_V = \sqrt{2}I \cos(\omega t - 120°) \tag{4.14}$$

$$i_W = \sqrt{2}I \cos(\omega t - 240°) \tag{4.15}$$

因此，U、V、W 三相绕组的磁势分别为

$$f_{\Phi U} = F_\Phi \cos x \cos \omega t \tag{4.16}$$

$$f_{\Phi V} = F_\Phi \cos(x - 120°) \cos(\omega t - 120°) \tag{4.17}$$

$$f_{\Phi W} = F_\Phi \cos(x - 240°) \cos(\omega t - 240°) \tag{4.18}$$

将这三相绕组的脉动磁势分别进行分解，可得

$$f_{\Phi U} = \frac{1}{2}F_\Phi \cos(\omega t - x) + \frac{1}{2}F_\Phi \cos(\omega t + x) \tag{4.19}$$

$$f_{\Phi V} = \frac{1}{2}F_\Phi \cos(\omega t - x) + \frac{1}{2}F_\Phi \cos(\omega t + x - 240°) \tag{4.20}$$

$$f_{\Phi W} = \frac{1}{2}F_\Phi \cos(\omega t - x) + \frac{1}{2}F_\Phi \cos(\omega t + x - 120°) \tag{4.21}$$

把上述 3 个公式相加，由于前三相余弦曲线互相叠加后三相之和为零。故三相合成磁势为

$$f(x,t) = 1.5F_\Phi \cos(x - \omega t) \tag{4.22}$$

上式表明，当三相对称电流流过三相对称绕组时，三相绕组的合成磁势为一个圆形旋转磁势。圆形旋转磁势的幅值为单相绕组脉动磁势幅值 F_Φ 的 1.5 倍，其旋转速度为同步转

速，用 n_1 来表示，其计算公式为

$$n_1 = \frac{60f_1}{p} \tag{4.23}$$

式中：f_1——三相定子绕组中电流的频率；

p——三相异步电动机的磁极对数。

一个三相对称绕组流过三相对称电流时，它所产生的合成磁势一定是一个圆形旋转磁势。这个概念可以进一步用图 4.12 来解释。图 4.12 中，U_1U_2、V_1V_2、W_1W_2 是定子上的三相绕组，它们在空间中互相间隔 120° 电角度。三相电流的变化曲线如图 4.13 所示。

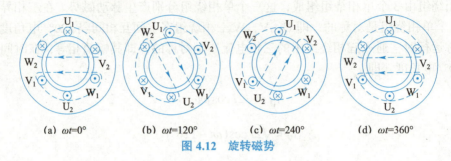

(a) $\omega t=0°$ (b) $\omega t=120°$ (c) $\omega t=240°$ (d) $\omega t=360°$

图 4.12 旋转磁势

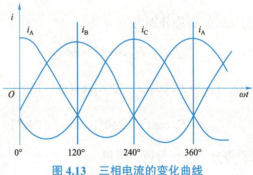

图 4.13 三相电流的变化曲线

在图 4.12 中，假设 A、B、C 三相电流分别流入 U、V、W 三相绕组，正值表示电流从绕组的首端流入（用 ⊗ 来表示流入）而从尾端流出（用 ⊙ 来表示流出），负值表示电流从绕组的尾端流入而从首端流出。

在图 4.13 中，当 $\omega t=0°$ 时，A 相电流 i_A 具有正的最大值，相应地在图 4.12（a）中，A 相电流是从 U 相绕组的首端点 U_1 流入，而从尾端点 U_2 流出，此时，B 相及 C 相电流均为负值，所以电流 i_B 和 i_C 分别从 V 相绕组及 W 相绕组的尾端点 V_2 和 W_2 流入，而从首端点 V_1 和 W_1 流出。从图 4.12（a）中电流的分布情况可以清楚地看到：合成磁势的轴线正好与 U 相绕组的中心线相重合。

在图 4.13 中，当 $\omega t=120°$ 时，B 相电流达到正的最大值，A 相及 C 相电流则为负值，因此相应地在图 4.12（b）中，B 相电流是从 V 相绕组的首端点 V_1 流入，而从尾端点 V_2 流出，A 相及 C 相电流分别从它们的尾端点 U_2 及 W_2 流入，而从首端点 U_1 及 W_1 流出，此时合成磁势的轴线便与 V 相绕组的中心线相重合。

根据同样的方法可以解释图 4.12（c），当 $\omega t=240°$ 时，C 相电流有最大值，合成磁势的轴线便与 W 相绕组的中心线相重合。分析图 4.12（a）、（b）、（c）3 个图形中磁势的位置，可以明显地看出：合成磁势是一个旋转磁势。旋转磁势的轴线总是与电流达到最大值的那一相绕组的中心线相重合。

如果三相绕组流过的是正序电流，则 A 相电流首先达到最大值，而后依次是 B 相及 C 相电流达到最大值，则合成磁势的轴线首先与 U 相绕组的中心线相重合，而后再依次与 V 相绕组和 W 相绕组的中心线相重合，所以合成磁势的旋转方向是从 U 相到 V 相，再从 V 相到 W 相。也就是说，旋转磁势的转向总是从超前电流的相转向滞后电流的相。

如果三相绕组流过的是负序电流，则 A 相电流首先达到最大值，而后依次是 C 相及 B 相电流达到最大值，所以合成磁势的轴线首先与 U 相绕组的中心线相重合，而后再依次与 W 相绕组和 V 相绕组中心线相重合。合成磁势的旋转方向是从 U 相到 W 相，再从 W 相到 V 相。

可见，要改变旋转磁势的转向，就需要改变通入电流的相序。也就是说，只要把三相绕组中的任何两个出线端的位置对换就可以了。

3）三相绕组合成磁势的性质

三相绕组合成磁势具有以下性质：

① 三相合成磁势在任何瞬间都保持着恒定的幅值，这个幅值是单相绕组脉动磁势幅值的 1.5 倍。

② 三相绕组合成磁势的转速仅决定于电流的频率和电机的磁极对数。

③ 当某相电流达到最大值时，合成磁势波的轴线就与该相绕组的中心线相重合。

④ 合成磁势的旋转方向决定于电流的相序。

知识点 4.3.3　和谐型电力机车牵引电机的反转

由三相绕组合成磁势的性质知，三相异步电动机的旋转方向取决于定子旋转磁场的旋转方向，并且两者的方向相同。只要改变旋转磁场的方向，就能使三相异步电动机反转。因此，将三相异步电动机接线端中的任意两相接线端对调，改变三相顺序，就改变了旋转磁场的方向，从而使三相异步电动机反转。

和谐型电力机车要想实现反向运行，就需要改变牵引电机的旋转方向，改变三相电源顺序（例如将 U-V-W 改为 U-W-V），就改变了旋转磁场的方向，从而使三相异步电动机反转。

在 HXD_3 型电力机车中，逆变器由 U、V、W 三相逆变单元构成，通过微机控制系统改变半导体开关的触发顺序，进而改变三相交流电的相序，实现旋转磁场反向旋转，从而使三相异步电动机反转，最终实现机车反向运行。

巩固练习

1. 一台三相 8 极异步电动机，其定子槽数为 48，其极距为_____。

2. 一台三相异步电动机，其铭牌上标明额定电压为 220/380 V，其接法应是（　　）。

A. Y/△　　　　　　　　B. △/Y　　　　　　　　C. Y/Y

3. 异步电动机中把电能转换为机械能的关键部件是（　　　）。

A. 定子绕组　　　　　　　　B. 转子绕组　　　　　　　　C. 转轴

4. 三相交流绕组各相的电源引出线应彼此相隔（　　　）电角度。

A. 60°　　　　　　　　　　B. 120°　　　　　　　　　C. 90°

5. 三相合成磁势在任何瞬间的幅值，是单相脉动磁势幅值的（　　　）倍。

A. 1　　　　　　　　　　　B. 1.5　　　　　　　　　C. 2

6. 如果三相绕组流过的是正序电流，（　　　）相电流先达到最大值，而后是（　　　）相和（　　　）相电流达到最大值。

A. A、B、C　　　　　　　　B. A、C、B　　　　　　　　C. B、C、A

7. 要想改变三相交流异步电动机的转向，只要将原相序 A—B—C 改接为（　　　）。

A. B—C—A　　　　　　　　B. A—C—B　　　　　　　　C. C—A—B

8. 异步电动机的反接制动是指改变（　　　）。

A. 电源电压　　　　　　　　B. 电源电流　　　　　　　　C. 电源相序

任务 4.4 三相异步电动机的调速微课视频

任务 4.4　三相异步电动机的调速

任务描述

　　电力机车运行的特点是频繁起动和根据线路纵断面的变化大范围地调节行驶速度。本任务在分析三相异步电动机转速公式的基础上，探讨如何对正在运行的三相异步电动机进行调速，并结合 HXD$_3$ 型电力机车牵引电机的调速进行针对性的学习。

任务目标

1. 知识目标

① 熟记三相异步电动机的转速公式。

② 掌握三相异步电动机的调速方法。

2. 技能目标

① 能够进行三相异步电动机的转速计算。

② 学会 HXD$_3$ 型电力机车牵引电机的调速。

任务实施

知识点 4.4.1　三相异步电动机的调速原理

　　三相异步电动机的调速是指用人为的方法来改变三相异步电动机的转速。

异步电动机的转速公式为：

$$n = n_1(1-s) = \frac{60 f_1}{p}(1-s)$$ （4.24）

从上式可见，异步电动机可通过改变定子绕组的磁极对数 p、电源频率 f_1 和转差率 s 进行调速。

1. 变极调速

1）调速原理

变极调速就是改变电动机定子绕组的磁极对数 p 来调速。从式（4.24）可见，如果电源频率 f_1 和电动机转差率固定不变，只要改变电动机绕组的磁极对数 p，则同步转速 n_1 和转子转速 n 也会随着改变。而且，电动机的同步转速 n_1 与磁极对数 p 成反比变化，例如当 f_1=50 Hz 时，把磁极对数从 p=1 变到 p=2，则同步转速将从 n_1=3 000 r/min 变为 n_1= 1 500 r/min。

2）调速方法

变极调速的异步电动机一般采用鼠笼式转子，因为鼠笼式转子的磁极对数能自动地随着定子磁极对数的改变而改变，使定子、转子磁场的磁极对数总是相等而产生平均电磁转矩。若为绕线式转子，则定子极对数改变时，转子绕组必须相应地改变接法以得到与定子相同的磁极对数，很不方便。

变极调速常用的方法是：在定子上只装一套绕组，通过改变绕组接法来获得两种或多种磁极对数，称为单绕组变极。变极调速原理如图 4.14 所示，图中 U 相绕组由 U_1U_1' 和 U_2U_2' 两个线圈组成，如果两个线圈串联，向绕组通入电流后将产生 4 个磁极，即 $2p$=4；如果两个线圈并联（即将 U_1' 和 U_2' 连接，U_1 和 U_2 连接），向绕组通入电流后将产生 2 个磁极，即 $2p$=2。可见，磁极对数发生了改变。

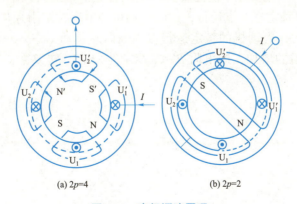

(a) $2p$=4　　　　　　　　(b) $2p$=2

图 4.14　变极调速原理

图 4.15 是 YY/△ 连接的双速电动机接线图。当电源从 4、5、6 端引入时（1、2、3 端相连），定子各相绕组的两组线圈并联，定子绕组为 YY 接法（YY 接法是指定子绕组为两路并联，两组线圈并联引出线为 6 根）。由图中虚线箭头表示的电流方向可见，一半线圈中的电流改变了方向，此时磁极数为 $2p$=2。当电源从 1、2、3 端引入时（4、5、6 端悬空），定子

绕组为三角形接法。由图中实线箭头表示的电流方向可知，此时各相绕组的两个线圈串联，磁极数为2p=4；这种变极方法称为△/YY接法，目前被广泛采用。

可以改变磁极对数的异步电动机称为多速异步电动机，其中有双速、三速、四速等多种，我国目前已大量生产，老产品有JD02系列，新产品有YD系列。

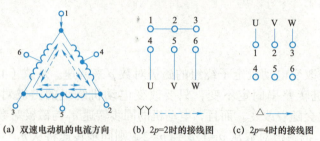

(a) 双速电动机的电流方向　　(b) 2p=2时的接线图　　(c) 2p=4时的接线图

图 4.15　YY/△ 连接的双速电动机接线图

变极调速方法的优点是：设备简单，运行可靠。缺点是：不是平滑调速，而是一级一级地分段式调速。

2.变转差率调速

变转差率调速，就是改变电动机的转差率来调速。当恒转矩负载调速时，改变转差率有下列几种方法：

① 在转子回路中串入电阻、电感或电容，以改变转子电阻 r_2' 或转子电抗 $x_{2\delta}'$。

② 改变定子绕组的端电压 U_1。

③ 在定子回路中串入外加电阻或电抗，以改变 r_1 或 x_1。

变转差率调速常用的方法是在转子回路中串入电阻，其特性如图 4.16 所示。这种方法只适用于绕线式转子异步电动机，在电动机转子回路中串入附加电阻后就可以改变电动机的特性曲线形状。假设在不同的转速时负载转矩 T_2 恒定不变，当转子回路中未串接附加电阻时，电动机稳定在 a 点运行，这时电动机的电磁转矩刚好与负载转矩 T_2 相平衡，随着转子电阻的增大，电动机的稳定运行点逐渐向左移动（a-b-c-d），也就是说，随着串入电阻后转子电阻的增加，即电阻 $R_2' < R_2'' < R_2''' < R_2''''$，转差率 s 变大，电动机的转速降低。

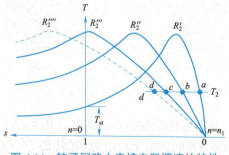

图 4.16　转子回路中串接电阻调速的特性

这一方法的物理过程：在转子电阻增加的最初瞬间，由于惯性的缘故，转子转速还来不及改变，转子回路的感应电动势仍维持原来的数值，但转子电流却随着转子回路电阻的增加而减小，电磁转矩也将下降，于是电动机开始减速。但随着电动机转速的下降，转差率变大，转子回路的电动势及电流将随着转差率的增大而重新回升，从而使电动机的电磁转矩又重新增大，直到与负载转矩 T_2 重新平衡为止。

这种方法的缺点是：转子回路中串接附加电阻后，将使转子铜耗增加，降低电动机效率。但由于此方法比较简单，故在中小容量的电动机中用得比较多，例如交流供电的桥式起重机大多采用此方法调速。

由前面的分析可知，对异步电动机而言，变极调速级数少，且不能平滑调速；转子回路串接附加电阻改变转差率 s 调速则损耗较大。因此，虽然异步电动机与直流电动机相比具有结构简单、成本低廉、坚固耐用等优点，但由于调速较困难而限制了它的使用，一般只能以近恒速运行。在要求连续、精确、灵活调速的场合，直流电动机一直占有主要地位。

3. 变频调速

随着晶闸管可以提供一个频率可调的交流电源给异步电动机，使异步电动机转速能够平滑调节的变频调速技术获得迅速发展。变频调速就是通过改变供电电源的频率 f_1 来调速。当改变供电电源频率 f_1 时，旋转磁场的同步转速与供电电源频率 f_1 成正比，于是转子转速也相应改变，达到调节转速的目的。异步电动机定子绕组电压平衡方程式为：

$$U_1 \approx E_1 = 4.44 f_1 N_1 \Phi_\mathrm{m} K_\omega \qquad (4.25)$$

从式（4.25）可以看出，当通过降低供电电源频率 f_1 进行调速时，如果电源电压 U_1 不变，则磁通 Φ_m 将增加，使铁心磁通饱和，导致励磁电流和铁损耗增加，电动机温升将增加，这是不允许的；当通过增大供电电源频率 f_1 进行调速时，如果电源电压 U_1 不变，则磁通 Φ_m 将减小，在转子电流 I_2 不变的情况下，电磁转矩 T 必然下降，电机输出功率将下降。变频调速时，总希望保持磁通 Φ_m 不变。因此，在调节供电电源频率 f_1 时，必须同时调节电源电压 U_1，并保持 U_1/f_1 为常数。

变频调速根据电动机输出性能的不同可分为以下 3 种：

① 保持电动机过载能力不变的变频调速。

② 保持电动机输出转矩不变的恒转矩变频调速。

③ 保持电动机输出功率不变的恒功率变频调速。

从调速范围、平滑性及调速过程中电动机的性能等方面来看，变频调速很优越，可以与直流电动机相媲美。但要使供电电源频率 f_1 和端电压 U_1 同时可调，需要一套专门的变频装置，致使投入的设备增多，成本增大。

4. 3 种变频调速的比较

异步电动机的调速性能没有直流电动机的调速性能好。这是因为异步电动机的运行特点就是在接近同步转速工作，即转差率 s 较小时，机械性能较硬，效率和功率因数都较高。如果电动机转速远低于同步转速（即转差率 s 较大时），则其各方面的性能都要变差。因此，改变转差率 s 不是理想的调速方法，而变极调速和变频调速又不像直流电动机改变电枢电压那么方便。

对于异步电动机来说，调频与调压是相联系的，输出电压应随着输出频率的改变而改变。随着电力电子技术的发展，随着大功率半导体器件的开发应用，交—直—交型电力机车已很好地解决了变频问题，使得交流机车的调速具有平滑无级的特性。目前异步交流传动机车采用由电压型四象限脉冲变流器和三相逆变器组成的牵引变流器进行调速，从根本上解决了功率因数问题。

知识点 4.4.2　和谐型电力机车牵引电机的调速

1. HXD$_3$型电力机车牵引电机的调速

1）交—直—交型变频调速系统分类

铁路机车牵引所用的变频调速系统有以下 3 种类型：直—交、交—直—交、交—交。

① 直—交系统。由直流接触网供电，用直流斩波器调节电压并使电压恒定，由逆变器完成直流电的变换，供给三相异步电动机，或不用直流斩波器而用逆变器一次完成调压任务。

② 交—交系统。单相或三相交流电不经整流环节直接变为频率可调的三相交流电，供给同步牵引电机或异步牵引电机。

③ 交—直—交系统。单相或三相交流电经整流变为直流，再由逆变器变为频率可调的三相交流电，供给三相异步电动机。

2）交—直—交变频调速基本电路

目前，国产交流传动电力机车主要采用交—直—交系统。交—直—交变频调速基本电路如图 4.17 所示。频率固定的电网单相（或三相）交流电经过变频器转变为频率可变的三相交流电，再向交流电动机供电。变频器主要由整流器、直流环节和逆变器 3 部分组成。

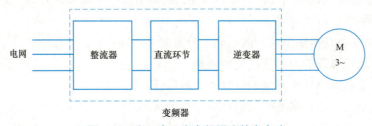

图 4.17　交—直—交变频调速基本电路

（1）整流器。

整流器的主要作用是将电网三相（或单相）交流电整流成直流电。整流器分不可控整流器和可控整流器两种。不可控整流器中的电子器件为二极管，而可控整流器中的电子器件大多采用双极型或复合型电子器件，如可控硅、GTR、GTO、IGBT、IPM 等，整流器电路如图 4.18 所示。

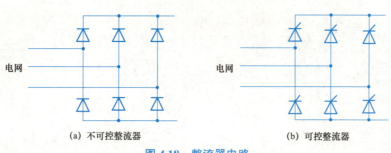

(a) 不可控整流器　　　　　　　　　(b) 可控整流器

图 4.18　整流器电路

（2）直流环节。

直流环节分电压型和电流型两种，如图 4.19 所示。其中，C_d 主要起稳压作用，L_d 主要起稳流作用。

(a) 电压型　　　　　　　　　(b) 电流型

图 4.19　直流环节

（3）逆变器。

逆变器的作用主要是将直流电逆变为频率可调的三相交流电，并向三相异步牵引电机供电。逆变器分为电压型逆变器和电流型逆变器。

变频调速是通过改变电动机定子电源的频率来改变其同步转速的调速方法。变频调速系统的主要设备是提供变频电源的变频器，变频器是一种将交流电整流成直流电后再逆变为频率、电压可调节的交流电源的专用装置。变频器可通过多种控制方式向交流电动机提供频率、电压可调节的交流电源，以满足机械负载的要求，从而实现相当宽频率范围内的无级调速。

3）HXD₃型电力机车牵引电机的变频调速电路

HXD₃ 型电力机车的牵引电机 M1～M3 由牵引变流器 UM1 的 3 个 PWM 逆变器分别单独供电，实现牵引电机的独立控制，如图 4.20 所示。牵引变流器 UM1 中的 3 个独立的逆变电路，分别为 3 台牵引电机独立供电（轴控）。逆变器采用矢量控制技术，可迅速将异步电动机的输出转矩控制在目标值，从而实现变频调速。

PWM 的定义　通过改变逆变电路开关器件交替导通的时间，从而改变逆变器输出波形的频率；通过改变每半个周期内逆变电路开关通断的时间比，即可改变脉冲宽度，进而改变逆变器输出电压幅值的大小。

交—直—交变频调速系统经过多年的发展，出现了许多形式，如电压、频率协调控制的变频调速系统，转差频率控制的变频调速系统，谐振型变频调速系统，矢量控制的变频调速系统和直接转矩控制的变频调速系统等。

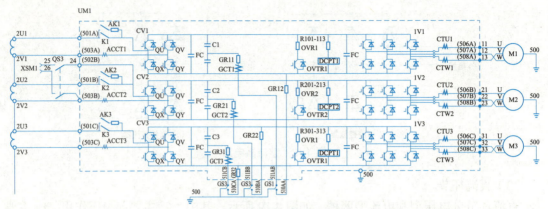

图 4.20　HXD$_3$ 型电力机车的牵引变流器 UM1 电路

2. 和谐型电力机车牵引电机的调速控制策略

和谐型电力机车牵引电机的调速实质上是交流异步电动机的调速。对交流异步电动机的调速控制与直流电动机不同，直流电动机可以通过对励磁即磁场和电枢电流分别进行独立控制而调速，交流异步电动机只能通过控制定子电流来调速，而定子电流的变化，不仅影响输出转矩，而且使气隙磁链发生变化，即交流传动机车的转矩控制和磁通控制之间存在很强的耦合关系，所以交流异步电动机控制系统是一个强耦合、多变量、非线性的复杂系统。目前，交流传动机车的控制方式大致有三种：转差频率控制、矢量变换控制和直接转矩控制。

1）转差频率控制

转差频率控制是一种标量控制，它是基于交流异步电动机的转矩公式进行控制，用单一控制实现牵引控制要求。异步电动机的输出转矩计算公式如下：

$$T_e \approx K_m \Phi_m^2 \frac{s\omega_\varphi}{r_2} \qquad (4.26)$$

式中：T_e——异步电动机的输出转矩，Nm；

　　　K_m——转矩系数；

　　　Φ_m——气隙磁通，Wb；

　　　s——转差率；

　　　ω_φ——转差角频率，rad/s；

　　　r_2——转子绕组的直流电阻，Ω。

式（4.26）表明，在很小的范围内，只要能够维持气隙磁通恒定，交流异步电动机的输出转矩就近似地与转差率和转差角频率成正比。即在交流异步电动机中控制转差角频率就能够达到间接控制输出转矩的作用。若要使磁场恒定，须根据三相异步电动机每相定子电动势的计算公式进行：

$$E_1 = 4.44 f_1 N_1 K \Phi_m \qquad (4.27)$$

式中：f_1——定子频率，Hz；

　　　N_1——定子每相串联匝数；

　　　K——基波绕组系数。

当电动势较高时，忽略转子和定子绕组中的漏阻抗压降，用定子电压（U_1）代替定子电动势（E_1），只要使 $\dfrac{U_1}{f_1}=C$，即在控制系统给定定子电压（U_1）和定子频率（f_1）时，使交流电动机的气隙磁通 $\varPhi \propto \dfrac{U_1}{f_1}$ 接近于常数，就能满足恒磁通的要求。通过 PWM 的方法可以生成逆变器的输出电压。

应用转差频率调速的控制律为：按转矩公式控制定子电流，以保持气隙磁通恒定。在转差角频率小于最大转差角频率的一定范围内，转矩基本上与转差角频率成正比。转差频率调速的优点是控制比较容易实现，但是交流电动机内在的耦合效应会导致系统响应缓慢，并且容易使系统失稳。

2）矢量变换控制

矢量变换控制又称磁场定向控制（或解耦控制），其基本思路是把异步电动机经坐标变换等效成他励直流电动机，然后仿照直流电动机的控制方法，求得直流电动机的控制。再经过相应的反变换来控制交流电动机。矢量控制可以应用于异步电动机系统或同步电动机系统。有研究表明，矢量控制将淘汰标量控制而成为交流电机传动系统的工业标准控制技术。当通过控制电枢电流控制转矩时，励磁磁链不受其影响，而且在励磁磁链额定值时可以获得快速的瞬态响应。同理，由于矢量变换控制是基于彼此解耦关系的，因此控制励磁电流时，也只会影响励磁磁链，而不会影响电枢磁链。矢量控制的最终结果是实现定子电流分解，分别进行转子磁链和定子转矩的解耦控制，这种方法提高了调速的动态性能。

3）直接转矩控制

这是一种新型的调速技术。转矩控制的思路是把电动机和逆变器作为一个整体来考虑，通过空间电压矢量分析，直接在定子坐标系中进行磁通、转矩计算，通过 PWM 逆变器的开关状态直接控制转矩，无须对定子电流进行解耦，使控制系统结构简单，控制性能优良。

在电力牵引的运用中，交流传动系统最基本的任务是通过机电能量的转换，达到传动装置调速的目的，发挥调速范围宽、系统功率大等优势。由于实现机电转换的主体是牵引电机，因此电传动系统是围绕牵引电机控制方法实现变流装置能量变换的有序控制。为了保证交流传动系统运行特性优异，控制系统应具备运行的稳定性、动态响应的快速性以及鲁棒性等特性。纵观当今交流传动机车控制技术的主流和发展趋势，直接转矩控制是最先进的高性能交流控制策略之一，它直接进行转矩两点式调节和边边（band-band）控制，简化了控制系统的结构，所以电力机车常采用这种控制策略。

巩固练习

1. 异步电动机有哪几种调速方法？
2. 变极调速是改变异步电动机的什么参数来进行调速的？
3. 变极调速的异步电动机一般采用_____式转子。
4. 改变转差频率调速常用的方法是在转子回路中串_____。
5. 变频调速是调节_____的频率。

任务 4.5 三相异步电动
机的制动微课视频

任务 4.5　三相异步电动机的制动

任务描述

　　机车运行过程中，有时需要尽快使牵引电机停转或从高速运转转换到低速运转；当机车下坡时，需要限制牵引电机的转速，以免发生危险。所以，本任务首先学习三相异步电动机的制动方法，然后结合 HXD$_3$ 型电力机车牵引电机的制动，对交流传动电力机车常用的再生制动进行分析。

任务目标

1. 知识目标
① 掌握三相交流异步电动机制动的概念。
② 掌握三相交流异步电动机电气制动的方法。

2. 技能目标
掌握 HXD$_3$ 型电力机车牵引电机的制动原理。

任务实施

知识点 4.5.1　三相异步电动机的制动原理

1. 三相异步电动机制动基础知识

1）基本概念
　　三相异步电动机的制动是指加上一个与电动机转向相反的转矩来使电动机迅速停转或限制电动机的转速。电动机在下列两种情况下运行时属于制动状态：
　　① 在负载转矩为势能转矩的机械设备中（例如起重机下放重物，电力机车下坡运行）使设备保持一定的运行速度。
　　② 在机械设备需要减速或停止转动时，电动机能实现减速或停止转动。

2）分类
　　三相异步电动机的制动方法分两类：机械制动和电气制动。
　　① 机械制动是利用机械装置（如电磁抱闸机构）来使电动机迅速停止转动，常用于起重机械设备。
　　② 电气制动是使异步电动机所产生的电磁转矩的方向与电动机转子的旋转方向相反，电气制动通常可分为反接制动、回馈制动和能耗制动。

2. 三相异步电动机电气制动原理

1）反接制动
　　反接制动就是在分析三相异步电机工作原理时指出的制动状态，此时转子的转向与定子旋转磁场的方向相反。实现反接制动可用下述两种方法。

（1）正转反接。

将正在电动机状态下运行的异步电动机的定子绕组三根供电线任意对调两根，使定子电流的相序改变，相应地旋转磁场立即反转，即从原来与转子转向一致变为与转子转向相反，于是电动机立即进入相当于 $s \approx 2$ 时的制动状态。为了使反接时电流不致过大，若为绕线型异步电动机，反接时应在转子回路中串入附加电阻。当电动机转速下降至零时，必须立即切断定子电源，否则电动机将向相反方向旋转。

（2）正接反转。

当绕线型异步电动机拖动的起重机下放重物时，其运行状态便是正接反转制动。这时电动机的定子接线仍按电动机运行时的接法（正接），而利用在转子回路串入较大电阻的方法来使转子反转。其原理与在转子回路串入电阻调速一样，当串入转子回路的电阻逐步增大时，转子转速逐步减小至零，如图 4.21 所示。图中，曲线 1 为未串入电阻的特性曲线，曲线 2、3、4 为分别串入电阻 R_1、R_2、R_3 时的特性曲线。未串入电阻时，稳定在 a 点。串入电阻 R_1、R_2 时，分别稳定在 b、c 点。如果串入的附加电阻继续增大，电磁转矩将小于总负载转矩（T_2+T_0），转子就开始反转（重物向下降落），电动机进入制动状态。当串入的附加电阻增加到 R_3 时，电动机稳定运行在 d 点，转差率 $s=1.2$，转子反转的速度为 $0.2n_1$，从而保证了重物以较低的速度慢慢下降，而不致把重物损坏。显然，可通过调节串入的附加电阻来平滑控制重物下降的速度。

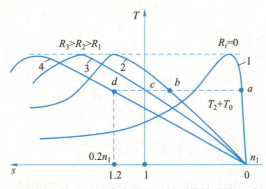

图 4.21　绕线型异步电动机正接反转的反接制动

2）回馈制动

回馈制动也称再生制动。当异步电机在电动机状态下运行时，如果由于外来因素而使转子加速到超过同步转速，则异步电动机进入回馈制动状态，以发电机状态运行。

例如，前述的起重机放下重物时，如果仍以电动机状态运行，即转子转向与定子旋转磁场方向相同，则在电动机的电磁转矩和重物的重力产生的转矩共同作用下，重物以越来越快的速度下降。当转子转速由于重力的作用而超过同步转速，即 $n>n_1$ 时，异步电动机就进入发电机制动运行状态，电磁转矩方向改变，直到电磁转矩与重力转矩平衡时，转子转速以及重物下降速度才稳定下来，使重物恒速下降。这时重物下降减少的位能转换为电能，送给电动机所接的电网，因此称为回馈制动。

回馈制动的优点是经济性能好，可将负载的机械能变为电能返送回电网。其缺点是应用范围窄，只有在电动机转速大于同步转速时才能实现。

3）能耗制动

如图 4.22 所示，将正在运行中的异步电动机的定子绕组从电网断开，而接到一个直流电源上，由直流电流励磁而在气隙中建立一个静止的磁场。于是，从正在旋转的转子上方来看此磁场将是向后旋转的，因此由它感应于转子中的电流而产生的电磁转矩的方向应为向后转，即对转子起制动作用。这种制动方法是利用转子旋转时的惯性，使转子导体切割静止磁场，从而产生制动转矩，把转子的动能消耗于转子回路的电阻上成为铜耗，故称能耗制动。

能耗制动的优点是制动力强、制动平稳、对电网影响小。其缺点是需要一套直流电源装置，而且制动转矩随着电动机转速的减小而减小，不易制停。

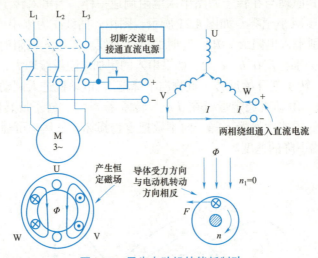

图 4.22　异步电动机的能耗制动

知识点 4.5.2　和谐型电力机车牵引电机的制动

在和谐型电力机车中，牵引电机也需要应用机械制动和电气制动（动力制动）来降低速度。现代高速动车组普遍采用电气制动方式，将大量的动能转换为热能和电能。无论是再生制动还是电阻制动，牵引电机都工作在发电机状态，并将储存在牵引电机中的动能转换成电能。由电机的可逆性原理知，任何一台电机，既可以是电动机，也可以是发电机，二者的差异只是电机的运行条件不同。当电机转速低于同步转速时，以电动机状态运行；当电机转速超过同步转速时，以发电机状态运行，称此模式为超同步运行模式。超同步运行模式可以通过改变逆变器输出频率，使得同步转速低于电动机转速来实现。

随着列车运行速度的提高，轮轨间的制动黏着系数下降，制动距离加长，而制动能量与制动时列车运行速度的平方成正比，尤其当速度超过 300 km/h 时，轮轨制动已经不能满足高速制动的要求。为了获得较大的减速度和较短的制动距离，开始采用非黏着制动方式，目前各国采用的非黏着制动方式主要有两种，即电磁轨道制动和涡流轨道制动。另外，高速列车的动能转移方式由多种制动形式复合而成，即复合制动。一般复合制动系统主要包括空气制动、电气制动和非黏着制动,其能量分配的基本原则是:在正常制动情况下,应该优先、充分发挥电气制动的制动能力,不足部分再以空气制动作为补偿;在失电情况下,以空气制动为主;在紧急制动情况下,除空气制动和电气制动外,还应该有非黏着制动起保证安全的作用。

1. 再生制动

交流传动机车的网侧变流器大多采用四象限脉冲整流器,它能实现能量的双向流动,即能迅速、平滑、无节点地实现牵引与再生制动的转换。另外,交流传动系统的电机采用三相异步电机,相同速度下发电机的电动势要高于直流电机,转换效率及经济性明显好于直流传动机车,因此交流传动机车的电气制动多以再生制动为主要制动方式。

制动时,牵引变流器工作状态发生改变,逆变器仅有每个主逆变元件上并联的二极管组成三相桥式不可控整流电路,将三相异步电机发出来的交流电整流成直流电,逆变器工作在整流状态,输出直流电给中间环节,再由此时工作在逆变状态的四象限脉冲变流器,将中间环节储存的直流电逆变为单相 50 Hz 交流电反馈回电网。例如,HXD$_3$ 型电力机车通过四象限整流器进行制动控制的方法就是此方法,其四象限整流电路如图 4.23 所示。

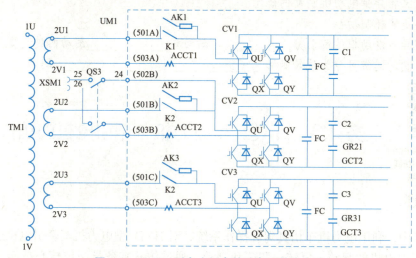

图 4.23   HXD$_3$ 型电力机车的四象限整流电路

HXD$_3$ 型电力机车的四象限整流电路说明:牵引时,工作在 1、3 象限,再生制动时(逆变时),工作在 2、4 象限。

当机车由牵引工况转换为电制动工况时,通过降低牵引电机定子的供电频率,转子的机械惯性将使其维持高于旋转磁场的转速,此时转差率变为负值,牵引电机进入发电机工作状态。三相定子绕组切割旋转磁场产生三相交流电,经逆变器整流成直流电送入中间直流环节。由于异步电机产生的是三相交流电,因此反馈的能量远大于直流传动机车的电能,在再生制动时,电能被回馈回电源,提高了传动系统的效率。在四象限速度控制中,电机速度可以通过再生制动减到零。

2. 电磁轨道制动

电磁轨道制动是将制动电磁铁吸附于钢轨上,由制动电磁铁的摩擦块与钢轨摩擦产生制动力。制动电磁铁的摩擦块安装于转向架构架上,制动时由励磁控制器向制动电磁铁的励磁线圈励磁，同时提升筒充气，使制动电磁铁降至轨面，制动电磁铁与钢轨相吸，制动电磁铁的摩擦块与钢轨摩擦，产生摩擦制动力。摩擦制动力通过连杆装置传到转向架上，由于不经过轮对，因此与轮轨黏着无关。缓解时，使制动电磁铁失电，同时提升筒放气，使制动电磁铁回到悬空位置。

3. 涡流轨道制动

涡流轨道制动是利用电磁效应来产生制动力。与电磁轨道制动不同的是，其电磁铁与钢轨不接触，始终保持 7～10 mm 的距离。列车制动时，利用磁场交变，在钢轨内产生感应涡流，从而产生涡流制动力。涡流轨道制动的特点是，可以无磨损地应用于紧急制动和常规制动，无须维修。其制动力可调节控制，在高速范围内具有很好的制动特性，但涡流轨道制动的缺点是：所需制动功率较大，制动时使轨道产生局部高温现象，且对轨道电路有一定的干扰作用。

巩固练习

1. 简述三相异步电动机制动的概念。
2. 什么是能耗制动？
3. 三相异步电动机的制动分_____制动和_____制动两种类型。
4. 电气制动通常可分为反接制动、_____制动和_____制动。

任务 4.6 HXD₃型电力机车牵引电机的仿真应用微课视频

任务 4.6 HXD₃型电力机车牵引电机的仿真应用

任务描述

本任务中，利用电力机车仿真驾驶操作系统，对 HXD₃型电力机车牵引电机进行仿真控制，实现牵引电机的起动、反转、调速和制动，通过仿真乘务员岗位核心技能，让学生明确学习目标，达到学以致用。

任务目标

1. 知识目标
① 熟悉 HXD₃型电力机车主电路。
② 掌握 HXD₃型电力机车牵引电机电路。

2. 技能目标
① 熟悉 HXD₃型电力机车牵引电机的供电路径。
② 能够在仿真驾驶操作系统中实现对牵引电机的起动、反转、调速和制动。
③ 按照乘务员操作要求完成对牵引电机的控制并分析牵引电机电路的变化。

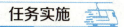

知识点 4.6.1 HXD₃ 型电力机车的主电路

HXD$_3$型电力机车为大功率交流传动的货运机车。该车轴式为 C_0—C_0，轴输出总功率为 7 200 kW，最高运行速度为 120 km/h，其电气系统采用交—直—交传动轴控技术：采用 ICBT 水冷变流机组，1 250 kW 大转矩异步牵引电机，具有起动（持续）牵引力大、恒功率、速度范围宽、黏着性能好、功率因数高等特点。HXD$_3$型电力机车的主电路由网侧电路、主变压器电路、主变流器电路及牵引电机电路等组成，其缩略图如图 4.24 所示。

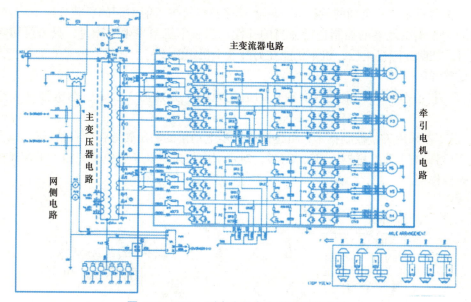

图 4.24 HXD₃ 型电力机车主电路图缩略图

1. 网侧电路

HXD$_3$型电力机车网侧电路主要由受电弓、主断路器、高压电流互感器、高压电压互感器等组成。25 kV/50 Hz（单相工频）接触网电流通过受电弓 AP1（或 AP2）及相应的隔离开关 QS1（或 QS2）进入 3 号母线。下分两路，一路由 TV1 接测量单元，另一路由主断路器 QF1 通过高压电流互感器 TA1 进入机车主变压器，为机车牵引电机提供电能。

2. 主变压器电路

主变压器（TM1）将 25 kV 的接触网电压变换为电力机车所需的各种电压，它有 6 个 1 450 V 牵引绕组分别用于两套主变流器（UM1，UM2）的供电，2 个 399 V 辅助绕组分别用于辅助变流器（APU1，APU2）的供电。

3. 主变流器电路

在 HXD$_3$型电力机车中，采用两组主变流器，每组主变流器内均含有 3 个牵引变流器，分别由主变压器的牵引绕组供电，6 组牵引变流器经过整流逆变后，分别向牵引电机（M1～M6）供电。从牵引变流器 UM1 的内部结构可以看出，UM1 电路由整流、中间直流电路、逆变 3 个独立的环节构成，这 3 个环节的主电路和控制电路相对独立，分别提供给 3 个牵引电机。当其中一组发生故障时，切除相应组，剩余单元可继续工作。

4. 牵引电机电路

HXD$_3$ 型电力机车的牵引电机由牵引变流器的 PWM 逆变器分别单独供电，实现牵引电机的独立控制。

知识点 4.6.2　HXD$_3$ 型电力机车牵引电机的电路分析及应用

HXD$_3$ 型电力机车的牵引电机电路如图 4.25 所示，可以看出 HXD$_3$ 型电力机车的牵引电机（M1～M3）由牵引变流器 UM1 的 3 个 PWM 逆变器分别单独供电，实现牵引电机的独立控制。整台机车的 6 个轴的轮径差、轴重转移及空转等可能引起的负载分配不均匀问题，均可以通过牵引变流器的控制进行适当的补偿。当一个机组发生故障时，只需要切除故障机组即可。切除故障机组后，机车仍能在另外 5 个机组的支持下保持六分之五的牵引力。

1. 电路说明

① 牵引变流器 UM1 中的 3 个独立的逆变电路，分别为 3 台牵引电机独立供电（轴控）。

② 逆变器采用矢量控制技术，可迅速将异步电动机的输出转矩控制在目标值。

③ 电路设有电流互感器 CTU、CTW，对牵引电机过载及牵引电机三相不平衡起控制和监视、保护作用。

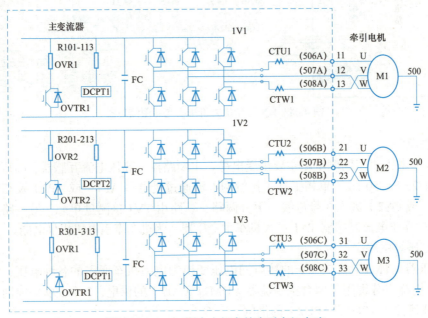

图 4.25　HXD$_3$ 型电力机车的牵引电机电路

2. HXD$_3$ 型电力机车牵引电机的应用

结合《铁路司机操作规则》，按照电力机车仿真驾驶系统操作流程，在 HXD$_3$ 型电力机车仿真驾驶操作系统中完成牵引电机的起动、反转、调速和制动。

电力机车仿真驾驶操作系统的仿真界面如图 4.26、图 4.27 所示，仿真操作步骤如下：

① 实现对牵引电机的起动并观察牵引电机电路的变化。

② 实现对牵引电机的反转并观察牵引电机电路的变化。

③ 实现对牵引电机的调速，并观察机车主电路及机车运行速度的变化。

④ 实现对牵引电机的制动，并观察机车主电路及机车运行速度的变化。

图 4.26 仿真界面 1

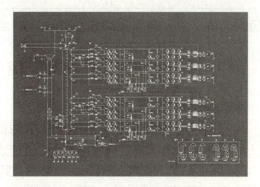

图 4.27 仿真界面 2

巩固练习

1. 分析 HXD$_3$ 型电力机车牵引电机的供电路径。

2. 按照乘务员操作要求完成对牵引电机的控制并观察牵引电机电路的变化。

3. HXD$_3$ 型电力机车的牵引电机控制采用架控还是轴控？

4. 简述牵引电机电路中的电流互感器的作用。

5. HXD$_3$ 型电力机车的主变流器如何给牵引电机供电？

任务 4.7　HXD$_3$ 型电力机车辅助电机的应用

任务描述

为了保证电力机车正常运行，在单相工频交流电力机车中装有许多辅助机械，这些辅助机械多采用结构简单、价格低廉的三相异步电动机驱动，这些电动机统称为辅助电机。HXD$_3$ 型电力机车的辅助电机按用途可以分为牵引通风机组、复合冷却器通风机组、空气压缩机组等几大类。本任务中，主要学习辅助电机在 HXD$_3$ 型电力机车中的应用。

任务目标

1. 知识目标

掌握 HXD$_3$ 型电力机车中各类辅助电机用途和结构。

2. 技能目标

熟悉 HXD$_3$ 型电力机车辅助电机的技术特点和供电方式。

任务实施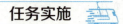

知识点 4.7.1　牵引通风机组

HXD$_3$ 型电力机车的 6 台牵引电机采用 6 台牵引通风机组进行独立冷却。

1. 牵引通风机组的特点

牵引通风机组的特点如下：

① 采用离心涡轮式叶轮，平衡修正为两面修正，可提高风机性能和效率。

② 风机叶轮与壳体之间间隙较大，可防止冻结。

③ 其电动机为三相笼型异步电动机，其滚动轴承采用 NSK 生产的单列深沟球轴承，型号为 6309VVC3，轴承封入 ENS 润滑脂。

④ 风机噪声小。

2. 牵引通风机组的结构

牵引通风机组主要由机壳、导风罩、电动机、叶轮、接线盒等组成。电动机借助底座上的 4 个安装孔用螺栓与风机机壳内座板相连并保证同心度，在底座下端安装轴向止挡。叶轮采用不锈钢螺帽安装在电动机输出转轴上。通风机组通过接地螺栓接有接地导线，其三相引出线经连接管、机壳孔再经密封后引至铸铝接线盒内。

牵引通风机组的电动机采用笼型三相异步电动机，由机车辅助变流装置（APU）供电。其电动机型号分别为 TIKK-FCKW8、YFDQ185、FVF160DL1-2、JD160，电动机的主要技术参数如表 4.2 所示。图 4.28 是 TIKK-FCKW8 型牵引通风机组电动机的外形结构示意图。

表 4.2　HXD$_3$ 型电力机车牵引通风机组电动机的主要技术参数

参数	参数值	参数	参数值
工作制	连续（S1）	极数	2
额定功率	18.5 kW	绕组连接方式	Y
额定电压	AC 380 V	绝缘等级	F
额定电流	35.5 A	防护方式	IP44
额定频率	50 Hz	通风方式	全闭外扇形
额定转速	2 930 r/min	绝缘强度	导电部位与风机外壳间，工频耐压 1 800 V，1 min 无击穿闪络现象
额定效率	91.5%	轴承	6309VVC3 型轴承
功率因数	0.853	质量	150 kg

牵引通风机组的电动机主要由定子组装、转子组装、风扇、端盖、滚动轴承、轴承盖、键、出线部件等组成。其滚动轴承采用单列深沟球轴承，使用非接触橡胶圈（载荷侧、反载荷侧一样）密封，轴承型号为 6309VVC3，轴承内封入 ENS 润滑脂。

6309VVC3 型滚动轴承除承受径向负荷外，还可以承受两个方向的轴向负荷，适用于高速旋转、低噪声、低振动场合。由于该轴承使用双面非接触橡胶圈密封，所以具有密封性好、防尘性能好的特点，平时运用中无须用油嘴加润滑脂，减少了维护工作量，提高了使用寿命。

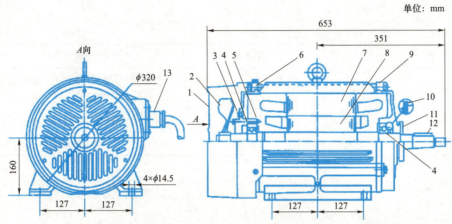

1—风扇罩；2—风扇；3—排水塞；4—滚动轴承；5—轴承盖；6—后端盖；7—定子组装；
8—转子组装；9—前端盖；10—弹簧组件；11—防水圈；12—键；13—出线部件。

图 4.28　（TIKK-FCKW8 型）牵引通风机组电动机的外形结构示意图

知识点 4.7.2　复合冷却器通风机组

HXD$_3$ 型电力机车的 2 台复合冷却器采用 2 台复合冷却器通风机组进行独立冷却。

1. 复合冷却器通风机组的特点

① 采用斜流螺旋桨式叶轮，平衡修正为两面修正，以提高风机性能和效率。

② 风机叶轮与壳体间气隙较大，以防止冻结。

③ 采用免维护电机轴承，以减少通风机组维护工作量。

④ 风机噪声小。

2. 复合冷却器通风机组参数及结构

1）复合冷却器通风机组电动机

复合冷却器通风机组采用笼型三相异步电动机。由机车辅助变流装置（APU），VVVF 供电。电动机型号为 TIKK-FCKLW8、YFDL200、FVF160DL2-2、JD160L。

2）复合冷却器通风机组电动机主要技术参数

复合冷却器通风机组电动机主要参数如表 4.3 所示。

3）复合冷却器通风机组电动机的结构

复合冷却器通风机组电动机与笼型异步电动机结构相似，主要由定子组装、转子组装、前后端盖、滚动轴承、轴承盖、出线部件等部分组成。电动机依靠通风机的风来冷却。

电动机采用 6309VVC3 型滚动轴承，轴承内封入 ENS 油脂润滑油。TIKK-FCKLW8 型电动机外形结构示意图如图 4.29 所示。

表 4.3　复合冷却器通风机组电动机的主要技术参数

参数	参数值	参数	参数值
工作制	连续（S1）	极数	2
额定功率	20 kW	绕组连接方式	Y
额定电压	AC 380 V	绝缘等级	F
额定电流	38.5 A	防护方式	IP44
额定频率	50 Hz	通风方式	全封闭外扇形
额定转速	2 930 r/min	绝缘强度	导电部位与风机外壳之间工频耐压 1 800 V，1 min 无击穿闪络现象
额定效率	91.5%	轴承	输出端和非输出端均为 6309VVC3 型轴承
功率因数	0.863	质量	150 kg

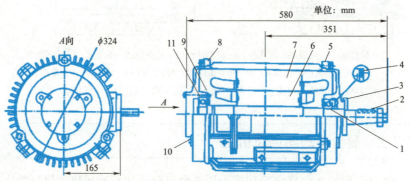

1—滚动轴承；2—键；3—防水盖；4—弹簧组件；5—前端盖；6—转子组装；
7—定子组装；8—后端盖；9—轴承盖；10—排水盖；11—出线部件。

图 4.29　（TIKK–FCKLW8）型复合冷却器通风机组电动机外形结构示意图

知识点 4.7.3　空气压缩机组

　　空气压缩机组的作用是为机车及车辆的制动系统提供符合要求的干燥、洁净的压缩空气。HXD₃ 型电力机车采用两台 SL22-47 型螺杆式空气压缩机组作为系统风源，排风量为每台 2 750 L/min。配套使用两个 LT3.2-H 型双塔干燥器和两个 OEF2 型微油过滤器作为风源滤水、滤油的处理装置。其双塔干燥器每塔的空气处理气量为 4.8 m³/min，处理后的压缩空气可以满足 ISO 8573-1 固体颗粒 2 级、油 2 级、水 2 级的标准。另外，机车采用 4 个容积均为 400 L 的风缸串联作为压缩空气的储存容器，风缸在车内立式安装。为了满足机车重联功能，在机车端部安装了总风重联管软管和平均管软管。

　　SL22-47 型螺杆式空气压缩机组的驱动电机为 KB/256-180LB 型交流电机。此空气压缩机组具有温度、压力控制装置，可以实现无负荷起动。冷却器排风口向下，向车内排风。空气压缩机的开停状态由总风压力开关进行自动控制，也可以手动用按钮强行控制空气压缩机的开停。

空气压缩机组的主要技术参数如表 4.4 所示。

表 4.4 空气压缩机组的主要技术参数

参数	参数值	参数	参数值
型号	SL22-47	频率	50 Hz
转速	2 920 r/min	工作电流	$48\ A^{+20\%}_{-10\%}$
流量	2 750 L/min（$1\pm6\%$）	功率因数	0.89
工作压力	1 MPa	起动电流	$440\ A_0^{+20\%}$
轴功率	20 kW（$1\pm7\%$）	冲击电流（峰值）	$810\ A_0^{+20\%}$
机油量	7/6 L	保护等级	IP55
机油牌号	Andera13057M	冷却空气流速	0.55 m^3/s
工作温度范围	$-40\sim+50\ ℃$	控制电压	DC 110 V（$1\pm30\%$）
电机型号	KB/26-180LB	整备质量	330 kg（$1\pm3\%$）
工作电压	$380\ V^{+15\%}_{-5\%}$		

巩固练习

1. HXD₃型电力机车采用几台牵引通风机组冷却牵引电机？
2. 按照转子形式，牵引通风机组采用的是_____型转子绕组电动机？
3. 复合冷却器通风机组采用_____台三相异步电动机，该电动机主要由_____、_____、_____、_____、轴承盖、出线部位等部件组成。
4. 空气压缩机组的作用是什么？
5. HXD₃型电力机车采用两台 SL22-47 型_____作为系统风源，排风量为每台_____L/min。

育人案例：新时代铁路榜样——张波

张波是中国铁道科学研究院集团有限公司机车车辆研究所副所长，于 2020 年荣获"最美铁路人"称号，2020 年度被评为"新时代·铁路榜样"、铁路青年科技拔尖人才，获得火车头奖章。下面让我们一起通过几个小故事来体会张波是如何取得成功的。

勇于担当 2015 年 6 月 30 日，两列标准动车组样车被制造出来。从样车到列车上线运营，需要经过大量的试验，并根据试验结果对样车进行完善。作为机车车辆所的副所长，张波勇于担当，亲自带领机车车辆所的青年骨干进行了艰难的试验工作，并担任组长，依次在环行铁道试验基地、长吉客专、大西综合试验段、郑徐客专、哈大客专进行了长达一年多的静态、低速和正线高速的试验。通过近一年的正线试验，我国的标准动车组最终获得了成功。在2017年6月25日，我国标准动车组被正式命名为"复兴号"。因为张波勇于担当，在试验中有突出表现，所以张波代表复兴号科研团队就继续做好高铁技术创新向国家领导人做了表态发言。

爱岗敬业 在我国高铁初步发展的时候，第一个要解决的技术难题就是动车组的网络控制技术。张波从我国的实际地理情况出发，在干旱、潮湿、高寒等不同的环境中进行动车组的各项性能试验，于2017年完成了60万公里测试数，最终解决了因为环境问题而引起机车电器失灵的难题，使我国的动车组从无到有，从跟跑到领跑，并且成为世界上首次实现自动驾驶且以350 km/h的速度安全运行的动车组。

无私奉献 2016年6月25日，张波和他的团队成员冒着近40℃的高温，在郑徐高铁安装调试测试系统，只用6天的时间便完成了试验前的准备。在进行能耗试验的时候，必须将全车的空调置于极冷状态，同时弓网测试组所在的车厢还要进行噪声测试，所以车门在全程都处于关闭状态。张波和他的团队经常在车上一待就是十几个小时，几乎全身都是冰凉的，面对如此艰苦的环境，团队所有人都是越战越勇。在他们的共同努力下，技术难关不断被攻克，使复兴号动车组的牵引、制动技术达到了国际先进水平。

思考：

1. 张波和他的团队践行了"交通强国，铁路先行"的历史使命，展现了铁路人的担当精神。我们在完成学习任务的同时，还应该自觉培养哪些铁路职业素养？

2. "最美铁路人"用实际行动诠释了为人民服务的宗旨，他们是千万铁路人的缩影，在平凡的岗位兢兢业业。作为新一代铁路青年，我们要怎样成为一名合格的铁路人？

项目 5

三相交流牵引电机的维护与检修

>>> 项目简介

电力机车的牵引动力主要取决于牵引电机的运行状态是否良好。由于牵引电机的运行条件和所处的环境十分恶劣，为满足机车正常运行的性能要求，牵引电机的维护保养显得尤为重要。若不能及时准确地对牵引电机进行维护和检修，会加速局部故障的扩大或部件损坏，甚至引发事故，造成电机烧损。本项目以目前应用较广的和谐型电力机车上使用的 YJ85A 型交流牵引电机为例，对三相交流牵引电机的技术条件进行分析，并具体学习三相交流牵引电机的维护与检修。

>>> 项目教学目标

1. 育人目标

① 围绕铁道机车运用与检修岗位需求，从对三相交流牵引电机的结构特点和技术条件的分析，到三相交流牵引电机的维护与检修，激发学生的学习兴趣和对铁道机车运用与检修岗位的热爱，提高学生思考问题与解决问题的能力。

② 通过"教、学、做"一体化的教学方式，明确学习目标，激发学生学习的积极性与主动性，提高其理论联系实际的能力，培养学生自主学习的习惯与能力。

③ 学习中融入"最美奋斗者"先进事迹，帮助学生树立正确的人生观、价值观和献身祖国铁路发展的远大理想，培养学生勇于担当、爱岗敬业、无私奉献的思想品格。

2. 知识目标

① 掌握三相交流异步牵引电机的结构特点。

② 熟悉 YJ85A 型交流牵引电机的主要结构及参数。

③ 掌握三相交流牵引电机的技术要求。

④ 掌握三相交流牵引电机的拆装工艺。

3. 技能目标

① 能够对三相交流牵引电机的技术条件进行分析。

② 能够对三相交流牵引电机进行简单的维护保养。

③ 具备一定的三相交流牵引电机常见故障的检查、处理能力。

➤ 课时建议：4 课时。

任务 5.1　三相交流牵引电机的技术条件分析

任务描述

　　同直流电机相比，三相交流异步电机有优越的性能和经济指标。本任务中，首先分析异步牵引电机的结构特点和技术要求，然后以 HXD₃ 型电力机车采用的牵引电机为典型案例具体学习三相交流异步牵引电机的结构和参数，使学生在全面认识三相交流异步牵引电机的基础上，具备一定的牵引电机性能检测能力。

任务目标

1. 知识目标
　　① 掌握三相交流异步牵引电机的结构特点。
　　② 掌握 YJ85A 型三相交流牵引电机的主要结构及参数。

2. 技能目标
　　学会分析三相交流牵引电机的技术条件。

任务实施

知识点 5.1.1　异步牵引电机的结构特点

　　异步牵引电机的外形与一般直（脉）流牵引电机相近，所不同的是机座上不需要换向器观察孔。

　　异步牵引电机的内部结构与普通的三相异步电动机基本相同，其机座多采用钢板焊接结构，定子轭由电工钢片叠压而成，其磁极数取决于最高定子频率，一般牵引逆变器在最高输出电压时，最高频率不超过 200 Hz。其极数一般取 2p=4，6，8，当异步牵引电机功率大时，主磁极数较多。较大功率的异步牵引电机定子槽一般为开口槽，以便采用成形绕组，获得良好的绝缘性能，增强运行的可靠性。

　　异步牵引电机的转子采用鼠笼式，鼠笼式绕组用铝或铜硅铝合金铸成，当其功率较大时（1 000 kW 以上），则用钢材料制成。为了改善异步牵引电机的起动性能，转子槽一般采用矩形槽，当功率较大时也可以采用梯形槽。异步牵引电机一般不用斜槽转子。

　　异步牵引电机因安装空间限制，结构较为紧凑，为了节省轴向空间，电机一般不采用径向通风道，而采用轴向通风道。机座上方有进风口，由专用通风机进行强迫通风冷却。由于异步牵引电机悬挂在转向架上，机车运行中电机将承受强烈的振动，因此它的气隙较大，通常为 1.5～2.5 mm。

由于异步牵引电机的转速不受换向条件等的限制，所以其齿轮传动装置常选用较高的传动比，一般异步牵引电机的传动比大于 4，例如国产 AC4000 型交流传动电力机车中采用的 YD103S 型异步牵引电机的传动比为 4.4。

知识点 5.1.2 典型三相交流异步牵引电机的技术参数和结构特点

YJ85A 型三相交流牵引电机是引进日本东芝公司的图纸和制造技术，进行国产化的牵引电机，其外形如图 5.1 所示。该电机首次装用在中车大连机车车辆有限公司生产的 HXD₃型货运电力机车上，该机车轴式为 C_0—C_0，最高运行速度为 120 km/h，在每台机车上装用 6 台牵引电机。YJ85A 型三相牵引电机自 2006 年初在中车永济电机有限公司开始生产，目前已成为我国铁路线上发挥作用最大、保有量最大的三相异步牵引电机，其额定功率为 1 250 kW，额定电压为 2 150 V。

图 5.1 YJ85A 型三相交流牵引电机的外形

1. 主要技术参数

型号	YJ85A
额定功率	1 250 kW
额定电压	2 150 V
额定电流	390 A
额定转速	1 365 r/min
额定频率	46 Hz
额定效率	95%
功率因数	0.91
最高转速	2 662 r/min
磁极数	4
绝缘等级（定 / 转）	200 级
接线方式	Y
冷却空气量	1.53 m^3/s
质量	2 600 kg

2. 结构特点

1）整机结构

YJ85A 型三相交流牵引电机与机车的连接为滚动抱轴承结构，单端外锥轴斜齿轮输出，输出面锥度为 1∶50。

YJ85A 型三相交流牵引电机带有一个磁电式速度传感器，测速是通过装在非输出端轴头的测速齿盘来完成的。YJ85A 型三相交流牵引电机采用 3 轴承结构，传动端装用 UN 型绝缘圆柱滚子轴承，非传动端用 1 个 UN 型绝缘圆柱滚子轴承和 1 个 QJ 型绝缘 4 点接触球轴承，3 个轴承均采用国产的铁路牵引电机专用润滑脂润滑。采用绝缘轴承是为了防止制造中转子与定子不同心，或逆变器脉冲电源在电机轴上产生轴电流。

YJ85A 型三相交流牵引电机采用轴向强迫通风方式，冷却风从非传动端端盖径向通风孔进入，经过转子通风孔，定子、转子间的气隙，定子背部的通风道后，从传动端端盖轴向排出。YJ85A 型三相交流牵引电机两端的端盖均为铸钢结构，在定子与传动端端盖之间还有一个定子过渡盘，此盘也为铸钢结构。在电机两端盖处均设有注油口，在维护保养时可以通过注油口按要求定时、定量补充润滑油。YJ85A 型三相交流牵引电机整机结构如图 5.2 所示。

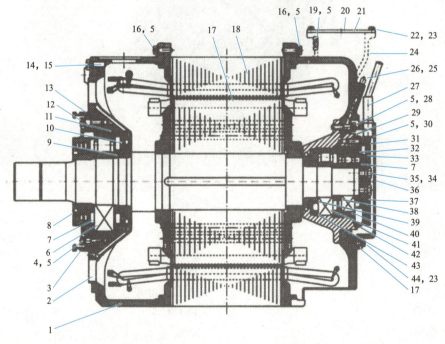

1—过渡盘装配；2—传动端端盖；3—传动端轴承外盖；4, 16, 19, 28, 30—螺栓M16；5—垫圈16；6, 41—UN轴承；7—润滑脂；8—传动端外封环；9—传动端轴套；10—传动端内封环；11—销子；12—密封圈；14—螺栓M20；15—垫圈20；17—转子；18—定子；20—进风口盖板；21—进风口防护罩；22, 35, 44—螺栓M12；23—垫圈12；24—非传动端端盖；25—加油嘴盖；26—加油嘴；27—测速传感器 29—非传动端轴承座；31—键；32—非传动端外封环；33—测速齿盘；34—轴头扣片；36—非传动端轴承外盖；37—QJ轴承；38—轴承内圈隔盖；39—非传动端内轴套；40—轴承外圈隔套；42—密封垫；43—非传动端内封环。

(a) 剖视图

图 5.2　YJ85A 型三相交流牵引电机的结构

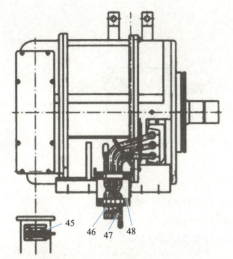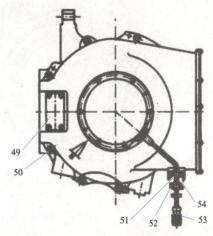

45—铭牌；46—三相引出线；47—接地线；48—引出线引导板。

49—观察孔盖板；50—小件组焊；51—油管卡子；52—橡胶护垫；
53—传感器接头；54—传感器引导板。

(b) 主视图

(c) 左视图

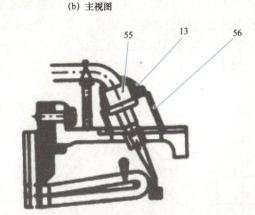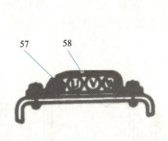

13—密封胶；55—引出线护套；56—接线盒；57—大线卡子；58—橡胶护垫。

(d) 局部视图

图 5.2　YJ85A 型三相交流牵引电机的结构（续）

2）定子结构

YJ85A 型三相交流牵引电机的定子结构如图 5.3 所示。定子无传统的框架式机座，直接用硅钢片叠压而成，为全叠片结构。定子采用开口式槽型，槽内垫有槽绝缘，绕组为双层硬绕组，根据接线的需要，绕组的引出线做成 5 种长度形式，因此无须过渡连线，定子的槽楔用绝缘材料制成且很薄。定子的三相引出线接成 Y 形，绕组与三相引出线之间有一过渡连线。此过渡连线可以减小连线间截面面积的过大变化和电流密度的过大变化，三相引出线采用机车专用电缆。电机设有接地线，接地线也采用机车专用电缆。针对变频电机需要在较高频率下运行的特点，绕组采用聚酰亚胺薄膜带熔敷的导线 2 根绕制而成。为了得到足够的机械强度、良好的电气性能与优良的热稳定性，定子绕组用端箍固定。定子整体经过真空压力浸漆（VPI），电机的绝缘耐热等级为 200 级。

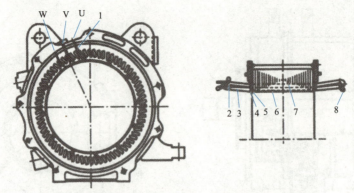

1—定子引线头；2，8—定子护环；3—定子线圈；4—槽楔；

5—槽口绝缘；6—槽绝缘；7—定子铁心。

图 5.3　YJ85A 型三相交流牵引电机的定子结构

　　YJ85A 型三相交流牵引电机的定子铁心结构如图 5.4 所示。定子铁心由冷轧硅钢片冲制的定子冲片叠压，通过上吊挂组件、下吊挂组件、小吊挂组件及两个通风道与两端定子压圈（电机定子压圈是一种在电机上对定子两端进行固定的辅助装置，图 5.4 中未标出。）焊接而成，定子铁心既无拉杆也无拉板，定子冲片与两端压圈之间各有一个点焊而成的定子端板以防冲片齿胀；为防止电机在运行中因小吊挂组件螺栓故障而脱落，在定子铁心的 2 个压圈之间焊有 1 块安全托板。

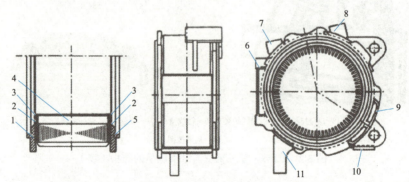

1—传动端压圈；2—定子端板；3—定子大槽冲片；4—定子冲片；5—非传动端压圈；6—下通风道板；

7—下吊挂组件；8—上吊挂组件；9—上通风道板；10—安全托板；11—小吊挂组件。

图 5.4　YJ85A 型三相交流牵引电机的定子铁心结构

　　定子冲片用 50W470 硅钢片冲制而成，冲片内圆冲有 72 个开口槽，冲片上既没有轴向通风孔，也没有焊接用定位槽，定子冲片及槽型如图 5.5 所示。

　　定子铁心的吊挂组件由压成弧形的钢板和锻钢吊挂块焊接而成，铁心上的通风道直接用钢板压制成形。

　　定子线圈用薄膜绕包的电磁线 2 根绕制而成，各匝线圈之间垫有云母绝缘，对地用聚酰亚胺复合云母作为主绝缘，外包绝缘采用无碱玻璃丝带。定子线圈及线圈端部如图 5.6、图 5.7 所示。

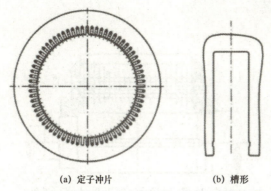

(a) 定子冲片   (b) 槽形

图 5.5   YJ85A 型三相交流牵引电机的定子冲片及槽形

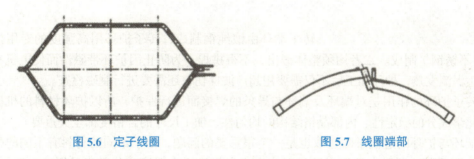

图 5.6   定子线圈   图 5.7   线圈端部

3）转子结构

YJ85A 型三相交流牵引电机的转子结构如图 5.8 所示。转子为鼠笼式转子，鼠笼由专用铜合金导条与锻纯铜的端环用感应焊焊接而成。端环一侧车一较浅的环槽，导条与端环对焊，称为对接式结构。为防止导条在铁心槽内出现窜动，导条打入槽后，用专用滚压机将导条滚压胀紧。为提高端环抵抗高速旋转时产生的离心力，鼠笼焊接后，端环的外圆经过加工后再套一个护环，护环用高强度的专用护环钢制成。转子需经过动平衡试验，以避免高转速对整机带来的振动。

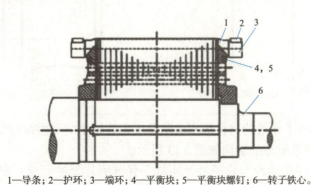

1—导条；2—护环；3—端环；4—平衡块；5—平衡块螺钉；6—转子铁心。

图 5.8   YJ85A 型三相交流牵引电机的转子结构

① 转子缺心。转子铁心的结构如图 5.9 所示，转子铁心由冷轧硅钢片叠压而成，转轴材质为高强度合金钢，铁心两端为铸钢结构的压圈。与定子一样，冲片与两端压圈之间各有一个由端板冲片点焊而成的转子端板，以防冲片齿胀。

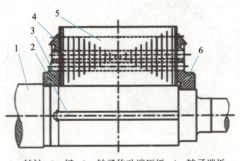

1—转轴；2—键；3—转子传动端压板；4—转子端板；
5—转子冲片；6—转子非传动端压板。

图 5.9　转子铁心的结构

② 转子端环和转子护环。转子端环由锻纯铜制成，转子护环用高强度的专用护环钢（特种不锈钢）制成。二者均须整体锻出，不得拼焊。为防止因护环带磁性而使电机在运行时产生涡流发热，护环加工后不仅需要用超声波探伤，还需要进行剩磁检查。

转子护环的作用是对端环及端环与导条的焊接面进行保护，所以护环材料的机械稳定性、化学成分的稳定性、内部晶格结构的均匀性、加工尺寸的合格度都至关重要。

端环与护环间过盈量的选取也是一个很重要的问题，由于不同的材料有不同的弹性模量和线胀系数，所以在选取过盈量时应考虑电机运行中温度变化带来的影响，转子端环、转子护环的结构如图 5.10 和图 5.11 所示。

图 5.10　转子端环的结构

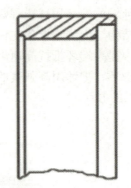

图 5.11　转子护环的结构

③ 转子导条。转子导条的材料选用电阻温度系数较小的专用铜合金拉制或轧制，其形状如图 5.12 所示，导条端部的结构如图 5.13 所示。

④ 转子冲片。转子冲片与定子冲片由同一张硅钢片复冲而成。定子冲片内孔落下的料，去除电机的气隙所在部分的材料后，即为转子冲片的原料。

转子冲片上有两排轴向通风孔，不设径向通风槽。冲片上冲有 58 个半闭口槽。转子冲片的结构及其半闭口槽形如图 5.14、图 5.15 所示。

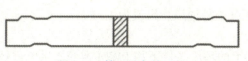

图 5.12　转子导条的形状

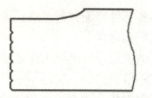

图 5.13　导条端部的结构

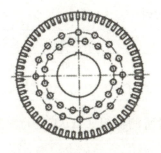

图 5.14　转子冲片的结构

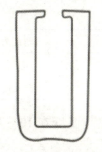

图 5.15　转子冲片的半闭口槽形

⑤ 电机转轴。电机转轴用优质合金钢锻造，锻造后进行粗加工、调质、精加工和磨削加工。锻造和调质保证转轴既有高的强度又有好的抗冲击韧性，精加工和磨削加工保证转轴有好的组装性能和高的回转精度。转轴采用外轴锥，锥度为 1∶50，锥度大端直径为 125 mm，转轴全长 1 106 mm。由于锥度面较长，为方便拆卸齿轮，轴锥上均匀划了 9 条油槽。转轴形状如图 5.16 所示。

图 5.16　转轴形状

知识点 5.1.3　牵引电机的技术要求

1. 使用环境条件

① 环境空气温度（遮阴处）为 −25 ～ 45 ℃，在 −40 ～ −25 ℃可正常存放。

② 海拔不超过 2 500 m。

③ 空气相对湿度：最湿月月平均最大相对湿度为 90%（该月月平均最低温度为 25 ℃）。

④ 配装的机车可以受雨、雪、风沙的侵袭，但牵引电机的冷却空气须经滤清。

⑤ 牵引电机可承受机车正常运行时产生的冲击和振动。

2. 一般要求

① 产品符合牵引电机专用技术条件的要求，并按规定程序的图样及技术文件制造。

② 产品的整机及主要零部件（如定子、转子和易损件等）均具有互换性。

③ 外形及安装尺寸符合经机车制造厂签认的本牵引电机外形图。

④ 牵引电机组装完成后，转子转动平稳、轻快，轴承无停滞现象，声音均匀无杂音。

牵引电机各部件装配完整正确，表面漆干燥，无污损、碰坏、裂痕等现象。

3. 定额和通风

牵引电机以连续定额为保证定额，采用强迫外通风，风量为 1.53 m³/s。

1）温升

当牵引电机在冷却空气温度为 10～40℃的环境条件下用 PWM 逆变器供电进行各种定额的温升试验时，其温升值不超过表 5.1 的规定。

表 5.1　温升限制

电机部件	测量方法	允许温升 /K
定子绕组	电阻法	200
转子	电温度法	温升以不损害邻近绕组或其他部件为限

当冷却空气温度在 10～40℃之外时，应对所测温升（$\Delta\theta$）进行修正。修正公式如下：

$$修正温升=\Delta\theta\left[1-(t-25)/(235+\Delta\theta+t)\right]$$

式中：t——试验时冷却空气温度。

当冷却空气不超过 40 ℃时，电机轴承允许温升限值为 12.7 ℃。

2）承受超速性能

在热态下，电机能承受 3 194 r/min，2 min 的超速试验。试验后电机没有影响正常运行的机械损伤和永久变形。

在做出厂试验时，为预防因空转而高速运行对轴承造成损害，超速试验的转速应该减少到 2 662 r/min。

4. 绝缘性能

1）绝缘电阻

① 热态下，用 1 000 V 兆欧表测量定子绕组对机座的绝缘电阻，阻值应不低于 10 MΩ。

② 冷态下，绝缘电阻阻值应不低于 100 MΩ，用 500 V 兆欧表测量定子对转轴间的绝缘电阻，阻值应不低于 5 MΩ。

2）承受对地耐压性能

① 在热态下，定子绕组对机座可承受 5 400 V 工频耐压 1 min，无击穿和闪络现象。

② 在额定转速范围内空转运行时，固定时其振动速度小于 2.8 mm/s，自由状态时其振动速度小于 3.5 mm/s。

5. 噪声

空载运行时，转速在 1 360～2 662 r/min，正常通风，两个转向上噪声的 A 计权声压级为 110 dB（A）。

6. 特性曲线试验

特性曲线指电源供给电机的线电压、线电流、电压频率与由此产生的转差、转矩、功率因数、效率与转速的关系曲线。进行特性曲线试验时，绕组的基准温度为 150℃。牵引电机的规定特性和典型特性均为配套逆变器供电下的变频特性。

7. 制造偏差

1）转矩偏差

在规定的特性曲线上 0～90% 最大转速范围内，在任一输入功率时，典型转矩不应小于 95% 的规定值。

2）损耗偏差

在连续定额下测得的牵引电机损耗不应超过特性曲线上对应值的 15%。

3）电流偏差

① 空载试验时，对应等效电压 2 150 V 和 50 Hz 的电流偏差不应超过最初 4 台电机（其中 1 台是经过型式试验的）确定的典型值的 ±10%。

② 转子堵转试验时，试验电压为能产生额定电流的对应值（在经型式试验合格的被试电机上确定此电压值），在这一电压下，转子堵转时的电流偏差不超过最初 4 台电机（其中 1 台是经过型式试验的）确定的典型值的 ±5%。

巩固练习

1. 异步牵引电机在机车运行中将承受强烈的振动，迫使它加大气隙，通常为＿＿＿＿＿。

2. 异步牵引电机的转速由于不受换向条件等的限制，所以其齿轮传动装置可选用较高的传动比，一般异步牵引电机的传动比为＿＿＿＿＿。

3. YJ85A 型三相交流牵引电机定子冲片用＿＿＿＿＿钢片冲制而成，冲片内圆冲有＿＿＿＿＿个开口槽。

4. YJ85A 型三相交流牵引电机转子冲片上有＿＿＿＿＿个轴向通风孔，不设径向通风槽。

5. 在热态下，用 1 000 V 兆欧表测量定子绕组对机座的绝缘电阻，阻值应不低于＿＿＿＿＿；在冷态下，绝缘电阻值应不低于＿＿＿＿＿。

6. 用 500 V 兆欧表测量定子对转轴间的绝缘电阻，应不低于＿＿＿＿＿。

任务 5.2　电力机车三相交流牵引电机的维护与检修

任务 5.2 电力机车三相交流牵引电机的维护与检修微课视频

任务描述

为了使电力机车牵引电机处于良好的工作状态，必须对牵引电机进行日常的维护和定期检修，以减少或避免牵引电机在运行中发生故障及由此引起的不必要的临时检修，从而保证电力机车安全可靠地运行。所以，本任务在学习三相交流牵引电机结构特点和技术条件的基础上，对电力机车交流牵引电机进行维护与检修。

任务目标

1. 知识目标

① 掌握三相交流牵引电机的维修等级。

② 掌握三相交流牵引电机的检修工作范围。

2. 技能目标

学会三相交流牵引电机的维护与检修工艺。

任务实施

知识点 5.2.1　三相交流牵引电机的维修等级

三相交流牵引电机的维修等级如表 5.2 所示。三相交流牵引电机最终的检修周期长短应根据实际的操作经验而定。

表 5.2　三相交流牵引电机的维修等级

维修等级	说明	运行里程数 /km	间隔期	主要内容
VI	目视检查	1 000	2 周	目视检查
I1	检查 1 级	100 000	6 个月	目视检查，清洁磁性螺栓。在首次运行 1.5 万 km 后应清洁磁性螺栓
I2	检查 2 级	200 000	1 年	电机轴承（N 端）补充润滑脂
I3	检查 3 级	400 000	2 年	电机轴承（N 端）补充润滑脂
R1	维修 1 级	800 000～1 200 000	4～6 年	清洁牵引电机，更换牵引电机上的轴承和 O 形密封圈，检查绕组及绝缘
R2	维修 2 级	1 600 000～2 400 000	8～12 年	清洁牵引电机，更换牵引电机上的轴承和 O 形密封圈，检查绕组及绝缘
R3	维修 3 级	3 200 000～3 600 000	16～18 年	清洁牵引电机，更换牵引电机上的轴承和 O 形密封圈，检查绕组及绝缘
UM	计划外维修			

知识点 5.2.2　三相交流牵引电机的检修工作范围

三相交流牵引电机维修等级不同，其检修的范围和要求也不同，三相交流牵引电机维修 1 级的检修工作范围如表 5.3 所示。

表 5.3　三相交流牵引电机 R1（维修 1 级）的检修工作范围

序号	部件名称	检查内容
1	电机外观	清洗并解体
2	解体前检查	① 测量绕组对地绝缘电阻及转轴运行状态； ② 检查电机振动情况
3	转子	① 检查端环、导条表面情况； ② 检查导条与端环焊接情况； ③ 检查平衡块紧固状态； ④ 检查轴承挡的直径及轴伸端锥面跳动量； ⑤ 超声波和磁粉探伤转轴； ⑥ 转子清洗烘干
4	转轴	更换轴承
5	定子	① 定子清洗，烘干； ② 检查定子线圈接头部位的状态； ③ 检查定子线圈外部绝缘状态，连接线的绝缘和接头，若损坏则应更换； ④ 测量线圈对地绝缘电阻； ⑤ 测量线圈冷态直流电阻； ⑥ 整体浸漆； ⑦ 耐受试验
6	端盖	① 外观检查并清洗； ② 检查端盖止口、通大气孔、轴承盖、封环状态； ③ 更换密封圈
7	速度传感器	① 绝缘强度检查； ② 每分钟每转脉冲数检查
8	温度传感器	① 对地绝缘检查； ② 电阻值测量
9	接线盒	开盖检查接线座、引出线，并紧固固定螺栓
10	组装、试验	① 直流电阻测量，绝缘电阻试验； ② 绝缘耐压试验； ③ 空载试验：检查异常振动、异音及轴承升温，测量轴承装配游隙，检查轴伸径跳[①]

注：①机车牵引电机电枢铁心叠压完成后，需要检查电枢转轴是否因为受压装应力作用而产生过大的弯曲变形，即测量转轴轴承挡和轴伸处的径跳。

知识点 5.2.3　整备工作

1. 电机外观检查

① 检查电机出线、引线夹板、线端标志及铭牌是否齐全、紧固良好。

② 检查接线盒盖板的安装是否良好。

③ 检查紧固螺栓状态。

2. 轴承检查

由于轴承是一种重要的旋转部件，所以它必须保持良好的润滑状态，所以轴承的日常维护十分重要。在不拆卸检修中，可检查轴承异常声音、漏油情况等。

1）检查轴承运转声音

① 运行时，须注意电机运转声音，如果发现有异常声音或振动，应立即停止运行，并拆下电机仔细检查。

② 电机从机车上拆下后，应进行空载运转试验，并检查异常噪声。

③ 检查噪声时，将检测杆放置于最靠近轴承的轴承盖外侧。

④ 在检查轴承是否漏油时需要注意：轴承润滑系统采用无接触迷宫式密封，油气可以从最后一个迷宫环形间隙排出，因此迷宫外表面出现轻微油迹不表示漏油。

2）补充润滑脂

① 正常运行时，至少应保证每 20 万 km 对非传动端轴承补充润滑脂约 240 g，各用户可以根据具体运行情况（如漏油程度、运行距离等）指定补油的时间和油量。

② 在 R1、R2、R3 修和 UM 修时应全部更换新润滑脂。

③ 对于长期（半年以上）保管后的备用电机，以及发生不可预测的自然灾害后作为应急措施而认为需要补充润滑脂时，非传动端轴承补充润滑脂约 240 g。

④ 补充的润滑脂必须与组装时使用的润滑脂牌号、厂家一致。

为了评估是否可以延长换油周期，建议对油进行检查。在每跑完 20 万 km 或每年定期检验前，应从两个不同机车上选取 4 个使用的驱动系统，做油样分析。做此检验时，应从齿轮箱中抽取大约 100 cm³ 的油（从排油螺栓孔取）。

知识点 5.2.4　三相交流牵引电机的拆卸

牵引电机的拆卸应在干净无尘的地方进行，必须小心接触部件，勿使其损坏和生锈。按表 5.4 中的序号顺序进行拆卸，如果顺序不正确，则不能正确、完整地完成拆卸和重新组装。

表 5.4　牵引电机的拆卸

序号	部件名称	拆卸工具
1	悬挂座的拆卸	扳手
2	小齿轮的拆卸	液压装置
3	速度传感器的拆卸	扳手、工艺螺栓
4	N 端外轴承盖的拆卸	扳手
5	测速齿轮的拆卸	扳手
6	N 端内轴承盖的拆卸	扳手、工艺螺栓
7	取出转子	扳手、转子卧装工装、吊具
8	D 端端盖的拆卸	扳手、工艺螺栓
9	D 端端盖外环的拆卸	拔出装置、液压装置

续表

序号	部件名称	拆卸工具
10	D 端挡圈和 D 端轴承内圈的拆卸	三爪拔出器
11	N 端内轴承盖（带轴承）的拆卸	液压装置
12	N 端轴承的拆卸	液压装置
13	N 端内油封的拆卸	三爪拔出器
14	N 端端盖的拆卸	扳手、工艺螺栓

知识点 5.2.5　三相交流牵引电机的维护检查

1. 转子的维护检查

转子从定子中拆卸出来后应进行如下检查：

① 检查转子外观，特别是所有焊接接头，检查是否变色，变色意味着产生热超负荷（短路）。

② 用干燥压缩空气清除转子表面及铁心通风孔内的灰尘，用浸过煤油的抹布将润滑脂等油污擦净。

③ 检查转子导条、端环是否有裂纹、过热等现象，若有裂纹则应进行更换。

④ 检查转轴、铁心组装及鼠笼式绕组有无机械损伤。

⑤ 转子重新校准动平衡。

2. 轴承的维护检查

轴承正常使用寿命为 100 万 km 或 5 年，一般情况下拆卸过的轴承应该更换，除非经过检测确定该轴承能够运行到下一修程。

1）轴承检查

对于拆卸过的轴承或长时间存放过的轴承，在重新组装之前要仔细检查，以确认它们是否可以正常使用。轴承检查步骤如下：

① 取下内套，目视检查内套是否刮伤、碰伤、褪色、生锈等。

② 对于外环，要边旋转所有滚柱边检查是否有粗糙部位，是否有刮伤、碰伤、褪色、生锈等。对绝缘轴承必须检查绝缘性能。

③ 转动滚柱，检查滚柱和保持架的磨耗，检查保持架有无损伤等异常现象。

④ 如果发现内套或外环有异常，二者应同时更换，更换时必须安装具有相同系列编号的外环和内套。

2）使用轴承的注意事项

① 不能混合使用不同规格的轴承润滑脂。

② 滚柱轴承的内套和外环必须配套使用，要确认相互间的编号正确。

③ 装配轴承和润滑脂时，必须保持环境和工具的清洁，以防灰尘、水等杂质进入轴承和润滑脂。

④ 用手接触清洁轴承时，须用酒精等脱脂剂擦拭手，以防轴承生锈。

3）轴承的存放

长时间存放拆下的轴承时，须用防潮纸或塑料布将其包起来，并放置于阴凉干燥处。存放轴承时，应在轴承上涂抹润滑脂，以防生锈。

4）轴承的清洗

① 轴承清洗区域应设在干燥、无飞砂、无铁屑进入且离装配工作地较近的地方，并须设有灭火机等设备。在清洗区域，严禁吸烟或点燃其他起火材料。

② 禁止使用任何含有氟酸盐、氯酸盐或钠硅盐成分的产品清洗轴承。在清洗过的轴承上，不得用棉丝揩擦，以免纤维进入轴承。

3. 定子的维护检查

定子从电机中拆卸下来后，先将定子内外表面清理干净，然后进行如下检查：

① 检查定子外部是否有机械损伤。

② 清洗定子。

③ 修整掉了油漆的部分。

④ 检查连接引线是否损坏。如果有必要，须进行更换。

⑤ 检查定子壳内的连接情况。

⑥ 检查温度传感器的工作情况。

⑦ 检查定子绕组，包括定子电路连接部件是否有机械损伤或电气损伤。

⑧ 测量绕组电阻（仅在有故障时进行）。使用 10A 直流电源测量接线端子 U、V 和 W 之间的绕组电阻值，在端子 U–V、U–W 或 V–W 间加测试电压。

4. 绝缘的维护检查

在牵引电机冷却后检查定子绕组的绝缘电阻。依次在每一个接线端子 U、V 和 W 之间以及定子机座施加 DC1 000 V 电源，测量绝缘电阻。绕组热态绝缘电阻大于 1.8 MΩ，冷态绝缘电阻大于 18 MΩ，绝缘电阻检查合格后方可进行耐压试验。

耐压试验：对于检修的定子绕组，在绕组和机壳上逐步施加 50 Hz 的交流测试电压 6 200 V，持续 1 min，应无击穿和闪络现象。

知识点 5.2.6　交流牵引电机的组装

组装牵引电机时，将表 5.4 中拆卸的步骤反过来即可。在重新装配之前，须准备所需的所有部件和工具。

1. 重新装配前的准备工作

① 清扫。在重新装配之前，用高压风清扫所有的部件。

② 消耗品的更换。首先将磨耗得无法使用的弹簧垫圈加以更换。

③ 定子机座准备。清洁并检查定子机座的安装表面与两端止口。清洁螺纹孔并再次攻丝，保证螺纹紧固良好。

④ 两端端盖准备。清洁并检查端盖的安装面，清洁螺纹孔并再次攻丝以保证螺纹紧固良好，清洁并检查轴承室、储油室和注油孔。

⑤ 转子及小齿轮准备。清洁并检查转子，清洁并检查小齿轮。

2. 重新装配工作

牵引电机的重新装配必须在干净无尘的地方进行，必须小心接触部件，勿使其损坏和生锈。按照表 5.5 中的序号顺序装配，如果装配顺序不正确，则不能正确、完整地重新组装。

表 5.5　牵引电机的组装

序号	部件名称	组装工具
1	N 端端盖安装	吊具、扭矩扳手
2	N 端内油封安装	烘箱
3	N 端轴承安装	液压装置
4	D 端轴承内圈及油封安装	—
5	D 端挡圈安装	烘箱
6	D 端轴承外圈安装	吊具、液压装置
7	吊入转子	转子卧装工具、吊具
8	D 端端盖安装	吊具、转矩扳手
9	测速齿轮及两端外轴盖安装	扭矩扳手
10	小齿轮压装	液压装置
11	速度传感器、温度传感器、接线盒安装	扭矩扳手

知识点 5.2.7　交流牵引电机的常见故障处理与维修

交流牵引电机常见故障的检查处理方法如表 5.6 所示。

表 5.6　交流牵引电机常见故障的检查处理方法

故障现象	故障原因	检查方法	处理方法	备注
接地故障	接地座与外壳没有可靠连接	检查接地座是否生锈	拆去并清洗电缆接线头	
	接地故障造成连接导线损坏	检查连接导线	更换导线	检查导线是否有锐边和损伤
	绕组绝缘损坏	检查绝缘电阻	询问制造商后进行维修	
绕组温度过高	电机过载	机车负载过大，各电机负载不均匀	降低负荷，确定故障位置并清除	
温度指示不符合实际或出错	温度检测单元出故障		更换电阻式温度检测器	
	连接端子松动	打开端子连接盒，检查端子	使用要求的紧固转矩来上紧端子，必要时更换电缆接头	检查导线螺纹

续表

故障现象	故障原因	检查方法	处理方法	备注
局部过热	绕组绝缘损坏	检查绕组电阻、绝缘电阻，测量阻抗	询问制造商后进行维修	
	轴承润滑脂含杂质	拆去轴承盖	更换轴承，只在N端进行再润滑	检查轴承密封，必要时更换
	轴承游隙错误	吊起转轴，用千分表测量游隙	以正确的游隙安装轴承，检查相关部件	确定轴承游隙变化的原因
	轴承损坏	拆去轴承盖	更换轴承	询问制造商
	轴承卡位	拆去轴承盖，检查轴承是否变色或变形，油封是否变形	更换变色或变形零件	确定卡位原因，如润滑失效、负载过多
	轴承润滑过量或过少		正确润滑轴承	润滑不当会降低轴承使用寿命
	电机内冷却风道堵塞		清洁风道	
冒烟	绝缘绕组损坏	检查绕组电阻、绝缘电阻，测量绝缘阻抗	询问制造商后进行维修	确定绝缘绕组损坏原因，如电机内有污物、电机转子断条、电流过大等
	轴承卡位	轴承变色或变形，轴承盖变色	更换轴承，询问制造商	查找是否卡位、是否润滑不足或过量
	轴弯曲	拆下后进行检测	询问制造商	查找故障原因及损坏范围
烧焦味	电缆连接故障或断裂	检查电缆连接	修复电缆连接	
	端子安装松动	检查绕组电阻、绝缘电阻，测量绝缘阻抗	询问制造商后修复	
有嗡嗡声	电缆断裂	检查电缆	更换电缆	检查电缆弯曲处或磨损处
有振鸣声	轴承游隙错误	吊起转轴，测量游隙	以正确的游隙安装轴承，检查相关部件	确定轴承游隙变化的原因
	轴弯曲	在拆下后进行检测	询问制造商	查找故障原因及损坏程度
有撞击声	有电流从轴承流过	视觉检查轴承表面	询问制造商	查找有电流的原因并进行测量
	轴承故障	拆掉轴承盖	更换轴承	查找轴承故障原因

巩固练习

1. 交流牵引电机维修等级为 R1 时，运行里程数为_____。
2. 检查轴承时，如果发现有异常声音或振动，应_____。
3. 轴承润滑系统迷宫外表面出现轻微油迹不表示_____。
4. 在正常运行时，至少应保证_____对非传动端轴承补充润滑脂约_____。
5. 做耐压试验时，对于检修的定子绕组，在绕组和机壳上逐步施加 50 Hz 的交流测试电压_____，持续_____min。
6. 判断：

（1）在 R1、R2、R3 修和 UM 修时，应全部更换新润滑脂（　　　）。

（2）补充的润滑脂必须和组装时使用的润滑脂牌号、厂家一致（　　　）。

（3）在每跑完 20 000 km 或每年定期检验前，应从两个不同机车上，选取 4 个使用的驱动系统，做一个油样分析（　　　）。

育人案例：最美奋斗者——机车医生李向前

李向前是中国铁路郑州局集团有限公司洛阳机务段内燃机车钳工高级技师，2019 年荣获"最美奋斗者"称号，2020 年当选全国劳动模范，2021 年荣获"全国优秀共产党员"称号。从李向前身上，我们看到以下闪光点。

爱岗敬业　李向前从学校毕业之后，便被分配到机务段与内燃机车打交道。他利用业余时间，系统地学习了《内燃机车》《钳工基础》《金属工艺学》等书籍，通过结合书本上学到的知识，对照机车上的部件进行拆解、维修和组装，并且虚心向他人学习，从一个新人变成了职场能手。经过两年的学习，他成为了车间里面的"考得过""难不住"的业务能手。

勇于担当　在工作中发现东风 4 型内燃机车齿轮箱发生裂纹和漏油现象后，李向前迎难而上，勇于担当。他从齿轮箱的油封毡条开始检查，逐步排除问题，最终发现是油封孔发生变形而导致了齿轮箱发生裂纹和漏油。发现问题之后，他废寝忘食，只用一个月的时间便研究出了改进的方法，使得内燃机车齿轮箱发生裂纹和漏油的故障率大大降低。

无私奉献　李向前通过"铁路技能大师工作室"平台，对内燃机车钳工技师和高级技师提供无偿教学，经过他的教学，许多学员成功考取技师资格证。2016 年，工作室被河南省总工会授予"工人先锋号"荣誉称号。他从工作室先后培训出多位技术骨干，成功解决了内燃机车齿轮箱漏油、抱轴瓦发热、增压器故障断网等 48 项技术难题，为机务段节约成本 700 多万元。

思考：

1. 心中有梦想，脚下有理想，铁路人的工匠精神，是一种执着，也是一种坚守，我们如何在自己的岗位中发挥不一样的能量？

2. 一分耕耘一分收获，老一辈铁路人的担当品格、奋斗精神值得我们学习，在日常的工作中我们如何传承工匠精神？

参 考 文 献

［1］张龙，陈湘．电力机车电机．北京：中国铁道出版社，2008.
［2］华平．电力机车控制．北京：中国铁道出版社，2008.
［3］李联福，于彦良，李辰佑．电力机车控制．北京：北京交通大学出版社，2017.
［4］莫坚．电力机车检修．北京：中国铁道出版社，2008.
［5］付娟，林辉．电力机车电机．成都：西南交通大学出版社，2016.
［6］王生．电机与变压器．北京：高等教育出版社，2005.
［7］谢家的，祁冠峰．电力机车电器．北京：中国铁道出版社，2008.
［8］中华人民共和国铁道部．铁路机车操作规则．北京：中国铁道出版社，2013.
［9］王跃庆．铁路职业道德．2版．北京：中国铁道出版社，2016.